# 臺灣歷史與文化 研究輯刊

二五編

第 1 冊

## 大肚下蘩仔尾庄的拓墾與發展
### ——以趙姓家族為核心的討論（1740～1945）

趙文華 著

花木蘭文化事業有限公司

國家圖書館出版品預行編目資料

大肚下蓁仔尾庄的拓墾與發展——以趙姓家族為核心的討論
（1740～1945）／趙文華 著 -- 初版 -- 新北市：花木蘭文化
事業有限公司，2024〔民113〕
目 6+200 面；19×26 公分
（臺灣歷史與文化研究輯刊二五編；第 1 冊）
ISBN 978-626-344-691-5（精裝）
1.CST：趙氏 2.CST：人文地理 3.CST：家族史
4.CST：臺灣開發史 5.CST：臺中縣
733.08                                     112022549

ISBN-978-626-344-691-5

臺灣歷史與文化研究輯刊
二五編　第 一 冊　　　　　ISBN：978-626-344-691-5

# 大肚下蓁仔尾庄的拓墾與發展
## ——以趙姓家族為核心的討論（1740～1945）

作　　者　趙文華
總 編 輯　杜潔祥
副總編輯　楊嘉樂
編輯主任　許郁翎
編　　輯　潘玟靜、蔡正宣　美術編輯　陳逸婷
出　　版　花木蘭文化事業有限公司
發 行 人　高小娟
聯絡地址　235　新北市中和區中安街七二號十三樓
　　　　　電話：02-2923-1455／傳真：02-2923-1452
網　　址　http://www.huamulan.tw 信箱　service@huamulans.com
印　　刷　普羅文化出版廣告事業
初　　版　2024 年 3 月
定　　價　二五編 12 冊（精裝）新台幣 36,000 元　　　版權所有・請勿翻印

# 大肚下藔仔尾庄的拓墾與發展
## ——以趙姓家族為核心的討論（1740～1945）

趙文華　著

## 作者簡介

趙文華，1950 年出生於台中大肚，從小在村中聽長輩講家鄉及長輩歷史，而觸發了終生對歷史探索的興趣；職場 40 年從事冷凍空調工程專業，退休回家鄉發現家鄉歷史缺乏在地觀點的研究紀錄，故考進彰師大歷史研究所，希望藉由嚴謹的史學研究方法及資料蒐集考證，為家鄉及台灣先民活動歷史留下紀錄。經由在地「參與觀察」、史料蒐集整理、耆老訪談再加驗證，終於完成碩論：〈大肚下寮仔尾庄的拓墾與發展——以趙姓家族為核心的討論（1740 ～ 1945）〉；期待這小小的村莊大眾史學的研究，得以將先民的生活文化及奮鬥歷史留下紀錄，作為規劃未來繁榮社會的優勢資源，也可提供其他類似條件村莊作為發展的借鏡。

## 提　　要

　　本論文以筆者出生、成長的村莊——即臺中大肚溪北岸自古稱為「下寮仔尾庄」的村莊為研究地域，以史料記載先民入墾的 1740 年代開始，至二戰結束的 1945 年為斷限，本文始於趙姓渡臺祖，因原鄉艱困的生活環境產生移民推力，及臺灣當時環境及開發條件對移民的吸力而渡過黑水溝，登臺闢草萊墾田園，進而與大肚區原住民大肚南社、中社及北社的融合互動，進而落地生根。

　　先民在異域拓墾建立家園，逐步築埤圳興水利，立鄉規定秩序，聚族而居以鞏固生活資源並自我防衛；並崇祀原鄉神明、自然神祇、客死他鄉亡靈等，以寄託孤寂、撫慰人心，一步一步由定居而「土著化」進而安居樂業於斯土。

　　隨著聚落的形成，庄民們進一步興建祠廟，聚落廟宇並進而成為地方事務協調中心，以信仰融入農業豐收期待及地域、族群融合，建立村莊共同意識，有識領導者更進而創建文祠及磺溪書院，作興教育、提振地方文風，逐漸建立起以儒家思想為核心秩序的社會。

　　因政治變局產生的衝擊，令人民身家性命都受影響，甲午戰爭後清廷割臺，日本殖民統治者以國家權力及現代化法律制度治臺，一些舊時代思維的鄉紳，一時無法對應變局，快速失去政、經優勢，但同時也有眼光獨具、洞察時勢的地方賢達，把握機遇，迎合當局並教育子女，創造家族的長期繁榮；撫今思昔，令人不勝唏噓。

　　面對殖民統治者無理的官有地拂下政策，大肚下寮仔尾庄及鄰近聚落農民，為保障傳統耕地權益，組成「大甲農民組合」試圖對殖民公權力做出抗爭，但抗爭不但無效且空留遺恨，歷史痕跡似猶留存在這片土地上，見證這一段悲壯歷史。

　　這篇論文只是保存下寮尾子庄歷史共同記憶的一個起步，期待這些記憶可以讓地方民眾理解先民闢土創業之艱辛，體認先民的經驗與智慧，珍惜借鏡以建設美好未來，也希望以小知大，讓下寮尾子庄的歷史，可以提供相同背景的臺灣農村社區參考，共同建構臺灣先民發展歷程完整圖像，讓我們鑒古知今，建設美好未來。

# 致　謝

　　完成以家鄉村莊為主題的論文，是一場大挑戰，因為偏僻農村史料不足、文獻無徵，剛開始真不知如何著手，感謝指導教授李宗信老師耐心指導我，從數位工具的使用，進而臺灣社會史、區域史、家族史、檔案解讀，全方位指引研究方向，提供參考文獻、史料，讓我從摸索中理出方向，進而協助梳理、斧正論文內容、體例格式，讓一個歷史界素人，得以為大肚找到豐富史料，繼而整理成論文，衷心感謝李老師。

　　論文蒙王志宇、許世融兩位教授，費心口試指導，而且細心逐頁糾正遣詞用字之錯誤，文獻史料不足之處，並不吝提供參考及補強論述之資料，使得論文得以更臻完整，受教之餘，謹致謝忱。

　　三年的學習過程，蒙所裡蔡泰彬、陳文豪、莊世滋、李進億、陳文瑤、邱正略諸良師之指導，讓我由史學方法入門，登堂入室進入各領域，略窺歷史學之堂奧，甚至得以解讀日文侯文文書，更有扶輪前輩馬德程教授，不時從旁點撥訣竅，提供珍藏善本史籍，讓我的學習內容更充實，內心除了感激，還是感激。

　　史料收集及耆老訪談時，感謝陳榮懷老鄉長，蒙他鉅細靡遺提供家鄉陳年舊事，白峨嵋區長、趙武雄里長、劉文芳里長、大肚農會趙秋森理事長、趙信賓總幹事、趙家齊、賴水景、黃榮慶、趙俊隆、趙宗添、王金地、蔡承諭、陳萬福、趙令平等耆老，提供地方史料、宮廟資料、各家族族譜，甚至公媽牌資料，讓史料得以不斷充實，史實得以驗證。

　　三年求學期間，謝謝家鄉高齡母親照顧生活，讓我真像回到童年學生生活，也感謝內人陳姝瑛放心支持，讓我這五年來得以來回臺北、臺中，兼顧學校求學與扶輪服務，而疏於照顧家庭內心也有歉疚。

　　對「大肚」或「下蓁仔尾庄」歷史而言，這論文只是一個起步，論述不足甚或謬誤之處，可能在所難免，還請先進給予指正；而大肚豐厚的人文歷史，尚待發掘之處尚多，期待有更多的大肚子地投入，共同蒐集、紀錄、傳承大肚優良歷史，讓大肚人以大肚為榮。

目次

# 緒　論

## 一、研究動機與目的

　　筆者出生於臺灣中部大肚瀕臨大肚溪的農村，這片土地曾是臺灣歷史重
要的先民活動舞臺之一，從大肚溪邊營埔田野出土的新石器時代「營埔文化」
考古遺址，〔註1〕以及十六世紀末前後，進入歷史時期的大肚王國，這塊土地
一直有人類文明活動。

　　直到清代康熙、雍正及乾隆年間，漢人才開始大批入墾這片平原，胼手胝
足建立了家園，最晚在乾隆初年，大肚山下的大肚街已是一個商業繁忙的街
市。

　　在大肚溪河運興盛的時代，區內的汴仔頭港，曾是出口中部所出產稻米及
樟腦的主要轉運港之一，而由趙順芳、趙海邊叔姪創建的「錦源棧」，蔡燦雲、
蔡翰雲兄弟經營的「勝記棧館」，更是立足大肚，生意遍及海內外，往來莫非
鴻儒碩彥之士。〔註2〕在農業的發展方面，已有大肚圳、王田圳等水利灌溉設
施，而「萬興宮」、「大肚宮」等廟宇巍巍矗立，地方頭人在豐衣足食之餘，也
捐資創設了「磺溪書院」〔註3〕以教育子弟，當年風華，令人神往。

---

〔註1〕何傳坤、劉克竑，《臺中縣營埔遺址發掘報告》（臺中：國立自然科學博物館，
　　　　2006年11月），頁12。
〔註2〕吳德功，〈觀光日記〉，《吳德功先生全集》（南投：臺灣省文獻委員會，1992年
　　　　5月），頁188。明治33年（1900）三月，吳德功受邀北上參加臺灣總督兒玉
　　　　源太郎舉行之「揚文會」，回程特別到汴仔頭看勝記號老闆蔡翰雲，記下：「蔡
　　　　君翰雲細詢揚文會之事，會友陳養吾亦在」，可知彼此交情頗深。
〔註3〕磺溪書院建於清光緒13年（1887），取名磺溪之依據，未留下文字記載，據

　　這片土地可以看作是臺灣農村的一個縮影，主要來自福建漳州漳浦縣的漢人趙氏先民，在公元 1740 年前後入墾，他們胼手胝足在此建立家園，直到今日，很多家族後代，都傳述其渡臺先祖以一根扁擔，赤手空拳在這新環境求生存的艱辛，他們歷經自然環境的考驗，對外與各族群、姓氏之間競爭生存資源，族群內部經過長時間試煉與融合，隨著時代與環境的改變，慢慢地建立了在地化社區意識。

　　在信仰方面，基於對渡海危險的無助，對異鄉自然災變、惡劣生存條件的敬畏、不安，先民從原鄉攜帶神明香火膜拜，對自然神祇、在地亡靈的敬信，由家庭祠祀而草茅廟宇，進而建立巍巍殿宇，由家庭、家族祭祀，而發展成村莊祭祀圈，乃至信仰圈，建立了融合原鄉與在地特色的宗教禮俗、儀式。

　　農作方式，因應自然環境，參考原鄉技術，利用大肚溪及上游支流筏子溪的源源流水，建立了灌溉水圳，區內肥沃的水田年可四穫，〔註4〕農民們也不斷改進農耕技術，稻穀、西瓜、蔬菜、花生、甘藷、甘蔗成了這片原野的主要農作；但在這片土地上生活，卻是不容易的，每年的颱風、洪水不斷，大肚溪這條大肚的母親河，每逢颱風山洪暴發，往往沖刷改道，大肚溪含沙量又大，溪埔田地流失、浮覆成為宿命循環，農民靠天吃飯，也養成了順天豁達的個性。

　　先民克服萬般困難安全渡臺，落地生根之後，適應清政權的官府舊習而生活，甲午戰爭之後，卻又遭逢政權的更迭，日本統治者改變了傳統溪埔浮覆土地的地權舊慣，將農民世代賴以耕種維生的溪埔土地，認定為無主地並收歸官有，甚至放領給日本退休公務員，因而激起農民有組織的反抗，臺灣第三個地方性自主農民維權組織──「大甲農民組合」，就是主要由大肚庄趙姓農民，於 1926 年 6 月 6 日成立於大肚媽祖宮（永和宮），這場地方農民對殖民統治者的維權抗爭，大多數成員後來在統治者威嚇、安撫，家人親情召喚下，態度、立場慢慢地轉變，終於在 1935 年 9 月 4 日宣布解散。

---

　　2020 年 6 月 17 日訪問地方耆老賴水景口述，書院建設時，先賢曾討論很多名稱，因書院前為大肚溪，經常洪水漫流，溪埔多茅草荒地，故有提議取名「荒溪書院」，但又覺不雅，因大肚曾屬彰化縣轄，彰化有「磺溪」雅號，且「磺溪」與「荒溪」閩南語音相同，遂定名為「磺溪書院」。

〔註4〕昔日農民勤勞，本區域水田都種兩季水稻，夏季間種香瓜、西瓜，冬季間種蔬菜、小麥、亞麻等。

　　大肚農民組合解散後，大肚農民重新恢復了日出而作、日入而息，順天順自然、服從政府統治的卑微生活，但這場抗爭運動並非船去水無痕，統治者的防範及差別待遇，在當時的大肚街庄人事安排，甚至大肚溪堤防——特殊的「霞堤」設計，都依稀留下了統治者對大肚農民的防範與差別待遇的痕跡，也值得進一步探究，讓大肚人知所探究、思考，未來據以趨吉避凶。

　　透過對大肚這片土地上生活文化的演變與觀察，我們可以發現臺灣農村的居民從移民「單姓村」轉變為「土著化」的「多姓村」，社會隨著工商業的發展，人際關係也從「差異格局」轉變「權益導向互動格局」，村廟已不再只是村民共同信仰中心，它漸漸成為村中公共事務協調中心。

　　本研究內容是一個土生土長的在地人，對他所出生的鄉里所進行的研究，也是一個對自己生活鄉里的實地調查工作，而且是在生活中的調查與史料收集，紀錄庶民的生活及想法，期待研究成果，可以傳述成為在這塊土地上人們的共同記憶。

　　本研究試圖探討在歷史長河中，社會基層的人群，如何保存其生活文化的核心價值「常」，又如何因應時代及環境變化，而守經達「變」以求新，日新又新，進而集中關注以下的議題：

　　（一）面對傳統社會的「差序格局」束縛，社會弱勢者或後來者如何在此環境下融入社會，被接納為成員，並進而共同形塑和諧新社會。

　　（二）先民面對天災、人禍等問題時，解決問題的態度、智慧以及留下的寶貴資源，未來如何得以轉化並善用，以尋求社區未來面臨問題的解決方案？

　　（三）政治規則、法治環境變化時，個別家族或個人面對變局時，如何避禍求福及持盈保泰。

## 二、文獻回顧

　　本研究範圍為一個臺灣中部傳統農村，本區域因近溪、近海，長期有風、水災害侵襲，不但文件史料保存不易，甚至房屋建築也易受災損，因而留存文獻文物不多，官方也沒有針對本區域的文獻史料做有系統地整理陳列，史料收集不易；進行本區域研究，只能就前輩們在較大區域範圍所做研究為基礎，再進一步史料蒐集、田野踏查、耆老訪談，以逐步撥雲見日還原歷史，對本研究是一大挑戰，但處處均有待發掘的機會。

本研究奠基於以下的前輩相關研究，溫振華〈清代臺灣中部的開發與社會變遷〉，[註5]指出臺灣中部早期渡臺先民拓墾開發與社會互動的背景，早期移民的原漢互動，以及「泉人近海，漳人居中，客人居內」這同籍集中的分布態勢，是因也是果，這說明大肚的漳州渡臺祖同籍群居背景，以及後來各種原因陸續依親或婚姻而移入漳州人，以致大肚漳籍人口於日治初期調查時占83%；他更進一步說明，清朝乾、嘉年間因水利興修，臺灣中部人口快速增加，這正好也是大肚移民入墾的高峰期，而移民土著化之後的文教興起，借科舉考試或捐納功名以晉身為仕紳階級，更說明趙順芳、趙璧父子結合地方仕紳創建磺溪書院對子弟教育的重視，地方人士藉由神明信仰的融合更加深族群的在地認同，這給本研究很大的啟發，也指引了方向；同時溫振華碩論〈清代臺北盆地經濟社會的演變〉，[註6]也提供本研究一個對照與研究方向，藉以探討在不同區域入墾的先民，如何處理異域生活所需面對的問題，如：原漢互動、土地拓墾與地權、水利開發與水利秩序的建立，爭水糾紛及族群糾紛的對應與調處，神靈信仰及祭祀圈的建立，政治等外力變更時，對社會互動及地方權力的轉移。

許雪姬《龍井林家的歷史》，[註7]從與大肚相鄰、同一大肚圳灌溉區的林家家族歷史，提供了臺中海線地區完整的先民入墾、家族發展、社會整合、族群競爭，家族由武力豪強轉型為文治鄉紳等過程，乃至戴潮春事件官民立場與族群分類械鬥、姓氏械鬥、爭水糾紛之因果，及因而導致本地區各族群之興衰更替；進而在清、日政權交替時，地方人士與統治政權之互動，政府之土地所有權制度變革，水利秩序重整，交通建設及產業政策等如何影響一個家族的興衰，給予本研究清楚的依循脈絡及比較基礎。

黃秀政的《臺中海線開發史及附冊》，[註8]該書主要轉引市志、各鄉志及官方統計文書，以類區域史「記事本末」方式，有系統地將臺中海線地區開發史，從土地開發、政治、經濟、社會的變遷，文教事業、宗教信仰的發展，依史前、荷據、鄭氏、清領、日治，分期整理，附以各項統計資訊，提供本區

〔註5〕溫振華，〈清代臺灣中部的開發與社會變遷〉，《臺灣師大歷史學報》，11期，（1983年6月），頁43～95。

〔註6〕溫振華，〈清代臺北盆地經濟社會的演變〉（臺北：臺灣師範大學歷史研究所碩論，1978年7月）。

〔註7〕許雪姬，《龍井林家的歷史》（臺北：中研院近代史研究所，2015年9月）。

〔註8〕黃秀政，《臺中海線開發史及附冊》（臺中：臺中縣文化局，2001年12月）。

域歷史沿革架構，是很好的參考資訊，但其引用部分資料未經過比對、驗證，如西螺社與磺溪書院創立的人、事，有所錯置，本研究之目標即在於對小區域歷史，深入根據掌握之史料，參與觀察予以驗證、補正。

　　本文之編寫則係以筆者從小在家鄉成長的生活體驗，以及近六年回鄉後深入的活動參與、觀察、記錄為綱，再研讀、參考前輩學者相關著作專書、論文，以建立有系統的架構，進而收集地方相關歷史文獻及資料，並訪談地方領袖及耆老以驗證資料之中性、正確，因為對本社區相關研究案例缺乏，地方保存相關文獻、檔案不多，只能在研究過程中，在師長指導下，不斷地蒐集文獻、檔案，也因新資料、新檔案、新線索的出現，而不斷訂正內容，雖以一村莊作小範圍研究，但從村莊生活文化的演變觀察中，發現本案例，可以供臺灣其他相同背景農村社會參考，以其歷史文化資產，建立未來發展的優勢條件，共同建立臺灣農村社會為新原鄉，發展城鄉共同提攜、共同繁榮的永續新生活模式。

　　因時間斷限長，本文涵蓋內容屬性又多，因此所需研讀探討之專著、論文也多，茲分別列舉如下。

### （一）先民渡臺拓墾與水利開發

　　關於先民入墾臺灣的原因，先後有研究者做了很多研究與論述，中國學者趙文林、謝淑君《中國人口史》指出：「人口流動有向心流動、離心流動和回環流動。」並轉引中國學者羅爾綱之研究指出：「清代康、雍、乾三朝，人口流動過程中，福建廣東是最突出的兩個省份，人口的增長，促進了社會的繁榮，但同時也因「生產發展」和「人口失調」而帶來一系列的社會問題。」〔註9〕

　　筆者為求追本溯源，兩次造訪大肚趙姓祖籍地福建漳浦縣舊鎮鎮甘霖村，發現當年先民離鄉渡臺之推力，並不僅是一般筆者所論述的人口壓力、耕地不足等問題，經與當地族人實際現場踏查走訪村內外環境，發現當地為一河口港，平地狹小多石頭山，土地貧瘠，再參考清代陳汝咸主修，施錫衛續修的《漳浦縣志校註本》〔註10〕及漳浦縣委員會文史委員會主編《漳浦文

---

〔註 9〕趙文林、謝淑君，《中國人口史》（北京：人民出版社，1988 年 6 月一版），頁632～639。

〔註10〕〔清〕陳汝咸主修、施錫衛續修，漳浦縣地方志編纂委員會整理，《漳埔縣志校註本》，〈卷四，風土志下〉，頁89～90，〈卷十一，兵防志〉，頁237。〈卷十一，兵防志〉，頁239～240。〈卷二十一‧再續志‧風土志‧災祥〉，頁552～553。

史資料》，〔註11〕根據記載於 1700 年前後，閩南及漳浦縣地區可謂天災、人
禍連年，民不聊生，不但連年水災、旱災、疫病，而且鄭芝龍、鄭成功、鄭
經祖孫三代，曾多次據漳州舊鎮以抗清廷，以至戰火連年，後來清廷又頒遷
界令，強制人民搬離世居家園，在這樣的年代、環境，冒險結群往外尋找生
路，屬不得已的選擇。

而舊鎮鎮甘霖村傍鹿溪，可乘船沿鹿溪直達海洋，〔註12〕水上交通方便，
人民務農又習水性，因此世居舊鎮的趙姓族人，互相招徠，分批渡臺開墾，他
們在雍正、乾隆初年由水裡港到達臺灣，入墾大肚山下大肚溪邊的平原，當時
應該也參與了 1735 年前後的大肚圳及 1780 年前後的王田圳興築及後續的維
護，闢草萊而成沃野良田，很短時間就在此建立了家園。

**圖 A-1　舊鎮港可泊船通海**

資料來源：筆者 2019 年 10 月拍攝。

〔註11〕漳浦縣委員會文史委員會編，《漳浦文史資料》第八輯〈2002 年〉，頁 22～23。
〔註12〕圖 A-1 為舊鎮港今貌，至今尚可停內河航行船舶，且大肚先民所住甘霖村也
　　　　有碼頭可直接上船渡海到臺灣，筆者攝於 2019 年 10 月。

圖 A-2　甘霖可由鹿溪出海渡臺　　　圖 A-3　先民入墾下蓁仔尾庄路線

 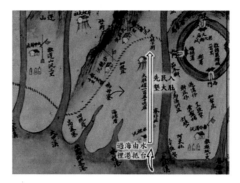

資料來源：筆者現場勘查繪製。　　　資料來源：筆者勘查，套繪乾隆臺灣軍備
　　　　　　　　　　　　　　　　　　　　　　圖。

　　根據以上文獻解讀及筆者原鄉考察、大肚田野調查及耆老訪談，大肚庄趙姓先民由福建漳州入墾大肚，應是綜合了經濟性「為生活所逼」、非經濟性「天災、兵禍、遷界令」因素的離心流動的生存型移民，其原因之複雜也超出一般研究所論述，本文中將予詳細分析論述。

　　洪敏麟於 1993 年主編的《大肚鄉誌》，[註13]對大肚的疆域、開拓史、住民、水利、藝文、宗教禮俗、文物、勝跡等各章，都有詳細的紀錄與調查，也對本文建構大肚早期農村生活提供相當詳盡的資料，但是鄉志對於廟宇祭祀神來源及先民由原鄉入墾前之背景、水利秩序建立及維護過程等資料，部份尚待史料驗證或釐清，本研究進行長期「參與觀察」以補其不足，並加原鄉踏查及史料驗證以求接近史實。

　　趙文君〈追尋大肚溪──追尋清代大肚趙家──渡臺墾殖之發展軌跡〉，[註14]以趙家 93 祖趙光亨嫡系後代身分，從家族代代傳述渡臺祖趙光亨入墾故事，從其來臺背景，發展過程，乃至領導組織成立地方社學西離社，其子孫趙順芳、趙海邊叔姪在經營事業有成之後，回饋鄉里，創建磺溪書院，留下珍貴史蹟，讓大肚至今文風不墜，更是本研究重要參考資料。

　　曾淑卿的碩論《清代大肚趙家的發展》，[註15]則以廣義大肚趙家為主題，說明趙姓先民入墾大肚背景，入墾後的奮鬥過程及與原住民的土地交易，土地

〔註13〕洪敏麟主編，《大肚鄉誌》（臺中：大肚鄉誌編輯委員會，1993 年）。
〔註14〕趙文君，〈追尋清代大肚趙家──渡臺墾殖之發展軌跡〉，收於《追尋大肚溪》
　　　　（臺中：社團法人臺中市鄉土文化學會編，2016 年 1 月出版），頁 88～96。
〔註15〕曾淑卿，〈清代大肚趙家的發展〉（臺中：東海大學歷史學研究所碩論，2004 年
　　　　6 月）。

開發與水利建設，趙家的社會參與及廟宇興修倡議，乃至於趙順芳父子經商致富後對文教的重視，以及聯合大肚下堡仕紳創建磺溪書院，並分析趙家成為大肚領航者的原因及趙家的產業，又分析了趙順芳父子在宗教信仰及文教方面在地方的領導地位，這研究基本上架構了大肚趙家的發展歷史，但限於筆者對本區域可能淵源不深，無法做長期「參與觀察」，所收集資料及耆老口述，未能驗證真偽，導致如西離社及磺溪書院之創辦者與歷程，很多錯置誤植，這也是本研究後續將予釐清之處。

先民入墾後的土地開發及土地所有權制度，本研究參考了柯志明《番頭家》，〔註16〕施添福的《清代臺灣的地域社會・竹塹地區的歷史地理研究》，〔註17〕及陳秋坤〈十九世紀初期土著地權外流問題〉，〔註18〕以了解臺灣早期開墾與地權結構，進而從《大肚社古文書》〔註19〕中的土地典賣契約，及臺灣總督府公文類纂中典藏日治初期土地調查時，地主提供理由書及當時地權訴訟文件，以了解回溯清代大肚的土地所有權及租佃關係。

至於水利興修與水利秩序之建立與維護，則由〔清〕周璽《彰化縣志》，〔註20〕有關大肚圳及高島利三郎《臺中廳水利梗概》，〔註21〕了解本地區三條水圳之興建沿革，至於歷年水圳的管理、爭水爭議，水利秩序的建立與崩壞，及日治時期的公共埤圳及水利組合等法制化及國家公權力的介入維持水利秩序，則以李宗信《瑠公大圳》〔註22〕對水圳性格與水利秩序的深入研究為架構，再由《臺灣總督府公文類纂》有關日治政府於1899年埤圳調查時之古文書內容，還原清代地方農民如何藉公約以維護水利秩序，在水利秩序遭受破壞時，如何尋求官方支持，甚至公權力也無法解決時，如何自力救濟，每條水圳因取水口、灌溉區上下游引水人群之民情不同，水利性格亦不相同，本研究由文獻、史料以呈現史實。

〔註16〕柯志明，《番頭家》（臺北：中央研究院社會學研究所，2011年12月四版）。

〔註17〕施添福，《清代臺灣的地域社會・竹塹地區的歷史地理研究》（新竹：新竹縣文化局，2013年5月，二刷）。

〔註18〕陳秋坤，〈十九世紀初期土著地權外流問題：以岸裡社的土地經營為例〉，張炎憲、李筱峰、戴寶村編《臺灣史論文精選・上》（臺北：玉山社，2010年11月，初版時刷），頁221～261。

〔註19〕劉澤民，《大肚社古文書》（臺中：臺灣省文獻會，2000年12月，初版）。

〔註20〕〔清〕周璽，《彰化縣志》，〈卷二・水利〉，1834年。

〔註21〕臺中廳公共埤圳聯合會，《臺中廳水利梗概》（臺中：臺中廳公共埤圳聯合會，1918年）。

〔註22〕李宗信，《瑠公大圳》（臺北：玉山社，2014年10月）。

## （二）由單姓村「差序格局」轉為「權益導向互動格局」

據耆老傳述，趙姓先民於十八世紀中葉，前後共有 21 人入墾大肚，其中有三人因水土不服而返回家鄉，留下的十八人，開枝散葉，至十九世紀中葉，蔚然成為五個趙姓人士占多數的「單姓村」，昔日有所謂「大肚趙一半」這順口溜，社會也很明顯有費孝通先生所稱的「差序格局」特性，血緣的有無，決定親疏之別，這是社會無形而隱晦的規律，但這差序格局的社會只是一個概念，並不是在道德上無私的利益均霑，弱勢者還是會受到欺凌，筆者在各家族歷史的耆老訪談中，就錄得有父亡母再嫁，小孩被長輩收養，但長大後其應繼承家產，被養父及收養家庭大哥佔有，還有某家產甚豐厚家庭，弟弟過世後，寡妻幼子無法於家中生活，只得投靠岳家，兒子長大後也僅能分得其份內小部分財產，所以差序格局還是無法維持格局內的公平。

而非趙姓居民，在這集村當中，被稱為「外字姓」，前後有不同姓氏人士由外地因各種原因，進入本村居住，在當年單姓集村有莿竹環繞的保守情境下，不同姓氏人士要進入這聚落，是困難而有障礙的，但年月一久，這批人進一步又與趙姓家庭聯姻，漸漸融入並參與社會活動，聚落由莿竹圍封閉空間，轉換成各姓氏融合的開放空間，這過程也可反映先民的生活智慧，值得回顧與探討。

今天的臺灣社會，融合了傳統與現代，東方與西方，並因為所處時空環境的變化而動態變化，人際互動也產生了質變，尤其通訊科技的進步，使得人際連結也不受地緣空間限制，筆者經由觀察、研究，臺灣已由「差序格局」轉為「權益導向互動格局」，〔註23〕經由了解與掌握社會互動格局發展趨勢，將有助於進一步建構公民社會與凝聚社區意識，以建立和諧社會新生活，本研究將試圖釐清臺灣因環境而轉變的社會互動格局內涵，細節將在本文中討論。

## （三）祭祀圈的形成與書院教育

有關下蓁仔尾庄庄廟福興宮、祭祀圈永和宮及磺溪書院，現存文獻檔案有限，最珍貴是耆老趙日成手寫《大肚永和宮沿革》《大肚保安宮——趙日成先生記事抄本》及臺中市政府文化局保存之 1915～30 年代兩次調查的《臺中州

---

〔註23〕相對於費孝通的「差序格局」（the Pattern of Differential Sequence），「權益導向互動格局」是筆者觀察資訊時代工商人際互動所描繪的模式，並取名：（The Pattern of Stake Oriented Sequence）。

大甲郡寺廟臺帳》，得以整理還原部分歷史，其餘只能藉由耆老訪談，再配合田野調查。

根據訪問地方耆老及參考《福興宮志》，下蓁仔尾庄的早期信仰是原鄉神祭祀，早在兩百多年前，以村內蘇姓家庭供奉的蘇府千歲為開基神聖而蓋草蓁廟宇奉祀，〔註24〕創建福興宮，後又迎入趙姓家庭供奉的玄天上帝，清楚的是以村聚落為單位的村廟祭祀圈，發展至今，廟的管理及運作已成為全村民眾的公共事務。

但特別的是，雖然開基神聖是蘇府千歲，但今天的祭典卻以玄天上帝二帝爺為主神，其原因耆老也不清楚，就是相沿成習，推論應也與早年本村是趙姓主姓的人口優勢與影響力有關，這應也是「差序格局」在神明祭祀信仰的呈現。

林美容認為祭祀圈的功能：「祭祀圈本質上是一種地方組織，表現出漢人以神明信仰來結合與組織地方人群的方式。其組織的人群或是村庄的人群，或是同姓聚落區內的人群，或是同一水利灌溉系統的人群，或是同祖籍的人群，不過也有可能是結合不同姓氏的人群，或是結合不同祖籍的人群。」〔註25〕

觀察下蓁仔尾庄居民與福興宮的關係完全符合林美容定義的祭祀圈指標，福興宮以下蓁仔尾庄（磺溪里）為祭祀圈，由單姓村而發展為多姓集村，其運作也符合陳其南在《家族與社會》「在社會群體關係上，臺灣漢人如何由早期的祖籍地緣分類意識，移向新的臺灣本土地緣認同意識，一方面是藉著地方寺廟神信仰祭祀圈的融合作用，一方面則是地方血緣宗族組織的建立和發展。」，〔註26〕學者的觀察與先民的生活實踐在下蓁仔尾庄竟然如此吻合。

而「下蓁仔尾庄」的祭祀圈。又在原大肚趙姓聚族而居五庄的基礎上，以「永和宮」為中心形成聯庄祭祀圈，更進而為祈求農業豐收、避免蟲害的背景下，擴大為「大肚下堡二十庄請媽祖」這一具悠久歷史的年度宗教盛會，建立區域神明交陪、民眾聯誼，再進一步又加入了彰化南瑤宮「老四媽會」，成為南瑤宮媽祖信仰圈的大肚大角的磺溪小角，讓地方信仰內容及活動更豐富更多元開展。

---

〔註24〕該蘇姓家庭遷入時間不詳，但子孫三房有一房過繼趙姓，但後來蘇姓兩房絕嗣，故後代都姓趙，但供奉蘇姓祖先牌位。

〔註25〕林美容，《祭祀圈與地方社會》（臺北：博揚文化，2008年11月），頁328。

〔註26〕陳其南，《家族與社會》（臺北：聯經出版，1991年7月，初版二印），頁57。

礦溪書院的創建則是一個特殊的歷史因緣，下寮仔尾庄因交通、地利，而短暫發展一、二、三級產業，累積的財富成就了地方的文教轉型，其興建歷史、建築之美與教育功能，主要參考趙文君〈礦溪書院之研究〉碩論，[註27] 及王政綱〈傳統書院建築藝術之研究——以臺中市礦溪書院為例〉碩論，[註28] 兩人長期用心研究礦溪書院，且其直系尊長即為 93 祖趙光亨與書院創建者之一錦源棧的經營者趙海邊，也進一步收集書院在日治時期被總督府指定為御遺跡之特殊因緣，期待未來可以賦予礦溪書院更豐富文史內涵。

### （四）日治政府不公與大肚庄農民運動

1920 年代，因日治政府將大肚溪岸農民世代傳承耕作曾遭洪水流失之土地，判定為未經許可開墾之無主官有地，並強制放領給日籍退休官員，引發大肚農民組成「大甲農民組合」抗爭，成為臺灣農民抗爭的主要領導者。然而，近年相關研究「農民組合運動」的論著，都以簡吉「臺灣農民組合」及李應章「二林蔗農事件」為中心，研究的視角，也主要是從民族主義抗日大義切入，或從中共領導農民抗爭等出發，缺乏從大甲農民組合領導成員出身條件及所提出之抗爭訴求出發來深入探究，本研究試著以大肚人的觀點詮釋「大甲農民組合運動」，希望還給大肚農民抗爭運動一個素樸的背景，研究主要參考蔡石山《滄桑十年》、[註29] 陳延輝《簡吉年表》、[註30] 中研院臺史所《簡吉獄中日記》，[註31] 及簡明仁先生所提供之日本法政大學所收藏之《臺灣農民組合相關文書手稿》為經，並收集《臺灣民報》、《臺灣日日新報》相關報導，以了解事件發生始末，及訪問部分大甲農民組合主要領導人後代口述及部分文件，更追蹤事件後主要領導人去向，以還原事件中、後期，個別領導成員對政府態度之因應，及其相關家族近況。

本研究進而經由歷年《臺中廳報》、《臺中州報》的大肚庄長及庄協議會員

---

〔註27〕趙文君，〈礦溪書院之研究〉（彰化：大葉大學設計與藝術學院碩論，2011 年6 月）。

〔註28〕王政綱，〈傳統書院建築藝術之研究——以臺中市礦溪書院為例〉（彰化：大葉大學設計與藝術學院碩論，2012 年6 月）。

〔註29〕蔡石山，《滄桑十年——簡吉與臺灣農民運動 1924～1934》（臺北：遠流出版社，2012 年6 月，初版1 刷）。

〔註30〕陳延輝，《簡吉年表》（臺北：財團法人大眾教育基金會，2018 年 12 月，初版）。

〔註31〕簡吉，《簡吉獄中日記》（臺北：中研院臺史所，2005 年2 月）。

職務任命發佈，及大肚鄉公所所出版《大肚鄉地方自治發展史》記載，〔註32〕
發現大甲農民組合主要領導及參與的趙姓人士，在事件後受到政府明顯的刻
意排擠或忽視，甚至大肚溪州段堤防於下蔡仔尾庄段，設計成具洪水疏洪氾濫
區功能的開口「霞堤」，農民則未被告知霞堤設計原意與作物植栽應注意耐水
淹，因而歷年經常水淹，造成作物受災損失，這些措施對庄民發展機會及生活，
都造成長遠性影響。

## 三、研究方法與史料運用

在史料的運用及判讀方面，本研究謹記陸懋德轉引美人 Johnson 之看法：
「私人筆記多有誇張」，「政府布告多有作用」，「報紙之記載，亦不能較其來源
為可信」，〔註33〕凡事必須自其前後變動之中，以多方史料及文獻或訪談驗證，
力求還原歷史真相，尤其地方前輩筆記及耆老訪談，更是抱持「不因其一節可
信，而即謂全篇可信；不因一事可信，而即謂他事可信。故須每節每事加以分
析研究，而定其價值。」〔註34〕之求信態度。也對「史事之原因、變化與結果，
及其已過、現在與未來之關係」，〔註35〕作出解釋，解釋則以務實中性的態度，
不以立場論是非，期待解釋之後，讓這段歷史「於現代人有用，與現代人有關，
而後能變為活的歷史。」〔註36〕

本研究以烏溪下游大肚下蔡尾仔庄為研究地域，但其人文活動討論也擴
及原趙姓族人聚居之大肚五庄及大肚溪北側大肚圳、王田圳灌區的大肚下堡，
商業活動連結至大肚溪出口港——塗葛堀、水裡港。

下蔡尾仔庄名之來，根據洪敏麟考據「下寮（蔡）尾仔庄為 1945 年以前
之庄名，下蔡尾應是相對於『蔡仔莊』（今為成功里），先民由水裡港登陸，沿
大肚溪向內陸走，先到拓墾處建茅舍以居，聚落即稱『蔡仔』，由蔡仔再往前
走，路之尾端新成之聚落，就稱『下蔡仔尾』。」〔註37〕由清代到日治時期，
一直沿用下蔡仔尾莊（庄）名，1920 年配合行政區調整簡化為「下寮子尾」

---

〔註32〕大肚鄉公所，《臺中縣大肚鄉地方自治發展史》（臺中：大肚鄉公所，2010 年
　　　　12 月）。
〔註33〕陸懋德《史學方法大綱》（南京：獨立出版社，1947 年 8 月再版），頁 64。
〔註34〕陸懋德《史學方法大綱》，頁 52。
〔註35〕陸懋德《史學方法大綱》，頁 52。
〔註36〕陸懋德《史學方法大綱》，頁 69。
〔註37〕洪敏麟，《臺灣舊地名之沿革‧第二冊》（臺中：臺灣省文獻委員會，1984 年
　　　　6 月），頁 186。

（本論文還是沿用「下蓁仔尾」舊名），1945 年起，中華民國政府遷臺，行政改制為鄉、村時，因村內有礦溪書院而改名為較文雅的「礦溪村」，今劃入臺中市，改稱「礦溪里」。

圖 A-4　大肚下蓁仔尾庄位置圖

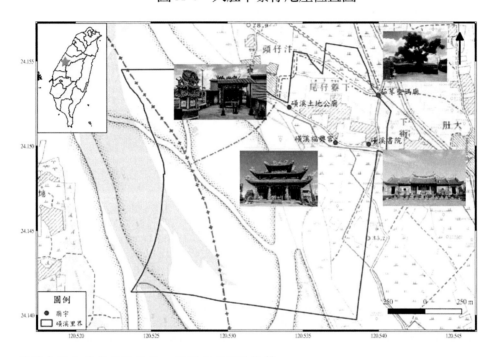

資料來源：筆者現場定位、攝影及 QGIS 繪製。

　　本研究時間上限以先民渡臺之 1740 年左右起，以宏觀討論從先民入墾定居、為適應新環境求生存，從同族聚居的單姓村「差序格局」，生活文化的型塑，乃至為適應新環境的宗教信仰、婚姻習俗，因自然與人文環境的改變，由單姓村轉為多姓村的過程與機緣，面對政治力壓迫時的鄉民反應，乃至如何從先民求生存、發展的經驗與智慧，找出值得借鏡，以供地方未來永續發展的優勢條件等；下限至 1945 年為止，因為個人實際生活體驗及觀察，這段長時間臺灣的農村生活變化很小，從居家建築、生活禮俗、農作方式、婚喪禮俗、經濟活動等，一直延續傳統方式，甚少變化，但 1945 年後，政治環境變化了，工、商業也因戰爭破壞重建而蓄積了能量，讓農村生活文化產生了巨大改變。

　　本研究是一個出生於中臺灣大肚「下蓁子尾」，成長於「下蓁子尾」，退休後回到「下蓁子尾」，以一個土生土長的「在地人」在自己的鄉土與人民之間，

所進行研究工作的成果，正如同 Bronislaw Kasper Malinowski 對費孝通在《江村經濟》一書的序言指出：「一個土生土長的人在本鄉人民中間進行工作的成果」。〔註38〕

本文嘗試透過對下蓁子尾這樣一個小區域農村進行「參與觀察」，猶如在顯微鏡下觀看臺灣農村歷史發展的縮影，希望能藉由這研究建立一個模式，有助於理解臺灣的農村文化在歷史長河中的「變」與「常」，並從先人過去面對問題的對應智慧與態度中的「變」，找到處理現在農村社區面臨問題的方案，甚至對未來的發展提供一個「常」態發展的方向。

選擇大肚下蓁仔尾庄（今磺溪里）為研究區域，主要是筆者生於斯、長於斯、退休後也回到此地生活，對這個區域個人親身經歷前後將近六十年，熟悉人、地、物，能夠進行密切觀察，方便研究村民們相互關係，如婚姻、繼承、地方權力分配與運作，經濟組織、宗教信仰、風俗禮俗、文教活動以及其他種種社會關係，而地方耆老也樂於提供研究所需資料，同時筆者也熟悉地方事務，使用與當地人相同話語溝通，沒有「進入障礙」、也沒有「文化衝擊」、也長期建立了「和諧密切關係」與「文化理解」，有利於研究順利進行。

研究方法主要以個人家鄉——大肚的發展史為綱，閱讀相關的地方志、各家族族譜、廟宇歷史沿革、專書、官方及團體文書記錄、歷史文獻、報紙報導及研究論文，並訪談地方領袖及耆老，必要時甚至要求受訪者打開家族「公媽牌」以追溯家族源流，再融入個人從小成長的生活體驗，及近六年回鄉後深入的活動參與以建立有系統的架構，並輔以歷史地理資訊系統（HGIS）以視覺化歷史事件軌跡，方便閱讀者理解及記憶。

因本研究時間斷限長，各時期能掌握的文獻資料各不相同，以下分別述之：

本研究是以參與觀察進行文化研究，所謂參與觀察：根據《歡迎光臨人類學》第三章民族誌指出的「民族誌的目標在於掌握當地人的觀點，以及他與現實生活的關係，並了解當地人如何看待他所處的那個世界。如同鮑亞士、〔註39〕

---

〔註38〕原文 "It is the results of work done by a native among natives." 見費孝通，《江村經濟》（廈門：鷺江出版社，2018 年 8 月，第 1 次印刷），頁 321。

〔註39〕法蘭茲‧鮑亞士（Franz Boas，185～1942），德裔美國人類學家，現代人類學的先驅之一，被尊為「美國人類學之父」，他開創了人類學的四大分支：體質人類學、語言學、考古學以及文化人類學。他的學科訓練來自其他學科；他獲得物理學博士，並從事地理學的博士後研究，他持續進行的民族田野研究。他

馬凌諾斯基〔註40〕相信要理解另一個社會，你必須與當地人住在一起，把自己
對他們的評斷擱在一旁，試著從他們的觀點理解其文化。」〔註41〕

　　而當代人類學家運用承自鮑亞士與馬凌諾斯基的田野方法，進行文化研
究，把這種田野方法稱為「參與觀察（Participant Observation）」，「意即針對
特定社會、社區或群體，無論是部落的、種族的已毀壞或流失的——進行有
系統的研究調查方法，包括長期參與、觀察、做田野筆記、訪問居住其間的
當地人。」〔註42〕

　　「參與觀察」，看似簡單，執行卻不容易，大多數人類學家都會贊同民族誌
學者梅琳達・華格納（Melinda Bollar Wagner）〔註43〕所寫的這段話：「參與觀
察經歷特定的幾個階段，無論那是發生在一個遙遠的地方，或是筆者自己居住
的地方。人類學家標示這些階段的名詞或有歧異，但我有十足的把握說：民族
誌學者通常經歷進入（Making Entree）文化衝擊（Culture Shock）建立和諧密切
關係（Establishing Rapport）文化理解（Understanding the Culture）。」〔註44〕

　　這套參與觀察方法的一項重要原則，在於研究者個人並不僅僅進行觀察，
更需在這個群體裡找到一個角色，從這個角色以某種方式參加其中，而不能僅

---

　　　　將科學研究方法運用於人類文化與社會的研究，他與馬凌諾斯基一起建立了
　　　　脈絡論者的研究取向，探討文化、文化相對論與田野工作的參與觀察法，對人
　　　　類學研究影響深遠。參考維基百科法蘭茲・鮑亞士 https://zh.wikipedia.org/zh-
　　　　tw/%E6%B3%95%E8%98%AD%E8%8C%B2%C2%B7%E9%AE%91%E4%BA
　　　　%9E%E5%A3%AB 2021.03.14 查閱。

〔註40〕布朗尼斯勞・馬凌諾斯基（Bronislaw Kasper Malinowski1884～1942），波裔英
　　　　國人類學家，倫敦大學學院首位社會人類學課程教授，1927 年升任該學系
　　　　主任，擔任該職直到 1938 年他離開英國為止。為中國著名人類學者費孝通的
　　　　博士指導教授。馬凌諾斯基提出自己的論述，以完整的理論解釋文化相對論
　　　　的觀點，破除了歐洲傳統社會達爾文主義與種族歧視觀點，也從他開始，19 世
　　　　紀發展到鼎盛的歐美種族中心論論述開始沒落。參考維基百科布朗尼斯勞・
　　　　馬凌諾斯基 https：//zh.wikipedia.org/zh-tw/%E5%B8%83%E7%BD%97%E5%
　　　　B0%BC%E6%96%AF%E5%8B%89%E5%A4%AB%C2%B7%E9%A9%AC%E
　　　　6%9E%97%E8%AF%BA%E5%A4%AB%E6%96%AF%E5%9F%BA
　　　　2021.03.14 查閱。

〔註41〕Luke Eric Lassiter，譯者郭禎麟等七人，《歡迎光臨人類學》（新北市：勤學出
　　　　版，2014 年 9 月，一版四印），頁 81。

〔註42〕Luke Eric Lassiter，譯者郭禎麟等七人，《歡迎光臨人類學》，頁 89。

〔註43〕Melinda Bollar Wagner（梅琳達・華格納）：美國維奇尼亞州 Radford University
　　　　人類學與阿巴拉契亞族教授。

〔註44〕筆者 Luke Eric Lassiter 譯者：郭禎麟等七人，《歡迎光臨人類學》，頁 90。

是「旁觀者」。假如只做外顯的參與觀測而未能融入參與，那麼觀察範圍將僅限於這個受研究社群所瞭解，並允許進行研究的文化脈絡，也就是這項研究將會受限於受研究社群，在社會層面所建構的公開允許進入的前臺行為，在社群潛規則下，這個社群將有守門者，以確保這個已知的研究工作，不會進入其後臺，這也可能是文化底蘊或核心所在；這使得真正得到受研究社群接受的「參與觀察」策略有其必要。

本研究很幸運、也很可貴的是，筆者出生於受研究社區，雖然成長後到彰化、臺北受教育，並有四十多年期間在外定居、工作、創業，與家鄉較為疏遠，但剛回大肚時，也難免被地方人士視為過客、外人，在某些聚會或談話，關鍵處還是被有所保留。

但是近十年來，經由一些行動，如返家重修祖厝，將戶籍遷回故鄉，每周約有一半以上時間返鄉居住，又在家鄉創立大肚扶輪社，結合地方年輕菁英，聚焦於社區教育與文化服務，五年經營稍見成績，2018 年也接任了 120 歷史的母校「大肚國小」校友會會長，增加了與地方熱心前輩校友的互動，又被古蹟磺溪書院文昌帝君七聖筊選為 2018～19 值年爐主，職責所在，與地方文史工作者共同考據整理傳統文昌帝君誕辰祭典儀禮，製作補足所需禮器，並與地方耆老、扶輪社友、學校師生，於 2019 年農曆 2 月 3 日共同舉行隆重祭典，這期間經常參與地方教育、長輩關懷、宗教祭祀、擔任福興宮顧問，並參加玄天上帝赴福建漳浦縣甘霖宮祖廟進香等活動，建立了與宗親的密切情感，也重新建立了與年少時舊識的連結，認識了一些年輕的地方後起之秀，連結多了，對地方生活文化、歷史、宗教禮俗等資料的收集也更方便進行，筆者以「多重角色」，長期深入參與方式，作到以「局內人」角色、當地人觀點「融入式參與觀察」。

本研究再透過長期的田野踏查、耆老訪談、歷史事件發生地點經緯度定位等以收集資料；每星期兩次以上的繞地方跑步，觀察四時農作及其耕作方式，隨時與耆老路邊答問，以了解農村生活今昔變化及緣由；在廟前樹下或耆老家中，不斷地對不同背景耆老做訪談，以了解各家族祖居地、入居本庄歷史，各家族間聯姻關係、本地區水利秩序、昔日溪埔地在夏季颱風洪水後沖失、浮覆之重分配規則、地方廟宇祭祀規則、主祀神之由來等；因宗親及耆老都把筆者當作自己人，樂見有人、有心整理記錄保存地方歷史文化，對筆者所提問題都知無不答，甚至主動提供相關資訊，對祖籍源流之探究，甚至有很多耆老配合

打開家中供奉祖先牌位，提供渡臺祖及唐山祖等資料，申請提供各家族溯祖戶籍謄本，對資料蒐集提供很大助益，整個研究過程完全符合鮑亞士、馬凌諾斯基、梅琳達等所詮釋的「參與觀察（Participant Observation）」的田野方法。

　　遺憾的是，研究區內傳統房屋都是土埆房或竹編泥牆房，歷年颱風、水災頻頻侵襲，最大者有 1912 年「大正元年水災」，大肚溪改道，出海口北移，塗葛堀三庄及港口設施重大受損，多次水災侵襲，私家保存文件、文物、資料大多毀損遺失，對歷史資料蒐集，相對困難，但也只能就現況勉力為之，各節研究方式如下：

### （一）先民渡臺拓墾

　　有關先民渡臺之背景及抵達大肚後之拓荒史，首先訪問祖籍地舊鎮鎮甘霖村的趙姓父老，並拜訪漳浦縣地方誌編纂委員會秘書長趙慧嬌，並蒙提供兩大冊清代陳汝咸主修，施錫衛續修的《漳埔縣志校註本》及《漳浦文史資料》，又聯絡閩、臺各地趙姓聚族而居處之宗親，取得歷代、歷年各宗系編修族譜，對先人源流有初步了解，再對照洪敏麟所編《大肚鄉誌》及趙世琛所編《大肚趙氏族譜》及耆老訪談，以釐清先民拓墾歷史，並訂正部分地方耆老傳述矛盾之處。

### （二）「差序格局」而「權益導向互動格局」

　　以筆者個人的早年生活體驗，傳統下藔仔尾庄居民生活文化，很明顯有費孝通所稱「差序格局」，血緣的有無，決定親疏之別，這是社會無形而隱晦的規律，大肚五庄都是同祖籍、同宗族、同血緣的趙姓聚族集居村落，在昔日社會鄰里之間，有無血緣成為很重要的社會關係與身分識別；在今天的臺灣，因農業轉入工商社會，時空環境的不同，也已產生了改變，人際互動也產生了質變，尤其通訊科技的進步，使得人際連結也不受地緣空間限制，本研究觀察今天臺灣社會，已很明顯由「差序格局」轉為「權益導向互動格局」，這也有利於未來建構和諧社區與城鄉夥伴關係。

　　根據本研究的田野踏查及耆老訪談，並現場座標定位，民國 48（1959）年八七水災之前，下藔尾仔庄各姓氏居家分布情形，可以看出趙姓聚族而居，群聚於庄內三個聚落中心地帶，而其他姓氏則散居較外圍地區。

### （三）祭祀圈的形成

　　林美容提出的祭祀圈的六項指標，並指出須滿足一個以上的指標才可稱

為祭祀圈，筆者長期參與觀察下蓁仔尾庄居民與村廟福興宮的關係，發現完全符合這六項指標，也就是說福興宮以下蓁仔尾庄（礦溪里）為祭祀圈，由單姓村隨著環境變遷逐漸演化為多姓集村，如今隨著工商社會發展，福興宮神祭祀信仰更成為連接現住下蓁仔尾庄居民與移出居民的聯結中心，而下蓁仔尾庄甚至擴大至趙姓集村範圍的大肚庄永和宮媽祖信仰祭祀圈，進而拓展成大肚下堡二十庄請媽祖繞境祈福的年度盛事聯莊民俗活動，更因每年奉請南瑤宮四媽繞境，而參加南瑤宮媽祖信仰圈老四媽會大肚大角，由有形的村落地理疆界，拓展至地域信仰情感連結。

根據訪問地方耆老及〈福興宮志〉，下蓁仔尾庄的早期信仰是原鄉神祭祀，由蘇姓家庭供奉的蘇府千歲，早在兩百多年前，為庄內民眾所問卜祭祀、解決疑難，進而奉為開基神聖而建立福興宮，後來又迎奉趙姓家庭供奉的玄天上帝，清楚的是以村為單位的村廟祭祀圈信仰，從福興宮的管理及運作觀察，下蓁仔尾庄與福興宮的關係完全符合祭祀圈這指標，而且一直運作順暢，至今更進而成為連接現住村民與移出村民的情感聯結中心。

### （四）日治政府不公與大肚農民運動

根據涂照彥研究 1930 年代臺灣農民不論種稻或種蔗，在日治政府高額國稅、地方稅、水租費、不合理的官定肥料供應價格等剝削式負擔下，長時期生活非常窘迫，上焉者被迫以財產收入放高利貸、下焉者於農作之餘需勞動打零工補貼家用。〔註45〕

大肚緊鄰大肚溪，大肚溪每到雨季或颱風，往往上游山洪夾帶大量泥沙沖刷而下造成河流改道，南岸農田流失就北岸浮出，可能次年北岸農田流失就南岸浮出，這些土地雖耕作困難，但卻是農民世代所耕種維生，日治時期土地調查時，被政府認定是農民無斷開墾的「官有地」，1925 年 12 月，六名退職官吏獲准承領臺中州大甲郡大肚庄的官有地 48 甲，造成農民困境雪上加霜，引起大肚等多地農民抗爭，大肚庄農民組成「大甲農民組合」，〔註46〕進而演變成長期農民維權抗爭運動。

---

〔註45〕涂照彥，《日本帝國主義下的臺灣》（臺北：人間，2017 年 8 月再版一刷），頁 240～244。

〔註46〕農民組合成員雖大都是大肚人，也成立於大肚庄，因當時大肚屬大甲郡大肚庄，故命名為「大甲農民組合」。

　　大肚農民受到「官有地拂下政策（即國有土地放領政策）」影響，曾風起雲湧地挺身反抗殖民統治，一度匯聚為全臺重要的農民抗爭運動。本研究以在地觀點，從大肚庄之環境背景以及大肚農民成員背景條件及訴求出發，深入探究，尤其 1928 年二一二大逮捕之後，大甲農民組合大多數成員之態度、立場，乃至於除了趙港之外，大甲農民組合其他領導人如何在「後農民組合時代」過生活，本研究將蒐集史料，佐證並探討大肚農民為何可以團結抗爭？抗爭的訴求及策略？如何或是否達成其訴求，作分析探討，希望可以提供研究日治時期臺灣農民運動另一思考方向。

　　另外在事件發生後，日治政府於 1937～38 年間修建大肚溪堤防，在大肚磺溪段設計成開口式「霞堤」，大肚磺溪段主要是趙姓人士賴以為生的幾百甲良田，築堤後於洪水氾濫時成為「洩洪池」氾濫區，政府主事者未將其設計原由及未來農作物栽植應注意事項告知農民，農民無意識中成為長期另類受災戶，政府修堤防卻留下農民長期隱患，但無辜的農民卻將人為當成天災，樂天的自嘲「務農就是看天吃飯」，這都須予以釐清，並根絕堤防缺口問題所帶來的長期隱患，農民運動後，大肚庄趙姓人士參與地方事務的機會，也被日治政府封殺，這也是農民因反抗而受排斥的一段隱諱歷史。

## （五）口述歷史、田野踏查

　　本研究並多方訪問、蒐集地方耆老的口述歷史以及現場田野踏查，比對各姓氏族譜，以補充筆者記憶所疏漏或其他史料、論文所不足之處；更得益於筆者近年來回鄉生活及參與地方服務活動，地方耆老對筆者的肯定，所以耆老訪談及田野踏查進行順利，資料蒐集也得以不斷累積更正，前後訪問超過數十位前鄉長、地方宮廟主委、社區發展協會理事長、里長、水利工作站站長、農會理事長、耆老、農民組合領導人後人等，對了解區內各家族源流、祭祀圈運作、宮廟祭典儀式、還原歷史原貌等，都有很大收穫。

　　在田野踏查方面，對研究區域內之人口遷移狀況，也在地方耆老協助下，得以逐一對各家族居屋及公共空間作座標定位，以還原地方歷史移動軌跡。

# 第一章 大肚自然及人文環境與
# 漢人先民入墾

　　一地的自然與人文環境影響聚落的形成與發展至大，本章將試圖從自然與人文環境切入，探究漢人先民入墾大肚的背景與過程。

　　大肚山下這片平原，不論氣候、水源及地質土壤等條件，都適合孕育萬物，因此從新石器時代就有人類文明在此發展，而大肚山臺地縱谷更是湧泉不絕林木茂盛，滿山麋鹿繁殖，南島文明的連結標記——構樹，在大肚原野到處繁殖生長，它的嫩葉，也是麋鹿的主食，鮮美的鹿肉，更是拍瀑拉勇士的充沛精力的滋養美食，這麼好的生活環境，當然也吸引了渡海來臺漢人先民的眼光，一頁原漢遭遇歷史，就此展開。

## 第一節　大肚的自然環境

　　就大肚的自然環境而言，可從地形與水文條件來觀察，特別是經溪流沖刷、堆積而成的溪谷平原、河口氾濫平原、西部隆起海岸平原區，以及本研究區最重要的溪流——大肚溪及其支流，最後則會論及本研究區的氣候條件，包括年雨量、年均溫及季節風等，對於本研究區的發展優勢與限制條件為何。

## 一、大肚的地理與河川水源 [註1]

### （一）地形

本研究區域為大肚山臺地的南及西南末端與清水隆起海岸平原的南段部分，南以大肚溪與彰化縣境之八卦臺地及彰化隆起海岸平原相鄰。區域內擁有平坦微斜的高臺面，錯綜起伏的斜坡山丘坑谷；微微隆起中的海岸平原；貫流其中，則是左右氾濫，滿佈沙洲的大肚溪，形成頗具變化的地形景觀。

境內地勢，以東南隅王田的萬壽山（海拔 294.09 公尺）為最高，以西北角成功村蔡仔聚落西方的大肚溪岸附近，海拔 1.3 至 3.7 公尺為最低，整個地勢從東南向西北降低，境內各類地形所占比率大致如下。

### 表 1-1　大肚鄉境內各類地形所占比例

| 地　形 | 平方公里 | 百分比 |
|---|---|---|
| 台地 | 3 | 8.2 |
| 山丘坑谷 | 13 | 35.1 |
| 平原 | 15.72 | 42.5 |
| 氾濫原 | 5.25 | 10.42 |

說明：平原為良田，臺地及部份坑谷可種旱作、氾濫原非雨季可種西瓜、花生、蔬果。
資料來源：依據洪敏麟《大肚鄉誌》第三篇地理第一章地形資料，筆者製表。

### （二）大肚溪溪谷平原與河口氾濫原

在臺中盆地口，北側為大肚傾動臺地，南側為八卦傾動臺地，盆地內的烏溪，至烏日、頂勝腧間，匯大里、筏仔等溪，水量大增，改稱大肚溪，穿鑿二臺地，形成水隙部，略成長方形溪谷平原，海拔 40 至 20 公尺間。其間溪道自東而西，略偏北而做穿入曲流。至北岸渡船頭，南岸菜公寮後，出谷地流入清水、彰化二海岸平原，並開始在海岸隆起平原上，自由曲流，左右擺動，形成寬闊的氾濫原（Flood Plain）地帶，最近的一次大改道，發生在日治大正元年，一直到日治政府於 1931 動工，〔註2〕1939 年烏溪堤防竣工後，〔註3〕下游河

---

〔註1〕本段〈大肚的地理環境〉，由筆者參考洪敏麟《大肚鄉誌》第三篇地理第一章地形，摘取資料整理改寫。

〔註2〕〈烏溪治水工事　在萬斗六舉開土式〉，《漢文臺灣日日新報》，昭和6（1931）年 12 月 7 日，11371 號，8 版。

〔註3〕〈烏溪堤防竣工式〉，《臺灣日日新報》，昭和14（1939）年 10 月 11 日，14215號 5 版。

道及出海口才被約束，不再南北擺動連年氾濫成災。

## （三）西部隆起海岸平原區

介乎中部山丘坑谷與大肚溪氾濫原間，從西北向東南作半圓弧狀分佈，分別在山陽、成功、頂街、永順、大東、大肚、磺溪、永和、大東、新興等里域內，本平原乃清水隆起海岸平原的最南部分，面積有 8.95 平方公里，其南北長約 5.5 公里，東西寬平均 1.7 公里，從東南角社腳聚落西方 750 公尺至西北角的山仔腳附近，擴展成 1.75 公里之寬。全域地勢，亦從南端社腳附近之 20 公尺，至北邊山陽大排水一帶降為 7.6 公尺。

平原上的坡度極小，僅 453 分之 1（即 0.00225），因隆起輕微，平原上延長分支河道並不發達，幾為人工灌溉圳渠或排水道，而如今的山陽大排水及大肚大排水等上游山溝，本為大肚山斷層湧泉所匯集的河流，原也可供灌溉水田，因此平原灌溉發達。

大肚圳、王田圳、知高圳，依序由低而高，王田圳、知高圳由筏子溪，大肚圳大肚溪取水，提供不同海拔坡地水田之灌溉，灌溉區皆適合為水稻種植，年可二季稻作，勤勞農民再加兩季蔬果雜糧間作，可達四穫。

## 二、溪流及水資源

本區境內屬大肚溪流域，大肚溪上游發源於南投縣仁愛鄉境，經國姓鄉後，貫流於臺中市霧峰、烏日二區之南，南投縣草屯鎮、彰化縣芬園鄉之北，再流經本區與彰化縣彰化市、和美鎮之間後，在龍井區與彰化縣伸港鄉界注入臺灣海峽，全長 113 公里，為臺灣地區第四長河，流域面積 2072 平方公里，亦居全島第四位，未流入本區境域前之河段稱烏溪，略述如下。〔註4〕

## （一）烏溪段

烏溪從柑子林到烏日間，長度約三十五公里，占大肚溪全長約三分之一，其流域擴及整個臺中盆地。從柑子林起，穿鑿大橫屏山與集集大山之間，溪道繼承北港溪流向，取東北趨西南，過雙冬轉向西北，繪一大半圓弧，在火炎山麓形成上、中、下三段式「坪林半圓形河階」。其崖高上段 10 公尺、中段 20 公尺、下段為 10 公尺，上段為砂礫層河階，中、下段俱露出基盤岩層，略上

〔註4〕本段〈大肚的河川水源〉，由筆者參考洪敏麟《大肚鄉誌》第三篇地理第二章河川，摘取資料改寫。

則有寬闊的「龜仔頭河階」（福龜），海拔 220 至 260 公尺，其下段河階，臨今烏溪河床，上段則高出下段 30 至 70 公尺。

從坪林經土城後，烏溪開始環流於土城平原之北，地質時代，烏溪曾南沿坪頂臺地，經茄荖山之南，在草屯街區之北，向西流（隘藔溪為舊河道遺跡）至下茄荖之西北方，與貓羅溪會合，土城平原則當時為烏溪的沖積平原，後來因北方另一支流的頭部侵蝕，在土城東方切鑿深約 50 公尺的崖部，襲奪了上游河段，至原河截頭萎縮成現狀。

現土城平原南緣的坪頂臺地下的「三層崎河階」及西北隅的「茄荖山環流丘」為往昔烏溪所遺留下來的地形。坪頂臺地分布於，西自草屯，東至土城間，海拔 300 至 400 公尺，為上覆赭土層的礫層臺地。三層崎河階在其北側，計有比高 40 至 70～80 至 100～120 至 140～160 至 200 的四段河階面。各階面的崖高，即從最低階至最高階，分別為 10、30、30、60 公尺。

烏溪橋南與草屯間的赭土層礫層的茄荖山（246.6 公尺）即原流於南側的溪道，因發生襲奪改道北移所形成環流丘，烏溪至萬斗六之南，流入臺中盆地；因流速減弱，大量拋棄泥砂，形成巨大沖積扇；此間河幅加寬，溪道中網狀流路至為發達。至盆地西邊的烏日、田中央仔附近，匯北側大里溪、筏仔溪，南側貓羅溪後，改稱大肚溪，區內主要灌溉取水支流為筏子溪。

### （二）筏仔溪

源於臺中市神岡區境內，順沿大肚臺地東斜面與臺中盆地界，經社口、大雅、水堀頭、山仔腳、番社腳、同安厝，至烏日、頂勝脽間注入烏溪，全長 21.75 公里；筏仔溪原為大甲溪下注臺中盆地內的河段，後因今大甲溪下游所襲奪所成的截頭河川。

大肚境內王田圳及知高圳兩條水圳水源都取自筏子溪，目前流水為湧泉伏流及區內斷層山溝及都市排水所匯流，經年不斷。

## 三、大肚的氣候

### （一）大肚的雨量

依據 1941 年吉岡彥四郎於《臺灣ノ水利》發表之〈王田圳增產計畫及工事計畫概要〉（此工程即為後來建成之知高圳），對本研究區從 1930 年至 1939 年之年雨量記錄如表 1-2：

表 1-2　王田圳灌區 1930～1939 年雨量統計表

| 年　　別 | 年雨量 mm | 夏期雨量 mm | 冬期雨量 mm |
|---|---|---|---|
| 昭和 5 年（1930） | 2000 | 1712.4 | 287.6 |
| 昭和 6 年（1931） | 1798.4 | 1217.3 | 581.7 |
| 昭和 7 年（1932） | 2037.1 | 1526 | 511.1 |
| 昭和 8 年（1933） | 1016.1 | 861.4 | 155.5 |
| 昭和 9 年（1934） | 1390.4 | 1040.7 | 349.7 |
| 昭和 10 年（1935） | 1859.1 | 1511.7 | 347.4 |
| 昭和 11 年（1936） | 1292.9 | 886.5 | 406.4 |
| 昭和 12 年（1937） | 1400 | 1007.6 | 392.4 |
| 昭和 13 年（1938） | 1391.5 | 887.7 | 503.8 |
| 昭和 14 年（1939） | 1993.3 | 1665 | 328.3 |

資料來源：吉岡彥四郎，〈王田圳增產計畫及工事計畫概要〉，《臺灣の水利》，頁 46。
筆者製表。

表 1-3　大肚 2019、2020 年降水量表

| 年度 | 1月 | 2月 | 3月 | 4月 | 5月 | 6月 | 7月 | 8月 | 9月 | 10月 | 11月 | 12月 | 年平均 |
|---|---|---|---|---|---|---|---|---|---|---|---|---|---|
| 2019 | 25.5 | 45 | 258 | 154 | 265 | 476 | 43 | 323 | 35.5 | 13.5 | | 125 | 1762 |
| 2020 | 23 | 5.5 | 39 | 47 | 252 | 88.5 | 34.5 | 162 | 11 | 1.5 | 2 | 32.5 | 698 |

資料來源：中央氣象局，《2019 氣候資料年報》，頁 95，《2020 氣候資料年報》，頁 94。
筆者製表。

　　此外，本文統計及中央氣象局歷年資料，發現 80 年來，大肚山以西平原，年雨量並沒有太大變化，比起其他地區，相對雨量少，約只全臺平均值一半，夏季多颱風雨及西北雨，其餘季節雨量少，但值得注意的是 2019、2020 年總雨量巨大差異，顯示氣候極端化的影響，所幸大肚溪上游水源尚稱豐沛，筏子溪又多湧泉，故可供應區內灌溉用水；而大肚飲用水部份抽自地下水，故旱季相對影響不大，2021 年全臺大缺水，大肚民生用水只減壓而未停水。

（二）大肚之年均溫

　　據中央氣象局之 2019、2020 氣候資料年報，大肚年均溫約 22.3 度攝氏，與臺灣西岸相同，相對氣候溫和。

表1-4　大肚2019、2020年平均氣溫表

| 年度 | 1月 | 2月 | 3月 | 4月 | 5月 | 6月 | 7月 | 8月 | 9月 | 10月 | 11月 | 12月 | 年平均 |
|---|---|---|---|---|---|---|---|---|---|---|---|---|---|
| 2019 | 16.5 | 18 | 18.9 | 22.5 | 23.4 | 26.2 | 27.3 | 26.6 | 25.8 | 23.7 | 20.5 | 17.1 | 22.2 |
| 2020 | 15.9 | 17.7 | 19.6 | 19.8 | 25.5 | 27.2 | 27.9 | 26.9 | 26.3 | 23.7 | 21.7 | 17 | 22.3 |

資料來源：中央氣象局，《2019氣候資料年報》，頁81，《2020氣候資料年報》，頁80，筆者整理製表。

## （三）大肚之季節風

大肚離海岸約十公里，冬季風大，由鄰近梧棲2020年1月分風花圖（Wind Rose）觀察，當地一月份有強勁偏北季風，因受西北走向的大肚山形及大肚溪空曠河床之導引（見圖1-4），至大肚區內轉為西北風，風勢甚強，經常強似颱風。

圖1-1　風花圖例說明　　　　圖1-2　2020年梧棲一月份風花圖

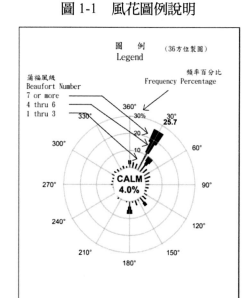 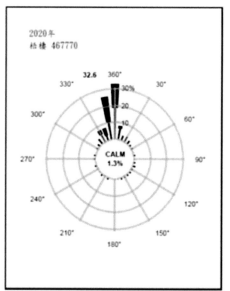

資料來源：中央氣象局，《2020氣候資料年報》，頁155、159。

由以上大肚地區的地理環境、水源、雨量及氣候條件分析，本地氣候溫和，水源充足，而且大肚溪兩岸氾濫堆積土壤富含有機質，農作物年可四穫——兩季水稻，勤勞農民再於兩期稻作間，種植水果及蔬菜，適合農業發展。

# 第二節　大肚的史前文化與原住民

## 一、營埔文化

　　大肚山臺地及平原，地理環境、水源、雨量及氣候條件適合人類文明發展，自史前時期，區內一直有人類文明的活動的遺跡；大肚區營埔里，於 1943 年由日籍國分直一首先做考古發掘，繼而臺大宋文薰於 1964 年，臺中科博館何傳坤、劉克竑等於 1999 年，先後再作過發掘研究，這些考古證明了大肚山下、大肚溪邊這片土地，數千年來一直是活耀的人類文明舞臺；在臺灣中部濁水溪、大肚溪、大甲溪流域中、下游地區的河邊階地和丘陵上，有許多史前遺址的文化內容，與營埔遺址相當近似，相同的文化遺址類型在營埔最早發現，可代表該文化的遺址名稱，因此被定名為「營埔文化」。

　　　　以往考古學者們曾分別以「黑陶文化」、「大甲臺地第一黑陶文化」、「灰黑陶相」、「營埔期」、「營埔水平」、「龍山形成期營埔相」等名稱，來稱呼這個新石器時代晚期的史前文化。1979 年，宋文薰、連照美編輯「臺灣史前文化層序表」時，用「營埔文化」取代原先混亂的文化期相名稱，宋文薰而此一提議也獲得臺灣考古學者的贊同與採用。〔註 5〕

　　營埔文化的年代，也經過科學鑑定確認，1965 年 10 月 1 日，宋文薰報告營埔遺址三件標本碳十四年代：

　　　　Y-1630 標本（木炭）2970±80 B.P. 或 1020±20 B.C.

　　　　Y-1631 標本（木炭）2810±100 B.P. 或 960±100 B.C.

　　　　Y-1632 標本（炭化樹子）2250±60 B.P. 或 300±60 B.C.

　　　　也就是營埔文化所屬的第一黑陶文化層起於公元前 2100 年前後，而終於公元 4～600 年左右。〔註 6〕

　　由以上研究報告，發現黑陶、碳化的樹籽、稻米痕跡，還有大型犁形石器、石刀、石鎌等農具及石錘等可能是紡織用具，代表營埔文化已有穀類等農業種植，是一個農耕而且可以燒製陶器製作工具的先進社會。

　　根據考古學家由營埔文化遺址的發掘研究，「營埔文化主要分布於濁水

〔註 5〕何傳坤、劉克竑，《臺中縣營埔遺址發掘報告》（臺中：國立自然科學博物館，2006 年 11 月），頁 12。

〔註 6〕張光直，《臺灣省濁水溪與大肚溪流域考古調查報告》，頁 424。

溪、大肚溪、大甲溪流域中、下游地區。年代距今 3400～1800 年前，甚至局部區域晚至約 1600 年前，屬於臺灣新石器時代晚期的史前文化。聚落居住於平原及河流中上游的高位河階。分布廣、聚落大、佔居時間亦久，是臺灣中部地區主要的史前文化。」〔註7〕

營埔文化遺址是以大肚地名的「命名遺址」，對大肚深具意義，在臺灣人文歷史也甚具意義，三次發掘都是小規模，還埋藏在地下的文化資產非常豐富，值得推動進一步的發掘或研究，補足 1600 年前至 400 年前，這一段重要的歷史空缺。

圖 1-3　臺灣構樹　　　　　　圖 1-4　營埔文化遺址黑陶片

資料來源：筆者 2021 年 7 月拍攝。　　資料來源：筆者 2017 年 8 月參加大肚區公所「找尋大肚王活動」，於劉克竑指導下於遺址收集拍攝。

## 二、大肚平埔族群拍瀑拉三社

漢人入墾臺灣之前，臺灣這片土地就有活躍的人類族群分布，在這些族群當中，居住在大肚溪以北，大甲溪以南，大肚山臺地以西至海的族群稱為拍瀑拉（Papora），包含中大肚社、南大肚社、北大肚社、水裏社、遷善社（舊名沙轆）感恩社（舊名牛罵）及大肚山南部筏子溪、大肚溪岸今嶺東科大附近的貓霧捒社共七社。〔註8〕

有關大肚王的故事，在清康熙 61（1722）年 6 月，巡臺御史黃叔璥有如下描述：「過半線，往大肚，則東北行矣。大肚山形，遠望如百雉高城。昔有

〔註 7〕劉益昌，《典藏臺灣史 史前人群與文化》（臺北：玉山社，2019 年 4 月），頁 123。
〔註 8〕〔清〕劉良璧，《重修福建臺灣府志》，〈卷五・附番社・彰化縣〉。

番長名大眉。志謂：每歲東作，眾番爭致大眉射獵，於箭所及地，禾稼大熟，
鹿豕無敢損折者；箭所不及，輒被蹂躪，不亦枯死。其子斗肉、女阿巴里、
婿大柳望，各社仍然敬禮，獲鹿必先貽之。」〔註9〕大肚王出於大肚南社，
也是當年臺灣中部最為強盛的社，所以「大肚」之名，應在漢人入墾時即已
使用。

　　「大肚」名稱之由來，說法不一，較可能應自原住民語音「Dorida」而來，
經請教平埔族裔朋友，閩南語音有「肚」「Do」「大」「Da」，漢人入墾以後則
以大肚番稱呼，因而有大肚溪、大肚山、大肚社，大肚三社族人也沿用作為社
名之文字記載，族人遷入埔里之後，也命名所居地為「大肚城」，也就是今日
埔里「大城里」里名之由來。

　　大肚三社何時開始活躍於大肚地區，並無文字記載，年代不詳，很明確是
在荷蘭東印度公司 1624 年到達臺灣之前，已從中國海盜口中知道臺灣中部有
Quataong 統治的 18 村落，1644 年東印度公司上尉 Peter Boon 率領的軍隊北上
驅逐基隆、淡水的西班牙人之後，回程經陸路回大員（臺南）途中，以武力屈
服了各平埔村落及 Quataong 統治的 15～18 個村落，後來大肚王（Quataong）
也在 1645 年開始參加過東印度公司每年一度的地方會議區，雙方相處關係尚
稱平和，東印度公司也在大肚諸社收取贌稅，根據東印度公司統計，1656 年，
大肚北社 25 戶 107 人，大肚中社 17 戶 67 人，大肚南社 43 戶 161 人，共統
轄 19 村社。〔註10〕

　　大肚有北社、中社、南社，因拍瀑拉族群有遷移居處的習慣，故只能以範
圍來界定，根據筆者踏察及參酌各方記載；「大肚南社」應在大肚區社腳里、
福山里山腳、社腳公墓附近，當地泉水豐沛，而族人活動範圍，則應至王田、
營埔大肚溪邊一帶；社腳地名應來自位處「番社腳」；「大肚中社」則應在大肚
里、大東里沿金聖公坑北側之丘陵或平地（大肚第一公墓以西，因金聖公坑南
側原為高聳斷崖山丘，不適人居），金聖公坑一直水源充沛，流水直通至永和
宮前成為小溪，至 1850 年左右尚可行船載貨，是一個很好的居住環境，而大
肚國小西南方約一百公尺之聚落，地方人士就稱該地為「番社」，據耆老趙文
進傳述：「趙姓家族祖先為赤腳漢醫，因醫好番公主病，番公主嫁他為妻，社

---

〔註9〕〔清〕黃淑璥，《臺海使槎錄》，〈卷六・番俗六考・附載〉。

〔註10〕中村志孝著、許賢瑤譯，〈荷據統治下位於臺灣中西部 Quataong 村落〉《臺灣
　　　　風物》，第 43 卷第 4 期，1993 年 12 月，頁 206～238。

番邊埔里時，番王將大肚庄中心八十甲土地贈給趙家祖先。」當年大肚紙廠廠長宿舍後方圍籬外空地，有一棵大樹，樹下有一石頭堆，耆老相傳就是番王墳墓，所以這一代應是中社社域；「大肚北社」則在山陽公墓以南的山陽坑沿岸及以南的山陽、頂街里，山陽坑泉水豐沛，終年流水不斷，至今山腰的「山寮」，尚可建魚池養魚及水耕蔬菜，且避風冬暖，也是很好的居住環境，這三處都有豐沛水源，適於農作，大肚山自古又林木蒼翠，臺灣構樹（鹿仔樹）處處茂密生長，臺灣原生梅花鹿隨處覓食繁衍，拍瀑拉族群也以構樹皮揉製樹皮衣，又善於挖井，如未有外人侵入，在此安居實在是桃花源；而筆者踏查所推論的社域，另一支持原因就是這幾處都鄰近公墓，因拍瀑拉族群有將善終先人室內葬習俗，「北路諸羅番六 南投北投貓羅半線柴仔坑水裡『喪葬 番死，老幼裹以草席，瘞本厝內』」；〔註11〕「北路諸羅番八 大肚牛罵、沙轆、貓霧捒（一作麻霧捒）岸里、阿里史、樸仔離、掃捒、烏牛難『喪葬 番死，喪葬及浴身入室，與南北投等社同。』」〔註12〕當族人遷走之後，漢人知道這塊原族人居住地，必葬有祖先骨骸，所以也就把他當墳地埋葬漢人祖先，後來就成為公墓，這應是合理推論。

### 圖 1-5 大肚三社與相鄰番社位置圖

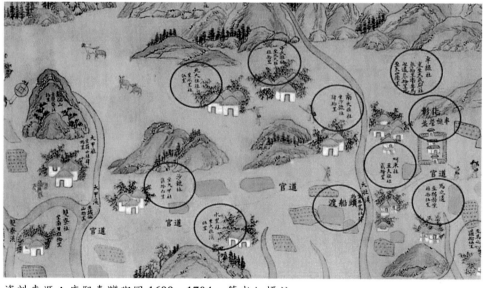

資料來源：康熙臺灣輿圖 1699～1704，筆者加標註。

〔註11〕〔清〕黃淑璥，《臺海使槎錄》，〈卷五·番俗六考〉。
〔註12〕〔清〕黃淑璥，《臺海使槎錄》，〈卷六·番俗六考〉。

圖 1-6　大肚三社現址與營埔文化遺址位置圖

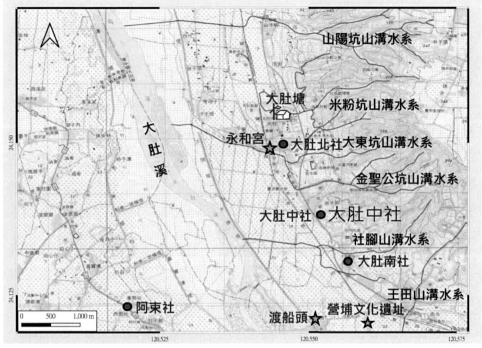

資料來源：筆者現場 Google 地圖座標定位繪製。

## 三、番漢遭遇的無奈與傳說

溫振華「在漢人入墾中部以前，平埔族對土地開發的貢獻，我們可由其經濟生活中來觀察。平埔族的生活以狩獵為主，間有簡單的農業生產，以及捕魚。」〔註13〕所以他們生活領域中天然資源豐富，自給自足，過的是非常簡單的狩獵（以捕鹿為主）、採集、漁撈及簡單的農耕生活；「在思想上，他們缺乏為未來著想的觀念，在經濟生產活動中，沒有預計的觀念，沒有儲蓄的想法。在與漢人的生存競爭中，此或為其失敗的重要因素。」〔註14〕

葛天氏之民，無端遭遇了由中國閩、粵沿海迫於生活窮困，渡海而來求生存的漢人，這批漢人帶來了優勢生活文明，以及五千年文化累積的智巧，漢人先民入墾臺灣後，大肚原漢相處的一些情況，一則筆者小時候聽到的耆老傳說，可以作為註腳，大肚的長輩講番王故事的經典之一，「大肚番王銀滿厝間」，形容番王很有錢，而漢人緊鄰番社居住，漢人剛入墾初期，總有青黃不

〔註13〕溫振華，〈清代臺灣中部的開發與社會變遷〉，頁 46。
〔註14〕溫振華，〈清代臺灣中部的開發與社會變遷〉，頁 47。

接之時，漢人常向番王借米，約定平斗借尖斗還，尖凸出的米就當利息，漢人還米時，總是先帶酒菜，找番王喝酒，等喝得差不多七、八分醉了，再找家中婦女捧著斗，以斗底盛滿尖出的米來還，番王一看借平還尖，很高興，喝得微醺了，就要婦女自己倒入穀倉，有借有還，但番王的米就這樣被越借越少。這故事和人傳述的重點是大肚番卡「憨」、卡「好騙」，咱漢人卡「巧」，這是移墾漢人津津樂道，如何利用祖先生活智慧與原住民交往的一則故事。

　　而相同的故事，在趙慧琳《大肚城歸來》，在這史詩般的小說中，描述平埔族親對以上故事的傳述如下：

> 本社族人身為地主，統統都是「大肚番銀滿厝間」。漢人借米要還，常常趁我們中午吃飯的時候。因為他們發現，我們習俗是中午吃飯時，必須沉默，不能出聲說話，更不能任意起身，離開座位。我們遇到漢人挑在這個時間來還米，只好比手畫腳，請他們自行把米還回我們的米倉。直到有一天，漢人又選擇午餐時間前來還米，剛好我們南大肚社人家裡養的獵犬大聲吠叫，衝了出來，而不小心撞倒捧著米斗仔的人。我們社人只好打破禁忌，趕快起身跑了出來，幫忙撿拾撞翻在地的漢人米斗仔。當社親將倒出來的米粒重新裝回，才訝然察覺，他借出的時候，明明是滿滿的平斗，這奸巧漢人歸還的，卻只是窄小容量的一個尖斗，實際只還回了可憐的一點點米糧。我們至此才發現了真相，可恨原來是相信漢人的，卻遭受了無理矇騙而不自知。〔註15〕

　　由這相同的一則故事，相對雙方族群不同立場論述的傳說，可以理解當年原漢相處時，平埔原住民擁有的資產，被漢人巧取豪奪侵占的處境，再加上當時清政府對熟番沉重稅負、抽調青壯擔任屯丁及官方無盡的役使社番當差，這些措施造成平埔族群無力農耕、經濟困難，土地也不斷地典、贌、賣，落入漢人手中。

　　這個「大肚番銀滿厝間」的故事，昔日筆者在無知童年聽來覺得有趣，但它卻是異文化遭遇時，強欺弱的一個殘酷現實的詐欺與無奈生活史，因此部分大肚社平埔族人只好於1820～1850年前後移居埔里，聚居開墾於「大肚城」及「生番空」一帶，很多大肚社族裔，經常聽族中耆老傳述當年原鄉總總故事，

---

〔註15〕趙慧琳，《大肚城歸來》（新北市：刻印文學，2013年12月初版），頁83、84。

只能思念神往；希望有機會政府可以撥一塊當年平埔族社域內的公有土地，作為他們跟原鄉土地的連結的根。

　　以上故事也可生動的補充說明當年的原漢互動模式，以及在地弱勢文化原住民的無奈與困境，忠實的記載，不是要翻舊帳掀不平，但只希望記取歷史，而讓這塊土地的人民，更能以同理心相互對待。

## 第三節　先民入墾與大肚地權關係

### 一、漢人入臺與大肚地權更迭

#### （一）漢人由南部入墾臺灣

　　陳第在《東番記》中，記載了他於明萬曆30（1603）年12月冬天，隨沈有容率軍到臺灣驅趕倭人，對臺灣所做的考察記錄：「自通中國，頗有悅好，姦人又以濫惡之物欺之，彼亦漸悟，恐淳朴日散矣。萬曆壬寅冬，倭復據其島，夷及商、漁交病。浯嶼沈將軍往勦，余適有觀海之興，與俱。」[註16]全篇除了記載當時臺灣原住民已跟中國有所往來，也提到漢人奸商以劣等商品欺騙島上土人，萬曆壬寅（1602～3）年冬，倭人又佔據臺灣，夷（應指當時到東方貿易的西班牙、荷蘭、葡萄牙人）及商、漁（漢人商民及漁民）交病（都感頭痛），從以上記載，在十七世紀初，只有夷人及漢人的商人及漁民到島上活動，還未見有組織的入墾。

　　漢人入墾臺灣，應始自明代末期，崇禎元（1628）年，熊文燦就職福建巡撫，當時閩南大旱，文燦招降芝龍後，向鄭芝龍問解決飢荒對策。「鄭芝龍受撫以後，稟請福建巡撫熊文燦招集飢民數萬人，每人給銀三兩，三人給牛一頭，用海舶載至臺灣墾荒，這種大規模移民，對於漢人在臺灣的基礎之奠定，裨益不小。」[註17]而當時在臺灣的荷蘭人，為了增加蔗糖等作物產量，提升商業利益，也召募中國沿海漢人入墾臺灣，一推一吸，兩股力量，短期成就了大量閩、粵籍漢人離開家鄉，入墾臺灣。

　　當時漢人進入臺灣，首先在臺南附近落腳，再逐漸向南、北兩方向拓墾，康熙23（1684）年清廷將臺灣納入版圖後，頒布「渡海三禁」，但是閩粵沿海

---

〔註16〕〔明〕陳第，《東番記》。
〔註17〕郭廷以，《臺灣史事概說》（臺北：正中書局，2014年10月），頁16。

居民，為生活所逼，還是大批冒死渡海入墾臺灣，到了康熙末年，漢人移民已拓墾到達中部大肚溪兩岸，甚至北部也直接進入淡水河沿岸，「雍正朝是清廷治理臺灣212年間，較為鼓勵開墾的朝代之一，特別是自雍正二（1724）年覆准『福建臺灣各番場開曠地方可以墾種者，令地方官曉諭，聽各番租予民人耕種』。」〔註18〕更激勵閩粵居民大量入墾臺灣，臺灣也正式成了漢人生活圈，而根據記載大肚趙姓渡臺祖，也在雍正及乾隆初葉入墾臺灣，〔註19〕雍正元（1723）年，清廷正式增設了彰化縣，以有效管理臺灣中、北部濁水溪以北遼闊地域，大肚庄當時屬彰化縣轄。

## （二）大肚的地權結構

清朝基本上承認熟番擁有祖先遺留下來的土地權利；從康熙以降，歷代皇帝數度下令保護土著地權，不准漢人移民藉租、贌、買賣或典押名義，侵蝕平埔熟番的祖遺地權。對於漢人墾戶申請土地開墾執照，清政府也要求地方官務必查明所欲開墾草地實屬「民番無礙」之無主荒埔，方准頒行墾照。然而，儘管中央政府規定各種保護土著地權的辦法，平埔族土著的土地，卻從十八世紀初葉開始大量流失到漢人手中。顯然中央政府的政令與臺灣地方官員的執行之間，存著很大的距離；漢人墾戶在申請墾照時，地方官並未確實察核草埔的坐落與所有權屬；民人佃戶也無視政府不准私贌番業的禁令，私下跟土著地主簽訂租佃或典押契約，實質獲取土地的使用經營權。〔註20〕

雍正皇帝即位後，清廷對熟番地政策做了大幅度調整，雍正2（1724）覆准：「福建臺灣各番鹿場閒曠地方可以墾種者，令地方官曉諭，聽各番租與民人耕種。」〔註21〕，這一有限度開放熟番地的出租，並鼓勵首報陞科，由於政府開放出租，使得許多實質的買賣行為是以租、典、贌的方式進行，因此產生了所謂的「番產漢佃」、「一田二主」等制度，番業主雖為名義上的所有人，但實際掌控土地的則大多是漢佃主。

大肚地區除了有大肚拍瀑拉各社傳統生活領域的所謂熟番埔地外，也因大肚溪下游沿岸土地的夏季山洪沖刷浮覆不定，有一些土地平埔族人可能並

---

〔註18〕施添福，《清代臺灣的地域社會・竹塹地區的歷史地理研究》，頁39。

〔註19〕漳浦縣地方志編纂委員會，《漳浦縣志》，卷三十三，〈華僑・浦臺關係〉（1998年4月），頁980～P981。

〔註20〕陳秋坤，〈十九世紀初期土著地權外流問題：以岸裡社的土地經營為例〉，張炎憲、李筱峰、戴寶村編《臺灣史論文精選・上》，頁224。

〔註21〕《清會典臺灣事例》，〈戶部・疆理・福建臺灣・開墾四十三〉。

未充分利用，但勤奮的漢人移民卻視為珍寶而善加利用，經檢視現存的古文書及總督府檔案相關文書，可以了解大肚地區清代並存以下四種地權關係。

1. 大肚社番已墾成熟田，因乏銀別創，而將田園轉賣、典或租與漢人耕佃，特別的是賣、典或租契字，都保留每年收象徵性租銀，地權及租稅關係如圖 1-7（一）。〔註22〕

2. 大肚番社領域之荒埔，由漢人向番業主貼銀永佃，再逐年配納番租，但漢佃得自由處置、招佃，地權及租稅關係如圖 1-7（二）。〔註23〕

3. 為漢人向番社訂約給墾田園，這部分可以不必向官府繳納正供，但從契約中看出，官府清丈時，溢墾部分必須繳納正供，這部分一般應屬取巧案例，地權及租稅關係如圖 1-7（三）。〔註24〕

4. 另有較大規模的土地拓墾，由墾戶先以代納番餉或按年繳納番租為條件，向番社取得墾批後，再向縣府提出開墾四至，申請取得墾照，再招墾佃開墾成田，地權及租稅關係如圖 1-7（四）。

### 圖 1-7　大肚清代土地地權與租佃關係

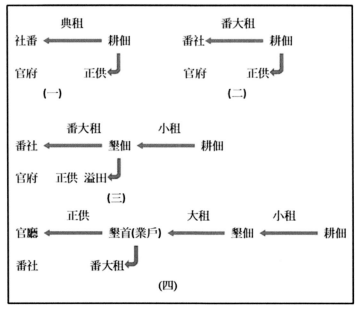

資料來源：筆者根據古文書土地契字，日據《臺灣總督府公文類纂》及前人著作整理。

〔註22〕劉澤民，《大肚社古文書》，頁 106、228。
〔註23〕劉澤民，《大肚社古文書》，頁 128。
〔註24〕劉澤民，《大肚社古文書》，頁 114。

## 二、從歷史事件看地權關係

### （一）大肚農民多小租戶

清末彰化秀才吳德功記載戴潮春事件發生時，「同治元（1862）年七月十九日，偽千帥林日成率偽鎮北將軍林大用、陳九母、趙憨率眾攻破淋仔莊、柑仔井、和美線等莊，至加寶潭，為義民首陳耀擊退之。……耀田業多在大肚，陳九母、趙憨皆其佃人，故力向晟言，約銀貳千元，以作軍費，賊始退。」〔註25〕加寶潭在彰化和美，陳耀是鹿港廈郊最大的商行慶昌號第二代舉人陳宗潢長子，耀田業多在大肚，表示當時大肚很多農戶都是佃農，地權屬於彰化、鹿港的富戶所有。

還有一件明治 31（1898）年四月，臺中縣知事呈報總督府大肚下蔡仔尾庄小租戶趙正等十二人因受洪水災損，申請免租稅五年，也可間接證明大肚地權存在大、小租及番租關係。

**圖 1-8　下蔡仔尾庄小租戶趙正申請災損免租**

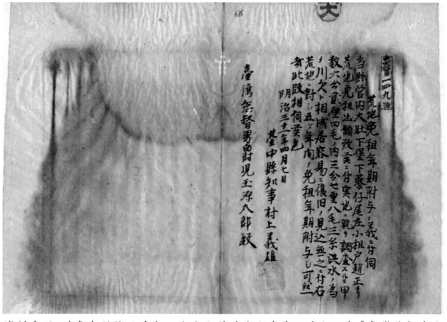

資料來源：〈臺中縣趙正外十一名出願荒地免租年期附與認可〉《臺灣總督府公
　　　　　文類纂》，國史館臺灣文獻館，件典藏號：00004562013，明治 31
　　　　　（1898）年 4 月 7 日。

---

〔註25〕〔清〕吳德功，〈戴案紀略〉，《吳德功先生全集》（南投：臺灣省文獻委員會，
　　　　1992 年 5 月），頁 22、23。

## （二）由墾戶訴訟大租權之案例看地權關係

本案應屬於上述地權關係第四類，根據一件 1902 年日治土地調查時，由大肚下堡土地調查局派出所提出的臨時臺灣土地調查局調查課〈大肚下堡海埔仔庄大租石記入ノ件〉，由其理由書內容，可以進一步瞭解清代的土地拓墾制度與地權關係，這件文件官方公文記載，這是舊慣開墾之土地的大租權之爭，但是契字、憑證等文件都沒有，自道光 11（1831）年以來，幾十年間，雙方關係中斷，而業主（現耕佃戶）長期耕種、掌管，也相安無事，也沒有大租的負擔，但陳俊榮、陳培甲出面表示這是他們祖先請墾的土地，要求收取每甲兩石大租，由當時大租戶所提出的理由書內容，這土地是大租戶陳俊榮的祖父陳德裕於道光 11 年，向陳睿伯明買盡根埔地一所，土地座落在海埔仔庄等處（今龍井鄉）。

圖 1-9　大肚下堡海埔仔庄大租石記入ノ件理由書-1

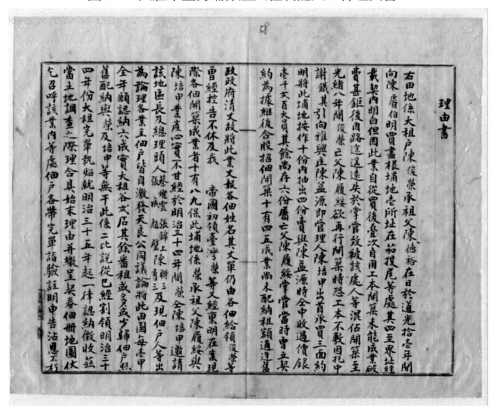

資料來源：〈大肚下堡海埔仔庄大租石記入ノ件〉，《臺灣總督府公文類纂》，國史館臺灣文獻館件典藏號：00004447007，明治 35（1902）年 4 月 1 日。

圖 1-10　大肚下堡海埔仔庄大租石記入ノ件理由書-2

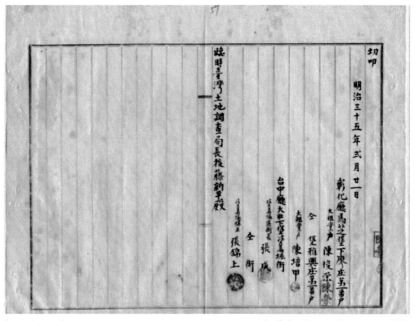

資料來源：〈大肚下堡海埔仔庄大租石記入ノ件〉《臺灣總督府公文類纂》，
　　　　國史館臺灣文獻館，件典藏號：00004447007，明治 35（1902）
　　　　年 4 月 1 日。

　　從以上，臨時臺灣土地調查局調查課內部調查意見及大租戶所提出的理由書內容，可以整理回溯當時的地權狀況如下

　　1. 這土地應是原墾戶陳睿伯先以按年繳納番租為條件，向番社取得墾批後，再向縣府提出開墾四至，申請並取得墾照，但取得墾照後，還未開墾成業，就轉賣給陳俊榮的祖父陳德裕。

　　2. 陳德裕買後，「疊次自用工本開築未能成業」，可能因「海埔仔」近海又臨大肚溪，易受風水危害，加上路途遙遠管理不易，所以疊次自用工本開築也未能成業。

　　3. 陳德裕之子陳履綏欲再行開築時，「恐工本不敷，故將十分內抽出四分賣與陳益源，繼後合股招佃開築十有四五成業，尚未配納租額。」也就是怕自己投資收不回來，不願再冒太大資金風險，所以將四成權利賣給彰化馬興陳益源家族，但是雖兩家合股招徠佃農也墾成了四五成田業，可能是風頭水尾田，收成不好，還是未能向佃人收取大租。

　　4. 清政府於劉銘傳清丈時，「其丈單仍由各佃給領」，也就是當時政府承認各現耕佃人為業主，所以陳俊榮等歷年控告不休。

5.「帝國初領臺灣後，俊榮等又經稟明在案」，換了政府，再起訴訟。

6. 這次陳俊榮全陳培甲，邀請該地區長及總理頭人蔡燦雲、張錦上、張成、趙壁、陳聯三、陳秀三及現佃人等，出為論理，各業主佃戶，「皆自激發天良，公同議論，將此田園，每壹甲全年願認納六成實大租谷貳石」，這回採柔性協調與地方頭人及佃戶進行溝通之後，果然取得雙方合意解決方案，佃戶同意付大租戶每壹甲全年大租谷貳石，至於當時如何讓地方頭人「激發天良」，是否有交換條件，就不得而知。

7. 但是「番租或多或少歸佃戶照舊配納」，所以這些土地一直都配納番大租，並由現耕佃戶向番社繳納。

8. 最特別的是蔡燦雲、趙壁兩位地方頭人富戶，也都是這批土地的佃人，顯然他們是以投資目的而買下小租權，這在當時是很常見的土地投資。

9. 更特別的是，「文昌公」也是田佃，在這塊土地中文昌帝君「礦溪書院」擁有四筆水田，面積共 2 甲 3 分，管理人趙壁，這應是地方仕紳捐給礦溪書院的學田，以每年田租充當書院膏火之資。

### 圖 1-11　文昌公列名佃冊

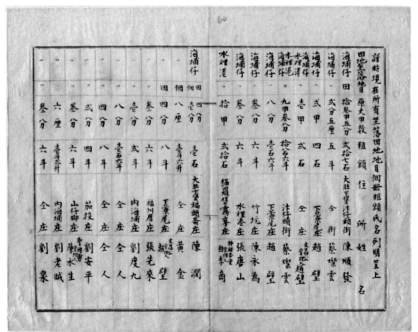

資料來源:〈大肚下堡海埔仔庄大租石記入ノ件〉《臺灣總督府公文類纂》，國史館臺灣文獻館，件典藏號：00004447007，明治 35（1902）年 4 月 1 日。

這件由墾戶後代要求確認大租權的官司時斷時續拖延甚久，但從未真正收取到大租，甚至劉銘傳清丈時，其丈單仍由各佃人給領，但是根據清代劉銘傳清丈土地，大租減四留六之前，正供應由大租戶繳納的規定，不知當時墾戶是否繳納過官府正供；臺灣總督府於 1898 年 9 月設立臨時臺灣土地調查局，推動全臺土地調查，目的之一是確認土地產權，而墾戶後代也於 1902 年再起訴訟，並取得佃人中具街長、保正等身分之地方頭人，如趙壁、蔡燦雲等帶頭承諾繳納大租，實不容易，但臺灣總督府於 1905 年 2 月 15 日，對全臺灣的大租戶發放補償金，強制收購大租權，解決臺灣清代以來一田兩主影響土地有效利用問題，本案大租戶應也取得補償，這案例也留下甚多值得進一步探討的清代地權問題。

## 三、大肚熟番地權流失與番漢易位

### （一）熟番地權流失原因

綜合施添福對雍正朝以後熟番杜賣土地的緣由研究，指出：「1. 課餉繁重，熟番所納番餉，不僅重於在臺漢人，更數倍或甚至多至十倍於內地。2. 勞役多和供差繁，必須為南來北往的官吏、兵弁、甚至長年踞社的通事、夥長等提供各種額外的服務。」〔註26〕還有番人不熟悉官方報墾程序，加上漢人的欺瞞誘騙，都是造成番地流失不容忽視的原因。

另一重大原因就是社內壯丁守屯，乾隆 53（1788）年，依福康安於林爽文事件後之奏議，閩浙總督議准挑募熟番為屯丁，酌撥土牛界外未墾埔地以資養贍。柴坑仔、大肚南北、楝東西，五社屯丁一百零四名，分給水底寮（今臺中市新社一帶）埔地一百零四甲。大肚中社屯丁四十七名，分給大姑婆（今臺中市水湳一帶）埔地四十七甲零。〔註27〕但離社太遠無法自行耕種，必須招漢佃開墾，漢佃又常抗租賴帳，久了也保不住這些土地，但社內壯丁又去守屯，無法從事生產，經濟自然日漸凋蔽。

### （二）從杜賣契約看熟番地權流失

進一步由《大肚社古文書》的一則杜賣盡根田厝字可以看出漢人入墾後，熟番地權的流失實際情形。

---

〔註26〕施添福，《清代臺灣的地域社會・竹塹地區的歷史地理研究》，頁 127～131。
〔註27〕〔清〕周璽，《彰化縣志》，〈卷七・兵防・屯弁兵分給埔地〉。

例如：乾隆五十四年八月陳有、陳相等立杜賣盡田厝契字，其內容摘錄如下：

> 立杜賣盡根田厝字人陳有、相等，前年先父祖有向大肚社番業
> 主給墾開成水田一段，經丈壹甲玖分，逐年配納番業主大租粟拾伍
> 石、車工銀壹兩貳錢；又覆丈出溢田陸分，年配納正堂正供粟壹石
> 零伍升陸合，丁耗照例征完，座落土名後壠仔庄新厝仔。〔註28〕
>
> 批如上年番業主給出墾單一帋被亂遺失，後日若有取出不得為
> 用，今當番業主批明在炤
>
> 番業主（蓋章）。〔註29〕

這張杜賣盡根田厝字年代早在乾隆 54（1789）年，距漢人最早入墾大肚溪流域之康熙末年、雍正年間不久，重點如下：

1. 契字中提到向番業主給墾並墾成土地，須逐年配納番業主大租，但沒提到須納官府正供，顯然這是在乾隆 33（1768）年臺灣道張珽有關番地保護，報請閩浙總督崔應階批示後曉諭：「嗣後凡斷還番管之業，著民人向番承種納租者，概免報陞，以收恤番實效。」〔註30〕所以這契字內屬於原請墾之番業，免納官府正供，所以契字中沒提到須繳納官府「正供」，墾單一紙也是由番業主給出，但因亂遺失，所以簽約時找了番業主立會並於契約上蓋章為證。

2. 這契字中特殊的是「覆丈出溢田陸分，年配納正堂正供粟壹石零伍升陸合。」也就是向大肚社番業主給墾範圍外，超墾的溢田，要向官府繳納正供，但沒提到這部分也須繳番大租，果如此，那番社就吃虧了，從契字內容看原墾單壹甲玖分，逐年配納番業主大租粟拾伍石、車工銀壹兩貳錢，也就是每甲大租粟 7.9 石（開成水田一般每甲八石大租），還須貼車工銀，但溢田六分之正供額只壹石零伍升陸合，丁耗照例征完，如此則只需繳正供每甲約 1.76 石，懸殊甚大，番社不但額外流失土地，也收不到大租穀，這是陳秋坤在〈十九世紀初期土著地權外流問題：以岸裡社的土地經營為例〉，所提到的漢佃以「番產投稅，自為業主。」也就是「漢佃串謀稅契丁差，明知番業向無投稅，故意違例逆勒，……以向官府投稅納課方式，將番產變更為私人產業。」〔註31〕

---

〔註28〕今臺中市民權路臺中教育大學附近舊名後壠仔庄。
〔註29〕劉澤民，《大肚社古文書》，頁 114。
〔註30〕柯志明，《番頭家》，頁 294。
〔註31〕陳秋坤，〈十九世紀初期土著地權外流問題：以岸裡社的土地經營為例〉，頁
253～254。

從這個例子可以看出，番社、漢墾戶、官府的三角遊戲規則中，番社吃虧了，這也是熟番地權被漢佃巧取流失的方式之一。

### （三）漢人繳番大租即可自由買賣土地

以下契字是嘉慶 22（1817）年 5 月，漢人向社番買山園再轉賣的契字，內容較為簡單，買方可以自由支配使用土地，但須逐年納番業主大租錢式佰文，不過已約定不得增多減少，豐荒兩無加減，屬於定額租。

> 立杜賣盡根山園絕契人陳等加，自有明買過南大肚社番婦打姨斗肉、阿甲斗肉、阿伯獅全有承祖父遺下有山園大小叁坵，雙坵連，坐落土名在社腳庄北勢山坑溝漧，……當日憑中三面言議，實值價佛銀六十大員正，其銀即日全中交收足訖，其山園叁坵，隨即踏界付與趙天生前去掌管，任從開鑿買水成田，……其園全中明約，逐年納番業主大租錢式佰文，不得增多減少，豐荒兩無加減，出單為憑。〔註32〕

其他如同書頁 190，道光 25（1845）年 12 月南大肚社番高大宇立永杜賣盡根絕契字；頁 216，同治 12（1873）年 10 月劉牛母等同立杜賣盡根田契字，都分別載明，配納番租錢，逐年該納大肚社番大租粟肆石等，所以買賣的都是小租權，而且契約中都註明配納番業主大租。

## 四、下蔡仔尾庄歷代行政區劃沿革

「清代之官制組織，於臺地內，直接治民者為縣；清代州、廳、縣以下的地方行政，委諸地方自治」，「地方自治頭人在里、保為總理，街、莊則為街莊正（副），由地方選充稟舉，經州縣准充。」〔註33〕清代政府派任官吏只到縣級，縣以下地方自治，依地方慣習而自成街莊，道光 14（1834）年，周璽編纂的《彰化縣志》，就記載了「『大肚下保』轄『下蔡仔尾莊』」，〔註34〕所以下寮仔尾莊聚居成莊已有悠久歷史。

而歷代治臺政府，行政區劃不斷變更，大肚下寮仔尾莊歷年行政隸屬，經參考乾隆五年（1740 年）劉良璧《重修福建臺灣府志》，卷五·坊里「彰化縣

---

〔註32〕劉澤民，《大肚社古文書》，頁 148。

〔註33〕戴炎輝，《清代臺灣的鄉治》（臺北：聯經出版，2012 年 7 月，初版 6 刷），頁 215、216。

〔註34〕〔清〕周璽，《彰化縣志》〈卷二·規制〉。

十保 貓霧捒保管下：義學莊、王田莊、龜山莊、加投莊、水裏莊、街市 大肚街」。〔註35〕所以清代雍正元年彰化設縣後，大肚屬貓霧捒保，乾隆29（1764）年，余文儀《續修臺灣府志》，卷二·規制·街市「彰化縣 大肚街：在大肚西保，距縣北十五里。」〔註36〕到了乾隆初年，因入墾人口增加，將臺中沿海地區（原拍瀑拉平埔族社域），另劃出成立大肚西保，再改為大肚保，繼而再分為大肚上、中、下三保。

根據乾隆30（1765）年余文儀《續修臺灣府志》，道光14（1834）年周璽《彰化縣志》，洪敏麟《臺灣舊地名之沿革》，〔註37〕許雪姬《龍井林家的歷史》，〔註38〕日治《臺中縣報》、《臺中州報》、《臺中廳報》之縣令或街庄長人事任令，臺灣總督府公文類纂等相關公文書記載，及大肚鄉公所編印之《大肚鄉地方自治發展史》等史料及文獻，〔註39〕交錯比對，整理如下表，清代「莊」於日治時改用「庄」字，「下藔仔尾」日人改用「下藔仔尾庄」，本文述及清代以前使用「下藔仔尾莊」，通稱及日治後至1945年前使用「下藔仔尾庄」。

## 表1-5 大肚下藔尾仔庄歷年行政隸屬

| 年　代 | 西　元 | 縣、州、廳 | 堡、郡 | 庄、鄉 | 庄、村 | 備　註 |
|---|---|---|---|---|---|---|
| 雍正元年 | 1723 | 彰化縣 | 貓霧捒保 | 大肚街 | | 重修福建臺灣府志 |
| 乾隆年間 | 1765 | 彰化縣 | 大肚西保 大肚保 | 大肚莊 | | 續修臺灣府志 |
| 道光年間 | 1834 | 彰化縣 | 大肚下保 | 大肚莊 | 下藔仔尾莊 | 彰化縣志 |
| 光緒元年 | 1875 | 彰化縣 | 大肚下保 | 大肚莊 | 下藔仔尾莊 | |
| 光緒11年 | 1885 | 臺灣縣 | 大肚下保 | 大肚莊 | 下藔仔尾莊 | 為建省分縣 |
| 明治28年 | 1895.6 | 臺灣縣彰化支廳 | 大肚下堡 | 大肚庄 | 下藔仔尾庄 | 日本治臺 |

〔註35〕〔清〕劉良璧，《重修福建臺灣府志》〈卷五·坊里〉。
〔註36〕〔清〕余文儀，《續修臺灣府志》〈卷二·規制·街市〉。
〔註37〕洪敏麟，《臺灣舊地名之沿革·第二冊》（臺中：臺灣省文獻委員會），頁24、25。
〔註38〕許雪姬，《龍井林家的歷史》，頁21、23。
〔註39〕大肚鄉公所，《臺中縣大肚鄉地方自治發展史》（臺中：大肚鄉公所，2010年12月），頁30~67。

| 明治 28 年 | 1895.8 | 臺灣民政支部彰化出張所 | 大肚下堡 | 大肚庄 | 下蔡仔尾庄 | 後改鹿港出張所 |
|---|---|---|---|---|---|---|
| 明治 29 年 | 1896.4 | 臺中縣鹿港支廳 | 大肚下堡 | 大肚庄 | 下蔡仔尾庄 | 三縣一廳 |
| 明治 30 年 | 1897.5 | 臺中縣大肚辨務署 | 大肚下堡 | 大肚庄 | 下蔡仔尾庄 | 六縣三廳 |
| 明治 31 年 | 1898.6 | 臺中縣梧棲港辨務署 | 大肚下堡 | 大肚庄 | 下蔡仔尾庄 | 三縣三廳 |
| 明治 32 年 | 1899.11 | 臺中縣臺中辨務署 | 塗葛窟支署大肚下堡 | 大肚區 | 下蔡仔尾庄 | 三縣三廳 |
| 明治 34～38 年 | 1901.11～1905 | 臺中廳 | 塗葛堀支廳大肚下堡 | 大肚區 | 下蔡仔尾庄 | 二十廳 |
| 明治 38～42 年 | 1905～1909.11 | 臺中廳 | 沙轆支廳大肚下堡 | 大肚區 | 下蔡仔尾庄 | 二十廳 |
| 明治 42 年大正 9 年 | 1909.11～1920.12 | 臺中廳 | 沙轆支廳 | 大肚區 | 下蔡仔尾庄 | 十二廳 |
| 大正 9 年 | 1920.12 | 臺中州 | 大甲郡 | | 下蔡子尾庄 | 五州二廳 |
| 民國 34 年 | 1945 | 臺中縣 | 大甲區 | 大肚鄉 | 磺溪村 | 八縣 |
| 民國 39 年 | 1950 | 臺中縣 | | 大肚鄉 | 磺溪村 | 廢區署 |

資料來源：筆者整理，資料來源如上說明。

# 第四節　水圳的興築與水利秩序

## 一、水圳的興築

　　大肚區域內有三條水圳，大肚圳水源取自大肚溪渡船頭，灌溉大肚（大肚五庄——大肚、下蔡仔尾、溪洲藔、永和、頂街）汴仔頭（汴仔頭、山仔腳、藔仔）及茄投（新盛庄、百順庄）平原，海拔最低約 20～5 公尺；王田圳水源取自筏子溪貓霧捒保同厝莊（今臺中市南屯區春社里），灌溉地勢較高之王田七庄農田，海拔約 40～20 公尺；另一條則是日治政府於二戰中為增產米糧所建的知高圳，為環繞大肚山南端山腰海拔最高的圳道，水源取自筏子溪知高莊（今臺中市南屯區寶山里，今中山高速公路五權西路交流道上游），約 59.8

公尺海拔處的右岸設取水口，灌溉臺中南屯、烏日、大肚山腹海拔 55～45 公尺之田地，三條圳道及其支流構成綿密灌溉網，將不同海拔土地充分利用，對區域生活及人文也有深遠影響。

## （一）大肚圳

大肚圳是大肚平原興建最早的灌溉埤圳，始建於漢人入墾大肚溪北岸不久的清雍正 13（1735）年，清‧周璽《彰化縣志》「大肚圳：其水源從大肚溪築埤引入。雍正十三年，業戶林、戴、石三姓開墾百順莊田六百餘甲；又施德興再墾新盛莊田二百餘甲，皆資圳流灌溉。」〔註40〕，當時是由汴子頭戴國陞、林重正及三塊厝王禎祥等人合力創設，興建前於臨溪田地，應已有區域小型灌溉埤圳，但汴子頭、三塊厝及新盛莊都距水源較遠，為有效增加地力，種植水稻，所以戴、林、王合股開闢水圳，由大肚溪營埔庄船仔頭設取入水口，灌溉大肚、龍井一帶農田，取入水量較為充足，1901 年梧棲港辨物署參事趙璧所作「大肚水圳王田水圳」調查報告書，向臺中廳長報告，還提到「為圳長者，理應出銀四十圓，付予戴林王三業主蓋圖章之禮。」〔註41〕證明戴、林、王三戶合股興建大肚圳，已有長遠歷史。

本圳原依溪流情勢，而堆置籠仔筍攔水壩，唯洪水一到，設施俱被沖毀流失，為此年年搶修、費用龐大，不過目前已向下游改變取水位置並以抽水泵取水以解決此問題，民國 64（1975）年依水系合併及調整，今屬行政院農業委員會農田水利署臺中管理處大肚工作站的灌溉系統。

圖 1-12 為明治 37（1904）年臺灣總督府公文類纂所附臺中廳公共大肚埤圳汴圖，圖中清楚標示大肚圳取水自大肚溪，沿途流經溪州底、大肚庄一直到五汴頭，分流下埔圳（灌溉下埔圳洋）斜圳子（灌溉茄投後洋）中圳仔（灌溉十張仔洋）大圳（灌溉中保三分之田）竹坑圳（灌溉竹坑洋），當時還設有番子汴，此番子汴是引水灌溉番仔田，所以也證明大肚山陽里附近田地當時還是屬於平埔族人所有，雖平埔族族親已於 1820～50 年左右集體遷居入埔里，但番仔汴之名一直沿用至 1962 年間土地重劃，圳道改道重新裝設水汴時才合併不用，當時大肚圳灌溉兩期作水田 2237 甲。

〔註40〕〔清〕周璽，《彰化縣志》，〈卷二‧水利〉。

〔註41〕〈臺灣公共埤圳規則ノ件　臺中縣報告（1899/06/21）〉，《臺灣總督府公文類纂》，國史館臺灣文獻館，件典藏號：00000598001，頁 105、107。

圖1-12　1904年大肚圳流路及水汴位置圖

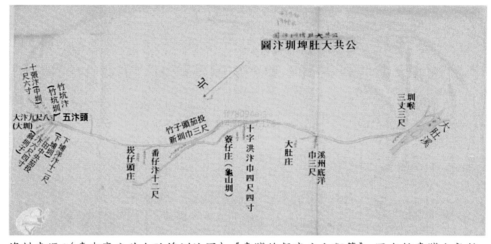

資料來源：〈臺中廳公共大肚埤圳汴圖〉，《臺灣總督府公文類纂》，國史館臺灣文獻館，
件典藏號：00004712014 圖表-04，筆者校正加註。

　　1902年臺中廳告示〈臺中廳公共大肚埤圳汴圖〉，本圖上東下西，圖中顯示大肚圳幹線由南向北走，偏平原東側，分水汴都向較低地勢的西面開，灌區平均海拔15公尺以下。

　　原來先民於1735年間興築大肚圳時，不只考慮灌溉功能，為了兼顧航運行船，刻意將大肚圳水道東移，在大肚街尾與山溝小溪（大肚大排）立體交會處，離永和宮前碼頭約200公尺上游處設三門大水汴，平時灌溉餘水以水汴調節排入小溪，遇航運需要，可將水汴全開讓圳水流入小溪，以調節穩定小溪水流方便船運，這小溪也成了十八至十九世紀初年，中臺灣繁忙的「運河」，因此1887年磺溪書院建設特別需要時，也可清理河道調節圳水以恢復小溪的運河功能，運送由泉州、福州進口之建築材料至書院門口。

　　大肚圳興建時刻意將上游圳道東移至灌溉區最東面，支流全部西向引水灌溉溪州段農田，且有很長一段圳道經過大肚下街及下頭仔聚落並沒有灌溉功能；如此不但拉長了圳道，增加了施工難度及施工成本；推論這樣大費周章改道的唯一原因，就是圳道移永和宮碼頭上游以引水行船。

　　資深文史學者白棟樑先生，多次到大肚實地考察研究磺溪書院，如此描述「據地方耆老的口述歷史，為了方便運輸，當時地方人士曾引大肚溪水，導入『大肚街』再流向『大肚尾』，可以說是中臺灣有史以來唯一的人工運河」。〔註42〕

〔註42〕白棟樑，〈歷史的印記　磺溪書院〉，《文化臺中季刊第12期》，2013年7月，頁31。

圖 1-13　大肚永和宮前運河船運

資料來源：筆者根據白棟樑先生文章並訪談耆老以 1904 年臺灣堡圖 GIS 繪製。

　　而 1918 年臺中廳公共埤圳聯合會所編輯《臺中廳水利梗概》記載，大肚圳灌溉面積 1913 甲，於明治 39（1906）年認定為公共埤圳。〔註43〕

## （二）王田圳

　　王田圳興建於乾隆 45（1780）年，清·周璽《彰化縣志》「王田圳：在大肚保。業戶董顯謨築，其水源從貓霧捒劉厝莊溪築埤引入流下，循大肚山麓而西，灌溉七莊之田。」〔註44〕根據行政院農業委員會農田水利署臺中管理處網站：

　　埤圳簡史

　　王田圳最早於 1780 年乾隆四十五年，由業戶漢人董顯謀以當時 5000
　　銀圓興建，……其水源從貓霧捒劉厝莊引入，順沿大肚山麓，向西
　　彎彎曲曲沿途灌溉 7 個村莊之田園，灌溉範圍包括當時之大肚下堡
　　及捒東下堡轄區內農田，因形似蜈蚣，故一名稱為蜈蚣圳。

〔註43〕高島利三郎，《臺中廳水利梗概》（臺中：臺中廳公共埤圳聯合會），頁 38。國
　　　　立臺灣圖書館，日治時期圖書影像系統，20210527 上網查詢。
〔註44〕〔清〕周璽，《彰化縣志》，〈卷二·水利〉。

咸豐 9 年（1859）將主權讓給阮重華、陳慶昌，繼之再轉讓趙璧、
黃茂昌，本圳之主權因營利而頻頻移轉，終於成為合益館，至民國
前 6（明治 38、1905）年由公共埤圳組合收買主權歸公。〔註45〕

以上記載從猫霧捒劉厝莊溪築埤引入，疏通猫霧捒東堡與大肚西堡，灌
溉大肚西堡之埤圳就是王田圳，而流經疏通猫霧捒東堡與大肚西堡之溪流是
「筏子溪」也是大甲溪古河道，但後因地質變動大甲溪襲奪下游改變出海口，
原下游河道成為湧泉匯集的斷頭河，也就是今天的筏子溪，1902 年總督府調
查，王田圳灌溉兩期作水田 748 甲，1918 年臺中廳公共埤圳聯合會所編輯《臺
中廳水利梗概》記載王田圳灌溉面積 674 甲，於明治 39（1906）年認定為公
共埤圳。〔註46〕

<h3 style="text-align:center">圖 1-14　王田圳水路ノ一部</h3>

資料來源：中研院臺史所典藏臺中市豐榮水利組合圖片。

王田圳灌區位處稍高海拔，灌區平均海拔 40～20 公尺，主要灌區在王
田七庄，今屬行政院農業委員會農田水利署臺中管理處王田工作站的灌溉系
統。

---

〔註45〕行政院農業委員會農田水利署臺中管理處網站，資料館・埤圳簡史・王田圳。
　　　　20210517 上網。
〔註46〕高島利三郎，《臺中廳水利梗概》，頁 38。

## （三）知高圳

### 1. 二戰末期臺灣稻米增產需求與水利開發

在日本發動太平洋戰爭前，因擁有臺灣與朝鮮兩個超級米穀產區，兩地又經歷米穀技術改良後，單位面積產量顯著提升，對其糧食供應深具信心；臺灣雖然米穀產量不如朝鮮，但一年兩熟及穩定的產量在戰爭時期是可以信賴的。我們可以藉由 1938 年，一份依照《日本農業年報》所計算出來的東亞共榮圈內的米穀需給資料，發覺圈內米穀的自給率是 106%。所以，在 1938 年，日本對戰爭初期的米穀調節仍深具信心。然而，隨著戰場不斷擴大，男丁前線從軍，影響務農人口，加上 1939 年朝鮮爆發旱災，使得 1940 年移入日本的米穀從前一年的 5,690 千石，掉到 395 千石，之後，1942 至 1944 也是年年天災影響稻穀生產，從 1940 年開始，日本朝野開始面對缺糧的現實〔註47〕，促使 1939 年於日本、臺灣與朝鮮同時實施「米穀配給統制法」，臺灣另外實施「米穀移出管理令」，使得臺灣總督府必須改變農作政策，增加稻穀生產，恢復積極開發水利政策〔註48〕，增加水田灌溉面積是當時採行的手段之一。

準此，日人開始在臺灣中部大肚山丘陵、臺地等大肚圳及王田圳灌溉不及的較高海拔區域，針對許多未開墾的林野，及原來以種植花生、甘藷、甘蔗等雜糧作物的旱田地區，展開有關土地增產的評估及調查，發現本區的氣候及土壤都很適合水稻生長，如能取得灌溉水源，則約有 300 甲以上水田開發可能。此外，若以新闢水田 300 甲之灌溉水量計算，再考慮本地區地下水位較低，地勢坡度較大，又是新開墾農田，單位面積農田灌溉所需水量較一般熟田為多，以一般每秒一立方公尺圳水流量可以灌溉 450 甲水田為基準，則水源取水量約需最大給水量 0.67 M³ / 秒，約等於 23.826 立方尺 / 秒。經本研究調查：筏子溪之水流充沛，經常每秒有 300～400 立方尺，旱季也有每秒 70～120 立方尺之持續流量，所以本計畫實施後，依計畫所需取水量，不影響下遊各項水利相關設施，對其他水利組合之營運也無影響。因此，計畫建設之圳道將沿大肚山腰、山麓傾斜地形興建，從臺中市南屯知高莊附近筏子溪取水，取水口海拔標高 59.8 米，為了延長圳道長度及灌區流域面積，圳道設計為 1/1500 坡度，繞大肚山腹總共 18 km，末端尾水排至山陽大排。

---

〔註47〕李力庸，〈日本帝國殖民地的戰時糧食統制體制〉，《臺灣史研究》16：2（2009年 6 月），頁 63～104。

〔註48〕李力庸，《日治時期臺中地區的農會與米作》（臺北：稻鄉出版社，2004 年 10月），頁 221。

## 2. 王田圳增建以增產稻穀

根據日人的增產計畫，擬在臺灣中部新增灌溉區的所在地，大約是臺中市西南十三公里，鐵路沿線大約由王田（今改名成功）車站至海線大肚車站連接沿線右側可見之大肚較高層之山腹一帶，這一帶山麓就是本計畫之所在。本工程跨越臺中州大屯郡南屯庄、烏日庄，大甲郡大肚庄，面靠大肚山南麓，接連原來王田圳右岸接鄰的山腳地帶（王田圳灌溉左岸較低地勢區域之農田），它所灌溉的耕地大概有三百多甲，自古以來沒有水利設施，水源取得困難。

王田圳增產計畫希望能在昭和 16 年（1941）米穀生產年度完成，並達成增產目標，在以前水利不便的 300 多甲地含：原野、旱田、山林等，原來只能種植甘蔗、甘藷、花生及旱作物等之農地，新的灌溉水路通水以後，都可能可以成為兩期稻作的水田，國家期待的米穀增產也可以達成。茲將該計畫的成果，分別說明如下：

（1）新灌區用水量

因為本地區地下水位較低，地勢坡度較大，又是新開墾農田，單位面積農田灌溉所需水量較一般熟田為多，再考慮計畫未計入之變素等，以既有同一土壤、及地形區域等實際條件考慮，以計算灌溉所需水量，也就是以每秒一立方公尺圳水流量可以灌溉 450 甲水田為基準，每甲最大給水量及本水圳總給水量之決定如以計算式：

甲當最大給水量=1/450=0.0022 M³／秒，計畫灌溉面積 301 甲。〔註49〕

計劃灌溉水流量=0.0022×301=0.67 M³／秒。

（2）水源水量

本灌溉計畫水源由臺中州南屯郡大屯庄知高莊地區取水，從筏子溪溪流中築堰堤設置取水水量調節閘與排沙門，依計畫灌溉所需水量，開鑿導水圳路及灌溉設備，而取水源之筏子溪，為起源於豐原郡大雅庄，流經臺中西屯、南屯，最後至烏日庄併流入大肚溪合流之河川；原來本溪之流域為葫蘆墩圳灌溉區，右岸是大肚山之山地及山坡階梯耕地，原有耕地以滲透伏流水為灌溉水源。

〔註49〕吉岡彥四郎，〈王田圳增產計畫及工事計畫概要〉，《臺灣の水利》11：4（1941年），頁 47。

　　筏子溪之水流充沛，經常每秒有 300～400 立方尺，旱季也有每秒 70～120
立方尺之持續流量，所以本計畫實施後，依計畫所需取水量，不影響下遊各項
水利相關設施，對其他水利組合之營運也無影響。〔註50〕

　　可知本計劃灌溉所需水量及水源供給無虞，同時因取水口設於臺中南屯
知高莊，此新水圳定名為「知高圳」。

### 3. 知高圳之興建計畫、概要及特色

　　根據《臺灣日日新報》對知高圳之計畫及興建進度報導如下，也可理解日
治政府對本計畫的重視與期待：

1940-01-28　〈灌溉水を吸上げて　大肚山麓を美田化　近く着工　豐榮
　　　　　　　水組の大英斷　米穀增產新計畫〉。〔註51〕

1940-03-02　〈臺灣をの米增產計畫內容　十ケ年で二十萬甲を開拓〉

1940-05-03　〈中部の新水利施設と　大肚山の中腹以下灌溉　糖業地巡
　　　　　　　り（十四）〉

1940-05-04　〈大肚山麓を美田化　豐榮水組が百卅萬圓を投じ　近日中
　　　　　　　に愈よ着工〉1940-05-20〈大肚山麓に新圳路　千三百甲に
　　　　　　　互り灌溉〉

1941-01-24　〈美田一千餘甲　豐榮水組の圳路通水〉

1941-02-21　〈ゼニスバイブと水利施設　通水試驗終る〉〈大肚山麓に通
　　　　　　　水　きのふ開田打合會〉

　　至於本工程計畫建設之圳道係沿大肚山腰、山麓傾斜地形建設，從取水口
開始總共 18 km 多，取水口海拔標高 59.8 米，為了盡量延長圳道長度及灌溉
流域面積，圳道設計為 1/1500 坡度〔註52〕，這比一般水圳都要平緩。

---

〔註50〕吉岡彥四郎，〈王田圳增產計畫及工事計畫概要〉，《臺灣の水利》11：4（1941
　　　　年），頁 47。

〔註51〕《臺灣日日新報》，〈1940 年 1 月 28 日，第 14322 號，5 版〉〈1940 年 3 月 2
　　　　日，第 14356 號，1 版〉〈1940 年 5 月 3 日，第 14417 號，3 版〉〈1940 年 5 月
　　　　4 日，第 14418 號，5 版〉〈1940 年 5 月 20 日，第 14434 號，4 版〉〈1941 年
　　　　1 月 24 日，第 14681 號，4 版〉〈1941 年 2 月 21 日，第 14709 號，2 版、4
　　　　版〉。

〔註52〕吉岡彥四郎，〈王田圳增產計畫及工事計畫概要〉，頁 48。

圖 1-15　知高圳沿途坡度圖 全程 1/1500

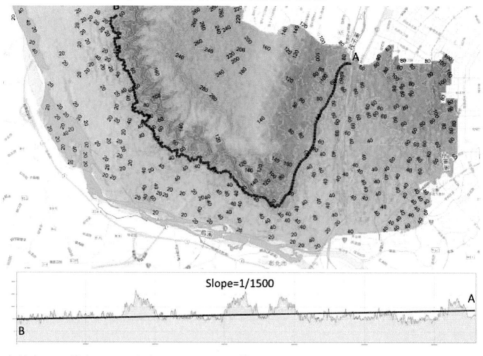

資料來源：筆者現場踏勘定位在以 GIS 繪製。

　　圳道沿線需以隧道、行水橋、倒虹吸工、暗渠等工程技術，以越過大肚山臺地，特殊地形的橫斷層、山嶺、野溪、道路，包含主圳道及灌溉渠道之建設，屬於相當困難之工程；它的工程內容幾乎包含水利相關的各種技術及工法，這些工作包含：從取水口堤堰開始、水道橋、車道橋、倒虹吸工、暗渠、隧道、排水工程、分水、給水工程等相關設施，而且在當時戰爭現實環境下，鐵材等資材之取得又困難，工程施工所需之螺栓、鐵板等取得不易，設計時必須參考政府鐵材使用策略方針所允許之器材設計使用。

　　本計畫設置水圳總長度 18Km 多，最大之特點是本計畫建設之圳道沿大肚山腰傾斜地形，其中還因大肚山斷層地形需跨越很多凹地、野溪，且因土質關係，預期會有嚴重漏水、崩塌及其他故障，而且計畫時同時也要考慮滲透損失水量之預防，圳道的側壁構造大部份是壘石或土質夯實，底部是以 20 釐米混凝土混碎石打底，如此建造成本較低，在完工維護經營也容易〔註 53〕。

〔註 53〕吉岡彥四郎，〈王田圳增產計畫及工事計畫概要〉，頁 49。

### 圖 1-16　知高圳與大肚圳、王田圳灌溉區分布圖

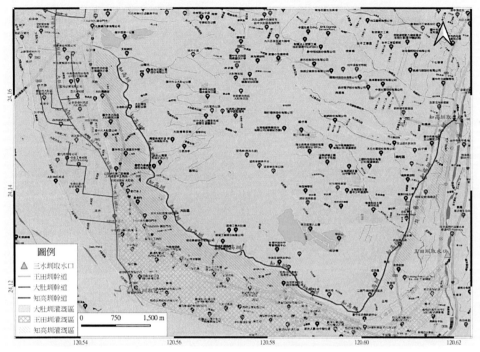

說明：褐斜線為知高圳灌區、水籃斜線為大肚圳灌區、綠格線為王田圳灌區。

資料來源：豐隆水利會、大甲水利會灌區圖，筆者現場踏勘定位、QGIS 繪製。

　　值得一提的是，在給水門之設計，主要考慮到當時鐵材缺乏條件下，為了要節省捲揚機、捲揚機架等所需要的金屬鐵材，而使用一些特種工法，在分水調節比較有效簡單的裝置。

　　如圖 1-17 有關免捲揚機之調節水門設計說明：

　　如給水門斷面圖所示：在給水門兩側，安裝兩根 15mm 直徑鋼筋作為固定水位調節閘板，以穿過鋼筋之多片 2 吋角材為調節閘板，水位高低以放下 2 吋角材調節閘板之片數調整，這設計簡單有效又省成本，〔註54〕這樣的設計也有避免調節閘板被偷的作用，但時空環境不同，這些制、排水門現在都改以常規設計水門取代。

---

〔註54〕吉岡彥四郎，〈王田圳增產計畫及工事計畫概要〉，頁 51。

圖 1-17　初建時簡易給水門與現在給水門

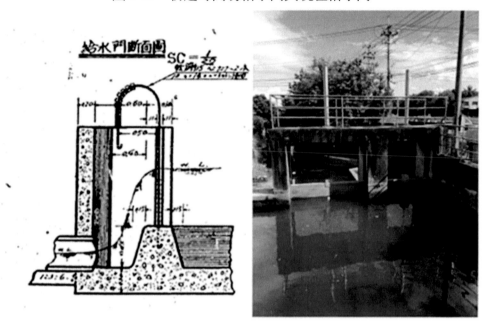

資料來源：吉岡彥四郎文章附圖及筆者現場拍攝。

　　至於知高圳相關工程設施：〔註55〕詳如表 1-6、及圖 1-17、圖 1-18 及圖 1-19 所示：

表 1-6　知高圳主要工程設施一覽表

| 名　稱 | 單位 | 數量 | 主要建材 | 附註說明 |
|---|---|---|---|---|
| 取水口堰堤 | 個、所 | 1 | 碎石混凝土、鋼筋混凝土 | 堤堰高 1.2M，延伸長 42M，堤冠及水扣共寬 13.5M，制水門及排沙門及導水暗渠一併設立。 |
| 水路橋 | 同 | 11 | 橋體、水路木材其他碎石混凝土 | 跨距 5M 一連架設兩處、跨距 11M 一連架設兩處、二連架設三處、三連架設二處、四連架設兩處。 |
| 倒虹吸工 | 同 | 5 | 第一種混凝土 | 跨南屯知高道路一處、跨私家輕鐵一處、跨臺中競馬場（成功東路）一處、跨王田山溝一處、跨追分山溝一處 |
| 灌溉暗渠 | 同 | 14 | 碎石混凝土及第二種混凝土 | 側壁碎石混凝土，底部及頂拱第二種混凝土，跨山溝 10 處，跨跑馬場 3 處，跨高爾夫場 1 處 |

〔註55〕吉岡彥四郎，〈王田圳增產計畫及工事計畫概要〉，頁 50。

| 灌溉暗渠 | 同 | 44 | 碎石混凝土或混凝土管 | 既有耕地排水及跨越凹地及山溝 |
|---|---|---|---|---|
| 隧道 | 同 | 1 | 卷起混凝土 | 長度 65M，底寬 1.2M，側壁高 1M，頂拱 0.6M 半徑，砂岩土質不湧水 |
| 餘水排水 | 同 | 3 | | 附設排沙門及溢流口 |
| 車道橋 | 同 | 7 | 木材 | 寬 2M 橋基使用圳道兩側之混凝土牆 |
| 農道橋 | 同 | 11 | 木材 | 寬 1.5M 橋基使用圳道兩側之混凝土牆 |
| 給水門 | 同 | 68 | 碎石混凝土或混凝土管 | 混凝土管及沖壓孔板兩種，依計算水量以決定口徑或孔板面積 |
| 總計 | | 165 | | |

圖 1-18　大肚山虎谷川木梘水橋

資料來源：《臺灣の水利》12：2（1941 年 4 月），頁 12。

圖 1-19　虎谷川水橋及休閒步道現況

資料來源：筆者現場踏勘拍攝。

圖 1-20　知高圳倒虹吸工圳道原理圖

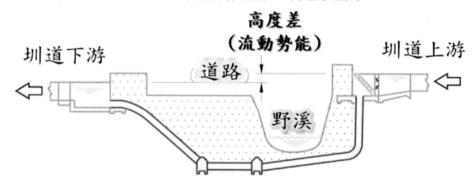

資料來源：筆者現場踏勘繪製。

### 4. 知高圳之現況及時代價值

　　知高圳自通水迄今，已歷經八十年整，目前灌溉 126 公頃農田（原興建計畫灌區 301 甲），現有效圳道長達 15.8 公里，自取水口至大肚過華南路止；原計畫圳道長 18.3 公里，餘水接山陽大排；但約三十年前因新興里新加坡社區建商施工設計不當，導致邊坡塌陷毀損圳道，水利會改以 3 部電動水泵接管權宜方式施工，所以現在圳水只自然通流至新加坡社區前，後段則視農田灌溉需要，再以電動水泵打水灌溉，但也只流至華山路前，末段已斷水甚久。

　　根據前任臺中水利局王田工作站周明輝站長表示：日本技師原設計的「水理計算」非常準確，特別是跨越山溝的多處倒虹吸工設計，至今功能完好，

其流速可將密封圳道內污物完全吸出，不會堵塞圳道。目前知高圳圳水通流區段還維持原設計灌溉功能，但因經濟發展及區域開發，目前灌溉農田面積已大幅減少，而且圳道也配合環境變化及時代發展，作了一些設計變更，除取水口及制排水門等材料改變之外，水路橋由原設計木造，改為混凝土，並供行人行走、其他倒虹吸工（Inverted Siphon）暗渠、過山隧道等工程，大都還完整保留並正常運轉。

　　知高圳除原來灌溉功能外，本圳因處於大肚山腹，平時可涵養灌區水土、提昇地下水水位，大雨時可截流山頂傾瀉下來之山洪防災，至於其他衍生功能如環境綠化、沿圳岸興建休閒步道等，則有待地方共同發現。

## 二、水利秩序的建立與維護

　　李宗信對水圳性格與水利秩序有深入研究，指出

> 水圳不僅串起了開圳主與沿圳引水人的社會關係，也同時構築了管理者與眾多引水人之間的水利秩序，一旦雙方缺乏共同遵守水利秩序的共識，則數庄共享的水資源要如何分配，水圳該長期共同保養維護，都會形成長期的問題。眾所周知，清代的埤圳用水秩序，幾乎完全由民間簽訂契約來運作，而地方廳縣的角色，也不過就是核定埤圳的興築或調停水利糾紛而已，即使遇有糾紛，也大都只是重申舊慣來試圖裁決，因此認為清代的水利事業是一項「高度的自治事業」，不能不依賴所有關係人共同認可的關係來運作。共同體或共同秩序如何運作，就是這裡所謂的「性格」，這個性格依水圳興築方式及管理方式而有不同，而同一水利共同體的水利秩序，也不可能永遠保持穩定，會受到災害等的壓力和挑戰。〔註56〕

　　大肚圳、王田圳的水圳性格與水利秩序建立與發展，也正印證以上說法，大肚圳自大肚溪渡船頭取水，灌溉大肚（大肚庄）及茄投（新盛庄、百順庄）平原，海拔最低，但流經灌區面積最大，不但各庄業佃族群不同，還有三分水要經由番仔汴，分流灌溉「食便水」的番子田，而大肚溪每至雨季或颱風，上游山洪暴漲往往激流沖毀或掩埋取水攔河堤；而王田圳自貓霧捒劉厝莊（今為同安厝）筏子溪引水，灌溉地勢較高區域之王田七庄農田，筏子溪匯集大肚山及上游臺中盆地周圍山坡地下水與排水，遇雨水勢也一向湍急，兩圳道取水口

---

〔註56〕李宗信，《瑠公大圳》，頁74、75。

遇雨則毀，修護工料甚為昂貴，兩條水圳命運一開始就不同，但水利秩序的維持與圳道維護都是很大的挑戰，茲分別敘述如下

## （一）大肚圳的水利秩序

根據日治政府於 1899 年 2 月 10 日發文，要求各地方政府針對管轄區內埤圳於舊政府時代之名稱、起源、沿革、灌溉區域、甲數、官有民有之分、管理規則、埤圳長之任命、經費負擔、水租徵收與支出、其他埤圳相關之權利義務等舊慣，作出埤圳調查報告，梧棲辨務署參事趙璧針對大肚水圳、王田水圳所作之報告，[註57] 及光緒十五年元月，由大肚圳業主百盛庄王德富、新盛庄戴明淮、林朝光會同大肚圳灌區內庄佃、社主、土目、通事等，於原圳匠合約到期，更換新圳匠時，所立的合約，[註58] 由其詳細內容，可以對清代中部地區的水利秩序有較深入了解。

根據趙璧對大肚圳簡略報告，當時大肚圳圳長公號為汴仔頭陳志曾、茄投下庄陳拔元合組之陳順源號，但當時各庄甲首虛應故事，當洪水沖毀圳道需動員人工修理時，只給督工工資 25 錢，而灌區收取水銀（水租）只一千餘甲，每甲收兩圓，還有八百餘甲隱田（私墾未繳水租農田）；若水災圳道損壞時，費用不足，就請酒公議（未說明誰出面召集請酒），再就田甲面積分配，每甲抽一石五斗或兩石不一定，作為修復費用，歷任由業主、大佃議請有名望者為圳長，任期三年一任，為圳長者應付給戴、林、王三原埤圳業主 40 圓作蓋章之禮。

從這份簡單而語意不十分清楚的報告推論，當時大肚圳管理不佳，戴、林、王三原埤圳業主已放棄管理責任及收水費，大肚圳實際由灌區內農田業主（大租戶）大佃（擁有較多田產的小租戶）議請地方有名望者為圳長，負責管理、維護、收費，但名義上還是尊重原業主，所以圳長上任時，付給戴、林、王三原埤圳業主 40 圓作認證蓋章之禮。

進一步解讀附件光緒 15 年（1889）元月，由大肚圳業主百盛庄王德富、新盛庄戴明淮、林朝光會同大肚圳灌區內庄佃、社主、土目、通事等與圳匠，於原圳匠合約到期，更換新圳匠時，所立的合約，整理出大肚圳水利秩序如下。

---

〔註57〕〈臺灣公共埤圳規則ノ件　臺中縣報告（1899/06/21）〉，《臺灣總督府公文類纂》，國史館臺灣文獻館，件典藏號：00000598001，頁 105、107。

〔註58〕〈臺灣公共埤圳規則ノ件　臺中縣報告（1899/06/21）〉，《臺灣總督府公文類纂》，國史館臺灣文獻館，件典藏號：00000598001，頁 108～110。

合約內容重點為

1. 聲明圳主權：聲明業主王、林、戴，動費工本，開築大肚溪水圳一條灌溉課田，確認王、林、戴為水圳業主。

2. 仝立合約人：大肚圳業主百盛庄王德富、新盛庄戴明淮、林朝光會同大肚圳灌區內庄佃、社主、土目、通事等與圳匠，仝立合約人都須遵守本合約內容，利用訂新合約機會，也重申埤圳規則。

3. 合約年限：光緒己丑（1889）年春耕至辛卯（1891）年晚季，共三年一任，原圳匠合約到期，更換新圳匠為金義順而訂立本合約。

4. 新圳匠合約責任：不但要維持水道充足灌溉，而且對跨越水圳的三角街橋、茄投橋都須維護，也需清除軍功路消水路維持排水暢通，自埤頭開築水道至大汴止，如有風水損壞，限十日出水，小水限八日出水，其標準以通流五寸過大汴為準。

5. 付款辦法：「工資銀逐（每）年 1806 圓，早季 1086 圓，6 月首起至 7 月，不得挨延拖欠，一任三年，共計工資銀 5406 圓。」以上如比對梧棲辨務署參事趙璧於明治 34（1901）年之報告「大肚圳共灌溉田甲現收水銀之額一千零甲…，全年共收銀二千零圓」，所收水銀付了圳匠工資銀已所剩無幾，當時經營大肚圳已無利可圖，遇有災損修復，必生困難，也難怪原開圳業主王、林、戴放棄經營，而由大、小租戶等農田引水人自行管理。

6.「番丁田『食便水』三分，應出牛車 137 張，運竹木、柴草築項付圳匠應用，但社規久廢，所出牛車全無，不得從命，所以本次協議，由番社所管番業，折現代付現銀給圳匠。」〔註 59〕這條文說明番丁田雖不必繳水銀，但須出牛車，配合圳匠工程運送竹木、柴草，但這時番社社規已敗廢很久，沒人提供牛車服務，所以這次協議，就改由番社所管番業，折付現銀給圳匠，合約所提到番丁田是屬平埔族大肚中、北社、水裡社所擁有之水田，這條文也可證明開築大肚圳時，應有部分土地是大肚社提供，而有類似「割地換水」的約定。

7. 雙方對合約之履行責任：（1）「圳匠貽誤圳水以及行為不規，業主可以擯退圳匠。」（2）業佃也不能拖欠，「如有拖欠，任從圳匠封汴稟究。」

---

〔註 59〕「由番社所管番業，折現代付現銀給圳匠。」「新圳匠每年應納番租銀六大員」，說明雖大肚社一部分社番在 1850 年左右移居埔里，但在光緒十五（1889）年，大肚還存在負責管理番業的人。

## 合約附則

1.「原來旱田或新開之田，糊混食水，不納水銀，致工本受虧難堪，業佃公議，要求各庄查明，就田甲應配應納水銀，以為工本之費。」這是大肚圳虧損原因，舊田有水權，也都繳了水銀，但原來的旱田或新開之田，雖引水灌田，但並無造冊記錄，所以糊混食水，不納水銀，致水圳工本受虧難堪，這應也是原開圳業主王、林、戴，雖動費工本，開築大肚圳，但放棄了管理、收費，只名義上於更換圳匠時蓋章收 40 元紅包禮。

2.「新圳匠每年應納番租銀六大員及頂、下街天后宮香租谷一十石」，由番仔田「食便水」及應納番租銀六大員，說明開築大肚圳時，應使用了番社土地，所以應與番社有類似「割地換水」的協議，設了「番仔汴」讓番社田食便水不必繳水銀，而且「新圳匠每年應納番租銀六大員」；至於每年捐「頂、下街天后宮香租谷一十石。」因頂街、下街兩座天后宮是大肚圳沿岸的信仰中心，也是地方事務協調中心，水利糾紛到媽祖廟協調，有媽祖為證，容易和平解決，媽祖又是靈驗的農業保護神，天旱祈雨也求媽祖，所以由水銀中捐出香租谷。

3.「逐年水銀，由各庄照圳匠壁單（公告）所登金額繳至圳寮，圳匠可再催收，或封汴停水，小租頭家也應協助以小租谷代墊，如佃人再拖欠追究田底（小租戶）。」訂定分層負責的水銀收取及催收方式，而各庄應繳水銀，就公告在圳匠寮的牆壁上，所以就稱為「圳匠壁單」。

4.「合約期滿，如果更換圳匠，新圳匠要將寮底銀（押金）416 大元，交付舊圳匠，圳寮設備如有缺損，舊圳匠要備補足額，交付新圳匠。」擔任圳匠，需要交工寮及器材使用保證押金，以保證其善盡管理維護之責，並於期滿完整移交，同時如果移交時設備無缺損，新圳匠要將寮底銀，交付給舊圳匠收回。

5.「圳寮及圳匠工人如有被人欺凌，眾業佃要同心協力，幫助圳匠以計較，毋得坐視不理。」這條文說明可能經常有爭水糾紛，或因灌溉水不足而遷怒圳匠情況。

6.「如合約到期，舊圳匠不移交，業佃要集合眾人之力計較，所發生費用，照田甲數分攤。」表示舊時法令不完備，雖訂合約並交寮底銀，但到期還是會有違約不移交之情況，所以需特眾逼其交接，或告官而將需費用。

7. 應納水銀：原每甲全納一圓九十八錢，調整為每甲全年納貳圓。

以上合約訂於光緒己丑（1889）年，距大肚圳開築於雍正 13（1735）年，已歷時 154 年，這期間為了生存，為了農田通流灌溉、作物豐收，先民面對無

常的風水災害困難，在無政府公權力維持秩序，地方自力，在長時間的衝突、協調與挫折中，所得出較完善的水利秩序方案，大肚圳因取水自大肚溪，灌溉大肚、茄投平原，區內基本上並無其他水源，所有農田都引水自大肚圳，所以管理相對較為單純，地方人士利益攸關，所以水利秩序的建立及維持，也相對單純。

### （二）王田圳的水利秩序

王田圳的命運與大肚圳非常的不同，王田圳取水自筏子溪，灌溉王田七庄地勢較高地區農田，但是在上游筏子溪兩側揀東下堡的同安厝、學田等地方，在王田圳興築之前的雍正、乾隆初年，就有很多當地農民私設埤圳，當時仰賴於朴仔籬口引大甲溪，與貓霧揀東堡之二條埤、圳分流灌溉，西堡農民分得三分之水，當時就已遭上游貓霧揀東堡又私下添設第三埤圳，遏絕大肚西堡民之灌溉水流，而屢起爭端，並訴之官府勘驗斷盼曲直，並於汴口兩旁堆積石仔為界，在揀東上堡望寮庄立石碑示諭，伊能嘉矩《臺灣文化志》作如下記載：

> 又如在彰化縣下，原有於朴仔籬口引大甲溪水流，疏通貓霧揀東堡與大肚西堡之二條埤、圳。舊例係貓霧揀東堡以其七，大肚西堡以其三之比率分汴灌溉。惟後來兩堡民眾爭水利紛擾不已，因此雍正年間，該縣知縣乃實測該溪水流幅員，命以：「在十五丈之處，照斷為三、七，東堡民應得水汴十丈五尺，西堡民應得水汴四丈五尺。嗣後不論溪流之變遷盈涸，永遠定以三、七為汴，分流灌溉。」又除既設二埤以外，貓霧揀東堡又添設第三埤，因遏絕大肚西堡民之灌溉水流，乃令其拆毀。後來該溪流改變，難照舊例引灌。因此乾隆三十三年，該縣知縣成履泰乃再相度情形，嚴諭：於幅員十四丈處，「東堡分出七分，計九丈八尺，西堡分出三分，計四丈二尺，於汴口兩旁堆積石仔為界。嗣後，毋論溪路變遷廣狹、水源盈涸，總以照斷，東七西三，淺深均平，分流灌溉。」（據在揀東上堡望蔡庄之石碑）此等俱屬顯著之事例。民設之埤、圳，由官府頒發戳記（官定之公印——通稱圳戳）給該埤、圳業主，以明責成。〔註60〕

但是地方官的勘驗、斷盼、示諭只是短期有效，從雍正、乾隆年間，地方官不斷地的勘驗、斷判、示諭，直至光緒20（1894）年，清廷割臺前夕，還需

---

〔註60〕伊能嘉矩原著，國史館臺灣文獻館編譯，《臺灣文化志‧中卷》（新北市：大家出版，2017年12月），頁502。

勞動臺灣知府札斥臺灣縣、苗栗縣派員會勘,當堂各具甘結字,並由知府貼示曉諭,[註61]但也並未解決問題,下游農民苦不堪言,只得自力救濟,根據光緒3(1877)年2月,由社腳庄、營盤庄、船仔頭庄等圳尾三庄農民同立合約字可見王田圳長年未能建立水利秩序,實已嚴重影響農民生計,也可知圳水通流灌溉跟村落生存之關係,其合約字內容如下:

> 竊謂官有正條,民有私約,諸我社腳庄、營盤庄、船仔頭庄,自董業戶開鑿課圳水源通流灌溉,課由圳水流庄民喜悅。及至咸豐年間以來,圳水漸漸斷絕。因溪頭圳路恐有不稍(註:肖之誤)之徒,貪圖漁利,將圳底截斷,攤水別流,使水尾庄民受虧,耕農無望,與(以)致供谷拖欠甚多,慘不可言。猶古及今,國之所口(註:疑為賴字)者,課也。民之所望者,農也。於今圳近似有而似口(無),是與圳匠工人相挨圳水續斷,水尾之人慘難以言口(狀)。無奈三庄人等相邀,公議各庄各立甲首輪流巡口(水)通流漸(暫)度性命,免使各庄人等坐仰觀天。此係三庄眾佃人同議,共相喜悅。後開立約各條款併開于後,各自遵規條約,無恃強弱,口恐無憑,公同立合約字一樣三紙,各庄各執一紙為炤。
>
> 一、公議各庄各甲首輪流巡水,而恐溪頭圳路究有不稍(肖)之徒貪利,互相較鬧,開費之口(資),就三庄田甲公攤批炤。
>
> 一、公議恐有較鬧,甲首傳單各宜齊到相議,而有不到者,公同議罰。
>
> 一、公議恐有赴縣控呈,各佃各執鋤具到公堂,而有不到者,公同議罰。
>
> 一、公議水務之爭,恐有不稍(肖)之人,私通外人較鬧,任從甲首裁奪,而有不遵者重罰。
>
> 一、公議甲首巡水辛(薪)金開列於左:船仔頭、營盤埔甲首辛(薪)金谷貳拾石,社腳庄甲首辛(薪)金谷拾伍石批炤。
>
> 船仔頭庄人 林合機 楊厲水 楊慧生 營盤埔庄人 楊金能 楊尾吉 楊蚶生 社腳庄人 陳梓生 楊真林 陳新丁 黃宗文
>
> 光緒叄年貳月 日立約字[註62]

[註61]〈臺灣公共埤圳規則ノ件 臺中縣報告(1899/06/21)〉,《臺灣總督府公文類纂》,國史館臺灣文獻館,典藏號:卷典藏號:00000598001,頁104、106。
[註62]洪敏麟主編,《大肚鄉誌》,頁93～94。原文有甚多錯字、別字,據實紀錄。

　　由合約字內容強調，各庄各甲首須輪流負責巡水，而又恐溪頭圳路有不肖之徒為了貪圖利益，而來爭執互相論理時，如有開銷費用，就三庄田甲面積公攤，公議恐有爭執甚至較鬧，甲首如果發傳單，大家都要齊到相議，公議如果鬧到縣府控呈，各佃人要各帶鋤具到公堂，公議有水務之爭時，要聽從甲首裁奪，而如有不遵者處以重罰，由這些一再強調的內容，可看出農民長期對官府執法不公正、無能而失望無奈，只得尋求自力救濟，所以不惜團結以武力相見，恃眾圍事。

　　據梧棲辦務署參事趙璧明治 31（1898）年針對王田圳，所作之報告，「王田圳至渡船頭出西，⋯其灌田約有二千餘甲，⋯收水銀之額約百餘十餘甲，每甲水租四石，於籃子頭之田，亦有收兩石者，全年計收水租銀有千零元，若於浮境崩壞修復者，宜請酒公議，再就田甲鳩分，每甲抽一石五斗或二石不一定。」〔註63〕從這份報告，也可以了解王田圳長期的問題，就是沿圳道還是有佃農另闢私設埤圳灌溉，或引山泉水灌溉，不願繳納水銀，水圳入不敷出，自然管理不善，一遇崩壞即無錢修復，所以趙璧報告談到「約束章程之有無」時，表示「若王田圳無立合約，為圳長者由眾庄簽舉而已，因所得利甚少，遇有風水不順即虧大本。」可見雖然調查時，同一報告也指出，最近的開築是數十年前，由大肚下堡下蔡尾仔庄趙璧及同堡渡船頭庄郭阿高出資，組成營利組織經營，趙璧自己並為經營者，但是顯然是因為他身為地方頭人，又是大地主，而不得不出面負責解決圳水灌溉問題，但其實也是處在無序經營，所以才會發生光緒叁年，位處圳尾的社腳庄、營盤庄、船仔頭庄三庄庄民，如前述全立約尋求自力救濟之舉。

　　王田圳自興建完成，就一直面臨上下游分水之爭、遭截流斷水之患，還有下游臨筏子溪及山泉伏流，地勢較低方便引水之農田，農民私設埤、圳，不願由王田圳引水繳納水租，水圳主面臨收水租困難，管理不易，投資虧損之窘境，多年積弊，一直無法解決，沿岸農民困擾歷年不斷，下游農田則無法順利引水灌溉。

## （三）日治時代的水利秩序

　　大肚圳、王田圳的水利秩序問題，歷經百多年之困難，一直到日治，才

〔註63〕〈臺灣公共埤圳規則ノ件 臺中縣報告（1899 年 6 月 21 日）〉，《臺灣總督府公文類纂》，國史館臺灣文獻館，件典藏號：00000598001，頁 107。

以政府公權力解決，明治34（1901）年臺灣總督府頒布律令第六號「臺灣公共埤圳規則」，明治36（1903）年律令第三號「臺灣公共埤圳規則部分條文修正」，加列：「第四條之三　公共埤圳組合定為法人，由管理人代表之，第四條之四　公共埤圳組合得依規約所規定，賦課徵收水租及費用。第九條修正：第九條　關於第四條之四、第六條至第八條之徵收款，準用明治31（1898）年律令第五號『臺灣租稅滯納處分規則』之規定。」〔註64〕明治41（1908）年臺灣總督府更頒布律令第四號「官設埤圳規則」「第一條　本規則所稱官設埤圳，係指為了水利而設之灌溉用水及汙水排水道、池塘及工作物其屬政府經營者。第二條　官設埤圳之範圍由臺灣總督指定之。第三條　有前條之指定時，其區域內之土地及其定著物由政府取得，其他權力消滅。」〔註65〕第四條更規定了圳主權之補償方式，第五條規定業主須負擔水租。官設埤圳規則清楚定義了水利設施，將公共利益攸關的給排水相關設施定義為水利，並由政府來主導興修。

　　根據臺灣公共埤圳規則，大肚圳是日治臺灣最早一批水權公共化的灌溉水圳，於明治36（1903）年4月20日訂立「公共大肚埤圳規約書」，〔註66〕規範了埤圳利害關係人之間的協議關係，明列水圳流域各庄灌區田地一甲的水租額，各庄納水租甲數之依據，頂街庄及山仔腳庄番汸租繳納數額，各庄分汸的水量分配，埤圳管理人的水路修繕責任，水租每年繳納月份，遇有天災修繕費用不足時的籌款方式，原埤圳主的報酬——戴明准、林守源每人每年十八圓，王明富每年十二圓，管理人391.4圓，埤圳設管理人一人三年一任，書記一人、工頭一人，最後還明訂各利害關係人違反本規則之罰則。

　　這一埤圳規約書到了明治39（1906）年5月，又做了變更，而且由當時管理人陳秀三向臺中廳長報備變更內容，在這次變更時，主要對各灌區的範圍做更詳細的規定，同時每一灌區的水租額，也有更詳細的上下游差異調整，而且合約由管理人、埤圳主、灌區內各街庄長、保正代表等共同簽署。〔註67〕

---

〔註64〕徐國章編譯，《日治時期律令輯覽・上冊・1896～1915》（南投：國史館臺灣文獻館，2020年9月），頁288。
〔註65〕徐國章編譯，《日治時期律令輯覽・上冊・1896～1915》，頁454～455。
〔註66〕〈臺中廳公共埤圳大肚圳規約中變更認可報告〉，《臺灣總督府公文類纂》，國史館臺灣文獻館，典藏號：00004899004，頁79～82。
〔註67〕〈臺中廳公共埤圳大肚圳規約中變更認可報告〉，《臺灣總督府公文類纂》，國史館臺灣文獻館，典藏號：000-04899-004，頁85～89。

到了明治 45（1912）年 2 月，又訂定了「公共埤圳組合大肚圳規約」，〔註68〕這份向臺灣總督佐久間左馬太報備的規約，進一步詳細規定了：

1. 公共埤圳組合大肚圳管理者為臺中廳長枝德二，從此由官方主導埤圳管理，官方指定的管理代表也成為官方深入基層的代理人，政府藉此深入掌握農村基層。

2. 引水人都納入為公共埤圳組合組合員，組合員要受管理者之指揮，維持修築圳路及附屬物，組合員發現埤圳及附屬物有破壞之虞時，要報告管理者或最近之職員，有人破壞時，有即時制止之義務。

3. 組合每年付給埤圳主陳秀三及趙璧八十圓、趙瑞來二十圓報酬金，這時還象徵性承認圳主之地位。

4. 成立組合會（相當於管理委員會），組合會之議員以各灌區滿 25 歲之男子選出組成，五年改選，得連任，詳列了組合會職權及表決方式。

5. 訂定組合員違反規約的罰則。

這些律令地公布及規約的訂定及修正，將水權公共化、水利法制化，在法律規範下進行現代化管理，更賦予公共埤圳法人身分，得以向銀行融資開發水利建設，才解決農民長期困境，地力也得以開發，臺灣的水利也從此走上現代化管理，但政府指定的公共埤圳組合管理人，也成為深入基層掌控農民生計的政府代理人，對地方事務產生深遠影響力。

至於知高圳，則是由豐榮水利組合配合臺灣總督府農作政策，為戰爭時期增加稻穀生產所興建，也在法律規範下進行現代化管理，並沒有水利秩序問題。

## 小　結

大肚山下這片土地，地形平坦、土質富饒，又有山澗湧泉不斷，溪水環繞，方便引水灌溉，而且氣候溫和，適於發展農作，千百年來，人類文明一直在此孕育繁榮；大肚溪又有航運之利，可匯集上游山產農作物轉運出口，分銷進口五金、日用雜貨，溪口的五杈港（梧棲）塗葛堀港等河口港，離漳州原鄉又近，趙姓先民隨著渡臺漢人的前進腳步，於雍正、乾隆年間進入大肚山、大肚溪邊

---

〔註68〕〈大肚圳組合組織及規約認可〉,《臺灣總督府公文類纂》，國史館臺灣文獻館，典藏號：000-02087-018，頁 186～194。

的這片平原，與原來居住在這片土地的拍瀑拉族大肚北、中、南三社族人互動，逐步取得安身立命的土地，而落地拓墾，繼而為促進地力增加生產，與修水利、改善生產條件，慢慢生活安定了，但移入的人也慢慢多了，問題也多了，人多為了爭生活資源，而產生爭地、爭水問題，也有了治安維護的問題，生活中也需防護風、水等天然災害，治療身體的病痛，對未知禍福的趨凶避吉等問題；各項生活中的問題都需找尋解決方案，這些問題有的須以群體合作互助解決，社會自然形成了人際互動格局以彼此連結、團結動員；為了延續家族繼嗣，興家旺族，而產生出很多元的婚姻方式，「下蓼仔尾庄」先民，融合原鄉習俗，恪守漢人同姓不婚習俗，依各家庭生活條件的不同及家庭生存發展，而與鄰近村落異姓聯姻，血緣、地緣促成地方融合，婚姻不但當時成了昔日家族對外連結敦睦的橋樑，也促成各家族融洽相處，也因而有了多元的禮俗與生活文化，成了「下蓼仔尾庄」今日生機勃勃的原動力。

# 第二章　生活文化遷下的社會互動格局轉變

〈肚山道中即景〉

一

樂耕門外草如茵，繞岸花開白似銀。

如此風光真樂土，不須更覓武陵津。

（樂耕門，彰化東門城樓）。

二

過盡山莊與野橋，新秧萬頃綠齊腰。

南樓幾日蕭蕭雨，又長東郊一尺苗。

三

竹園稻屋自成家，破曉兒童踏水車。

萬綠叢中紅一片，隔籬幾樹莿桐花。

四

大肚山前大海西，嶔崎道路古來迷。

綠堤一帶相思樹，日為行人送馬蹄。〔註1〕

　　這是清代彰化詩人陳肇興（1831～1866 年，1859 年鄉試中舉，當過白沙書院山長）路過大肚所見，即興賦詩，收錄在他所著《陶村詩稿》卷二〈肚山

〔註 1〕〔清〕陳肇興，〈肚山道中即景・陶村詩稿・卷二〉，《中國哲學書電子化計劃》，https://ctext.org/wiki.pl?if=gb&chapter=903139，2021 年 6 月 18 日上網查詢。

道中即景〉，詩中描述大肚山下自然風光與民居景象，一幅桃花源樂土躍然而出，可以遙想當年地方物阜民豐，人們生活怡然自得的景象，也可體會出當年渡臺先民冒生命危險，終得安居於斯土；但前仆後繼渡海來臺的漢人，很快也面臨「臺灣沒三日好光景」的生活困窘，必須為爭水、爭地、爭生活資源而拼鬥，也形成必須聚族自衛、連莊互助，生活上有形的規約，無形的社會互動格局，也自然應運而生。

# 第一節　趙姓聚族而居形成血緣「單姓村」

## 一、清季雍、乾年間之大肚環境

臺中大肚，一般指大肚溪以北，臺中大肚山西南區域（下堡），沿大肚溪北岸至臺灣海峽這一片土地，這裡有悠久的歷史，又因特別的歷史機遇，在臺灣發展的每一個過程，從史前，直到新石器時代晚期的營埔文化（Ying-Pu Culture,年代大致在距今 4000～1600 年前），到平埔拍瀑拉族（Popura,起始年代不明～1732 年）大肚王國文明，乃至原漢遭遇，荷蘭治臺（1624～1662 年），鄭氏治臺（1662～1683 年），清廷治臺（1683～1895 年），這片土地，在臺灣與外來勢力遭遇時，都曾占有重要的一頁。

這片土地上不斷發掘出史前時期文化遺址，證明古人類在這片土地上早已安居相當長一段時期，外界先進文化進入這片土地後，經由外人的觀察記載，平埔帕曝拉族已有相當先進的社會組織，其生活、祭祀信仰、習俗、農耕漁獵等經濟活動，都已相當先進，這時區域內人類生活所依賴為大肚山斷層的豐富湧泉及溪流水源，做為其生活及耕種灌溉，甚至魚撈採集。

本研究區因緊鄰大肚山，故多湧泉流水充沛，如郁永河康熙 36（1697）年所撰《裨海記遊》有如下的描述：

> 十一日，行三十里，至半線社（彰化），居停主人揖客頗恭，具饌尤腆。云：『過此多路，車行不易，曷少憩節勞』！遂留宿焉。自諸羅山至此，所見番婦多白晰妍好者。
>
> 十二日，過啞束社（和美中蓼），至大肚社，一路大小積石，車行其上，終日蹭蹬殊困；加以林莽荒穢，宿草沒肩，與半線以下如各天。至溪澗之多，尤不勝記。番人狀貌轉陋。

十三日，渡大溪，過沙轆社。〔註2〕

郁永河於農曆四月份梅雨季經過大肚，他描述「溪澗之多，尤不勝記」，可見當年大肚山湧泉處處及雨水匯流，水量充沛，到了平原處處是溪澗，「渡大溪，過沙轆社」，大肚至沙鹿之間還有大溪（現在只有斷層乾涸山溝），更可見這片沃土平原，當年適於流水灌溉，種植水稻等作物。

而這些山間溪澗，以前流水長年不斷，都稱為「坑、溝」，但現在地圖上的名稱都叫坑（山谷）或大排：如山陽大排、米粉坑、大肚大排、金聖公坑、追分幹線排水、王田圳石坑幹線排水等，平常乾涸滴水全無，遇大雨時則排山洪水，或充當灌溉水圳的調節排水溝；現在名為的大肚大排這條排水溝，在1960年代前稱為「溪仔」，是小溪的意思，平時水流不斷，據耆老回溯，1887年開始興建磺溪書院時，從大陸進口的杉木、石材、磚瓦，都是由洋船運到塗葛堀港，再轉小船運至書院門口；再往前推溯，在道光5（1825）年之前，河運可以直通永和宮前，貨販商賈雲集於附近大肚街。〔註3〕

在大肚山西側一直都是平埔帕曝拉族的傳統生活領域，其分布大致今天社腳、王田是大肚南社，大東、大肚是大肚中社，頂街、山陽一帶是大肚北社，龍目井是水里社，1732年前，曾存在以大肚南社為中心，臺灣中部由濁水溪至大安溪流域的拍瀑拉族與巴布薩族、巴則海族、洪雅族、道卡斯族等各平埔族群組建的跨部落聯盟——大肚王國。

臺灣原住民自15世紀起，即不斷遭逢外來勢力侵擾；先是明朝時，中國與日本海盜以臺灣為走私根據地，再來1624～1662年荷蘭東印度公司武裝拓墾臺灣，1661～1683鄭成功祖孫三代佔領臺灣，建立東寧王國，1683～1895清廷滅了鄭氏王朝統治臺灣，在這些外來武力進入臺灣時，臺灣原住民都是先反抗後被征服統治，其人丁不斷受損，生活逐漸艱困，同時在1700年前後，渡海漢人也由臺灣南部，逐漸拓墾到大肚溪、大甲溪流域。

據清康熙56（1717）年，周鍾瑄，《諸羅縣志》〈卷七兵防志，總論〉「四十三年…，而當是時，流移開墾之眾已漸過斗六門以北矣。自四十九年…蓋數年間而流移開墾之眾，又漸過半線大肚溪以北矣。」〈卷二　規制志，郵傳〉「大肚鋪在大肚溪墘。鋪兵三名。」〈卷七　兵防志，水路防汛〉「大肚塘，塘

〔註2〕〔清〕郁永河，《裨海紀遊卷中》，節4、5、6，《中國哲學書電子化計劃》，https://ctext.org/wiki.pl?if=gb&chapter=559061，2021年6月18日上網查詢。
〔註3〕耆老趙日成手稿，《大肚永和宮沿革明細》，1946年。

在大肚溪之北。溪面廣闊，水底俱石，險急不可設渡；夏秋山水驟漲，必俟水勢稍平，用土番引路，然後可過。西為草港、北為水裡港，時有船只往來。目兵八名。」〔註4〕

　　可見清初臺灣漢人之入墾由臺南往北，到康熙末年已到大肚溪以北地區，已設有「大肚汛」並派兵駐防，也設了郵傳鋪以傳遞公文書信，建立了地方防衛及通信系統，學者陳漢光推論約於1764～1788間所繪之「乾隆中葉臺灣軍備圖」，已見大肚下街及大肚汛（見圖A-3），另由巡臺御史六十七乾隆初年使臺期間（西元1744～1747）命工繪製之番社采風圖──渡溪的景象，官員坐竹筏抽菸悠然渡溪，周圍大群原住民涉水扶竹筏搬行李的忙碌樣，可看出當時官道絡繹往來的郵傳、官吏、駐軍過溪時，役使平埔族原住民當差的情況，學者柯志明研究指出「苛重的番餉以及官府的濫派與需索，是番社乏本開墾，還有番民不熟悉報墾程序加上漢人的欺瞞誘騙，都是造成番地流失不容忽視的原因。」〔註5〕大肚王國在鄭氏王朝及清廷統治時，曾面對幾次圍剿，再加重賦、勞役，不但村社受損，人丁遭殺戮，生活非常艱辛，傳統土地也不斷流失至入墾漢人手中，後來部分族人於1820～50年前後，遷居埔里。

### 圖2-1　番社采風圖──渡溪　　　　圖2-2　大肚等社熟番圖

 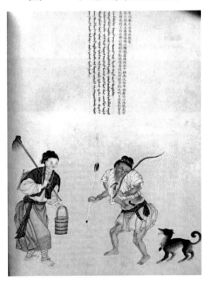

資料來源：番社采風圖──渡溪，
　　　　　中研院史語所典藏。

資料來源：謝遂繪職貢圖──故宮博
　　　　　物院典藏。

〔註4〕〔清〕周鍾瑄，《諸羅縣志》。
〔註5〕柯志明，《番頭家 清代臺灣族群政治與熟番地權》，頁122～123。

## 二、雍正、乾隆年間漢人入墾大肚溪流域

十七世紀開始，因中國的天災、兵亂生活困難等「推力」，加上臺灣又草萊初闢，土壤肥沃，氣候溫暖多雨，水源充沛，稻可兩種等「吸力」，中國東南沿海漢人入墾臺灣，逐漸由臺南向北拓墾至大肚溪兩岸。

雍正元年彰化設縣後，漢人更大量移墾進入大肚區域，隨著人口的增加，自然湧泉及天然溪流，已不足承擔區內人們生活所需，漢人先民運用原鄉攜入與在臺灣南部累積的開發水圳經驗及技術，興築水利設施，以發展稻米及其他作物生產，因農作發展而人口聚集，米糧出口、日用雜貨進口等商業行為也應運而生，最遲至乾隆6（1741）年已出現大肚街名，據清乾隆7（1742）年劉良璧《重修福建臺灣府志》「彰化縣：大肚街距縣治北一十五里、犁頭店街距縣治東北三十里、竹塹街在竹塹城內、八里坌街在上淡水。」〔註6〕，當時大肚溪以北只有大肚街、犁頭店街、竹塹街、八里坌街四個街市，可見大肚開發甚早，後來更因大肚溪河港航運及樟腦運銷，成就了汴子頭河港（今永順里）勝記號與下藔子尾（礦溪里）錦源棧的興隆業務與財富。

大肚區在臺灣早期開發有其優越條件，臺灣最早的一條古道，就由彰化阿束社（今和美鎮中寮），渡過大肚溪，經由渡船頭、大肚南社、中社、北社，穿過大肚，它也是最早在地理上把臺灣連成一個整體的道路，在清朝就被使用為人員交通、文件傳輸的「官道」，就是今天省道「臺一線」的前身，這條官道，是幾百年來臺灣人員及物資流動的陸路大動脈，它就穿過大肚。

清代臺灣主要物資運輸動線，都以東西向河運為主，再以河口港為對外輸出入口岸，大肚溪及上游的分支溪流，提供了便捷的航運交通網絡，出口沿岸中部淺山之山產，平原盆地所產米、糖、番薯、花生、雜糧等，進口民生所需絲綢、棉布、工藝品、工具、五金、建材、農具、南北貨等，可經由河港大里杙（大里）湖日港（烏日）汴子頭港（大肚永順）等運輸連結至梧棲、水里港或塗葛堀港進出口，因此大肚與廈門、泉州，甚至清末與香港、上海貿易甚為方便，經濟發展甚速。

## 三、趙氏先民入墾大肚

入墾大肚五庄（含下藔仔尾庄）的趙姓渡臺祖，來自福建漳州府漳浦縣七都舊鎮鎮甘霖堡，舊鎮鎮甘霖堡臨鹿溪，水路可經舊鎮灣直接入海，水路交通方便。

---

〔註6〕〔清〕劉良璧，《重修福建臺灣府志》，〈卷五·街市〉。

　　漳浦舊鎮甘霖先民海外移民屬於「所謂生存型的移民，就是為了維持自身的生存而不得不遷入其他地區定居的人口，或者說是以改變居住地點為維持生存手段的移民行為。產生這類移民的主要原因是遷出地的推力，如自然災害、戰爭動亂、土地矛盾、人口壓力等」。〔註7〕

　　關於先民入墾臺灣的原因，學者做了很多研究與論述，中國學者趙文林、謝淑君指出：

> 人口流動是一種社會現象，人口流動改變人口分佈狀況，他既消耗社會能量，又產生一種社會勢能。…人口流動有向心流動、離心流動和回環流動…，離心流動主要是起源於人口稠密的已開發地區，由於當地人口過度繁殖，在一定生產條件下，而向四周人口稀少開發中地區擴散。按照流動原因可分為經濟性流動與非經濟性流動，逃荒、墾邊、求業等為了經濟上謀利或謀生的目的而產生的流動，即屬於經濟性流動；因戰爭、刑罰、探訪、遊樂等政治原因或社會、文化等目的而產生的流動，則屬於非經濟性流動。〔註8〕

　　此外，羅爾綱的研究指出：清代康、雍、乾三朝，人口流動過程中，福建、廣東是最突出的兩個省份，人口的增長，促進了社會的繁榮，但同時也因生產發展和人口的失調而帶來一系列的社會問題，福建省地勢多山嶺、少平原，乾隆52（1787）年每平方英里人口259.51人，但民國22（1933）年人口統計反降為每平方英里人口194.89人，可見清初人口壓力問題。羅爾綱將「乾、嘉、道三朝（1736～1850年）民數與田畝進行比較以後，指出清代人口問題，歸根結柢完全是人口與土地的比例問題。據估計每人平均需農田三畝至四畝，始能維持生活，但據嘉慶17（1812）年統計，廣東每人平均祇得1.67畝，福建更只0.93畝，人多田少，田地不夠維持當時人口最低的生活程度，由於人口與田地比例的失調，自然引起物價騰貴與生活艱難，糧食與人口的供求已失去均衡的比例，康熙末年，地方性的人口壓迫問題已經出現。〔註9〕

---

〔註7〕李祖基，〈大陸移民渡臺的原因與類型〉，《臺灣研究集刊》（2004年第三期），頁51～54。

〔註8〕趙文林、謝淑君，《中國人口史》，頁632～639。

〔註9〕羅爾綱，〈太平天國革命前的人口壓迫問題〉，包尊彭、李定一、吳相湘編纂，《中國近代史論叢，第二輯第二冊》（臺北：正中書局，1977年3月臺五版），頁35～42。

但原鄉環境、入墾年代也各不相同，經筆者兩次親訪大肚趙姓祖籍地福建漳浦縣舊鎮鎮甘霖村，發現先民離鄉拓墾的原因，並不是單純的只是人口壓力問題；與當地族人走訪村內外環境，發現當地為一河口港，平地狹小多石頭山，土地貧瘠，參考清代陳汝咸主修，施錫衛續修的《漳埔縣志校註本》，根據記載於 1700 年前後，閩南及漳浦縣地區可謂天災、人禍連年，民不聊生，不但連年水災、旱災、疫病，而且鄭芝龍、鄭成功、鄭經祖孫三代數度佔據漳州舊鎮以抗清廷，清廷又頒遷界令，強制人民搬離世居家園，在這樣的年代、環境，居民生活之困苦可見一般。

而舊鎮鎮甘霖村傍鹿溪，可乘船沿鹿溪直達海洋，水上交通方便，人民務農又習水性，因此世居舊鎮的趙姓族人，互相招徠，分批渡臺開墾，他們在雍正、乾隆初年由水裡港到達臺灣，入墾大肚山下大肚溪邊的平原，當時應該也參與了 1735 年前後的大肚圳及 1780 年前後的王田圳興築，闢草萊而成沃野良田，很短時間就在此建立了家園。

根據以上文獻解讀及筆者兩次赴先民原鄉考察、大肚田野調查及耆老訪談，大肚庄趙姓先民由福建漳州入墾大肚，應是綜合了經濟性「為生活所逼」、非經濟性「天災、兵禍、遷界令」等因素的離心流動的生存型移民，其原因之複雜也超出一般研究所論述。

根據《漳浦縣志》記載，明末清初，閩南及漳浦縣天災、疫病、兵災還有清廷遷界令，導致人民遷徙流離，民不聊生

（一）天災

順治五（1648）年五月，米價每斗銀六錢餘，民餓死無數。

順治七（1650）年，歲饑，米貴。知縣范進給票，另貧民至富家糴粟。時，民情洶懼，富家不敢發。

康熙三（1664）年三月，饑。斗米價值三錢餘，民有食草根者。

康熙六（1667）年六月，大水。

康熙七（1668）年六月十九日，大雨漂田盧，水派三日。

康熙九（1670）年秋七月，大旱。

康熙三十（1691）年，自入春不雨，米價騰貴，斗米銀一錢五分，鄉民有嘯聚思亂者，近郊多攜挈入城。〔註10〕

---

〔註10〕〔清〕陳汝咸主修，漳浦縣地方志編纂委員會整理，《漳埔縣志校註本》，〈清·卷四·風土志下〉，頁89～90。

以上是康熙 39 年續修《漳浦縣志》記載之連年天災及當地米價騰貴，人民生活艱難，乃至災民暴動作亂，跟著而來的年代還有水旱頻傳：

康熙四十八（1709）年閏七月初五夜，海水暴漲，颱風大作。

康熙五十二（1713）年，大水。

康熙五十七（1718）年，冬十月，蟲食禾稼殆盡。

雍正四（1726）年，大飢。民有採樹葉以充食者。

雍正五（1727）年，大飢。鹽亦騰貴。

乾隆六（1741）年，旱。米價騰貴。

乾隆十二（1747）年，旱。自八月至明年三月乃雨。

乾隆十八（1753）年，大水。

乾隆十九（1754）年五月，大水。七邑同災。奉文振恤。

乾隆二十二（1757）年，春，大旱。田少播種。

乾隆二十三（1758）年，復旱。

乾隆二十八（1763）年，復旱。

乾隆三十五（1770）年，大水。與海澄同。海潮沖決沿海堤岸。〔註11〕

## （二）疫病

同時又有疫病，根據福建閩南地區各縣市地方志，於乾隆、嘉慶年間，尤其乾隆 18（1753）年前後，各地疫情嚴重，人畜死者無數，這時期也正是先民離開原鄉，入墾大肚的時期，根據福建中醫學院王志良碩論〈福建清代疫情資料分析及研究〉，〔註12〕乾隆初年，福建閩南地區，連年疫病，詳情如下。

### 表 2-1　福建南部清代疫情分析及研究

| 福州 | 《福建通志》：至乾隆十三年冬至十六年夏，小兒多患痘殤，（陳）師鎬（侯官人）凡一百九十餘日，日治百數人，痊活無數。 |
|---|---|
| 長樂 | 《長樂縣志》卷 3〈大事志〉：「乾隆十八年，疫。」 |
| 莆田 | 《莆田縣志》卷 34〈祥異〉：「乾隆十八年春、夏，大疫，城鄉男婦老幼，死者無算，棺木價涌。」 |

〔註11〕〔清〕施錫衛主修，漳浦縣地方志編纂委員會整理《漳埔縣志校註本》，〈清·卷二十一·再續志·風土志·災祥〉，頁 552～553。
〔註12〕王志良，〈福建清代疫情資料分析及研究〉（福建：福建中醫學院碩論），頁 9。

| 仙遊 | 《仙遊縣志》卷 52〈祥異〉:「乾隆十八年夏,大疫,秋旱,牛多瘴死。」 |
|---|---|
| 惠安 | 《惠安縣志》卷 35〈祥異〉:「乾隆十八年,大疫,至十九年秋乃止。」 |
| 晉江 | 《晉江縣志》卷 74〈祥異志〉:「乾隆十八年夏,大疫,至十九年秋乃止,死者無數。」 |
| 同安 | 《同安縣志》卷 3〈災祥〉:「乾隆十八年,大疫。」 |
| 海澄 | 《海澄縣志》卷 18〈災異志〉:「乾隆十八年,疫,民斃,牛馬死無數。」 |
| 惠安 | 嘉慶《惠安縣志》卷 35〈祥異〉:「乾隆十九年秋,大疫,至十九年秋乃止。」 |
| 晉江 | 道光《晉江縣志》卷 74〈祥異志〉:「乾隆十九年秋,十八年夏,大疫,至十九年秋乃止,死者無數。」 |
| 崇安 | 《崇安縣新志》卷 1〈大事志〉:「乾隆十九年,大疫。」 |

資料來源:參考王志良〈福建清代疫情資料分析及研究〉,福建中醫學院碩士論文,頁9,筆者重新製表。

### (三)氣候變遷——小冰河期

以上天災、疫病等的頻頻發生,也與學者研究的小冰期發生有關,小冰期(Little Ice Age)是指一段在中世紀溫暖時期之後開始,全球氣溫出現下降的現象,時間約在自 1550 年至 1770 年這 220 年間(明嘉靖 29 年至清乾隆 35 年),結束於 18 世紀末期,相當於中國明清時期,小冰期帶來的影響,除了氣溫下降外,還使得植物生長季節變短,土壤降溫,使糧食作物產量變少,穀物價格上升,造成全球各地頻繁出現饑荒與瘟疫,因為死亡率上升,這使全球人口成長率在這段時間減緩。

小冰期時期也是暴亂、搶掠及死亡的高發期,很多文明的歷史古籍都記載了這段混亂的時期,圖 2-2 為三位學者研究並重建千年來北半球氣候變化趨勢,圖中紅線是北半球年度平均溫度,綠線是北半球中緯度地帶夏季平均溫度,可看出北半球氣溫在 12～13 世紀達到高峰之後,即逐漸下降,到十七世紀初最低,這時也正是中國明朝與清朝的朝代更迭之時,小冰河時期氣溫降低,所導致的乾旱和飢荒也是明朝滅亡的原因之一,[註13]也因氣候極端化,造成明末清初中國饑荒與瘟疫,流寇四起,人民生活困苦,也正是閩粵漢人先民大量被迫離開家園,入墾臺灣之時。

[註13] Michael E. Mann、Raymond S. Bradley、Malcolm K. Hughes:"Northern Hemisphere Temperatures During the Past:Millennium' Inferences, Uncertainties, and Limitations", GEOPHYSICAL RESEARCH LETTERS, Vol. 26, No.6, Pages 759～762, March 15, 1999。

Jingyun Zheng & Lingbo Xiao & Xiuqi Fang & Zhixin Hao & Quansheng Ge & Beibei Li 幾位學者的研究也指出：明末 1570 年代開始中國大部分地區氣候長期異常，導致農作歉收，中國北方居民可分配穀物從 1580 年代平均 393.3 公斤／年，降至 1630 年代平均 167～267 公斤／年，糧食危機也導致糧食價格騰貴，1570 至 1580 年間米價上升 30%；因氣候長期異常，導致中國大部分地區農作歉收，人民飢荒流離失所，北方民族草原乾旱為生活所逼而南侵，政府屯田養兵也無法持續，財政支出增加需增加稅收，社會不安流寇四起，饑民為生活所逼加入流寇，一連串經濟、社會、軍事、政治無解難題終於導致明朝覆亡；而遠離中國政治核心的閩南漳州也無法免於這悲劇波及。〔註 14〕

### 圖 2-3　千年來北半球溫度變化趨勢

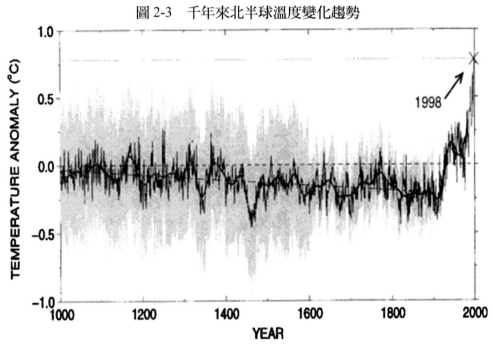

資料來源：擷取自　Michael E. Mann、Raymond S. Bradley、Malcolm K. Hughes："Northern Hemisphere Temperatures During the Past Millennium：Inferences, Uncertainties and Limitations"，GEOPHYSICAL RESEARCH LETTERS，Vol, 26 No.6, Pages 759～762, March 15, 1999.

---

〔註 14〕Jingyun Zheng & Lingbo Xiao & Xiuqi Fang & Zhixin Hao & Quansheng Ge & Beibei LiHow: "climate change impacted the collapse of the Ming dynasty" Climatic Change 127, Pages 169～182, 4 Oct. 2014。

## （四）兵災

　　除此之外，更可憐的還有人禍兵災，明末鄭芝龍、鄭成功、鄭經祖孫三代數度以漳州舊鎮為根據地抗清，漳州舊鎮自古物產豐饒，又濱海產鹽，到明朝已經叫作古鎮，寫作舊鎮，早已有城，但也因城牆堅固，兵家必爭作為據點，「明熹宗天啟六（1626）年十二月，海寇鄭芝龍自龍井登陸，掩襲舊鎮，守將死之。時殺傷無數，銃城被毀。」〔註15〕明末清初，陸續有海盜侵擾，清初又有地方仕紳抗清，受清兵鎮壓，「明朝亡後，舊鎮曾是鄭成功抗清的據點，順治十二（1655）年，鄭成功主力北上長江，先毀掉閩南各城，再以舊鎮為據點，憑城防守，但終為清軍攻占。」

> 順治六至十六（1649～1659）年，鄭成功多次與清軍爭奪漳浦，鄭軍散聚山林，劫掠鄉村，數載，近郊無過客。
>
> 順治九（1652）年十月五日，固山（清都統）金之俊大破鄭成功于郡，成功僅以身免。
>
> 順治十一（1654）年十二月一日，鄭成功襲陷漳郡，防守副將劉良璧迎降，城復陷。
>
> 康熙十三（1674）年三月，耿精忠反……十一月八日，鄭成功子鄭經遣馮錫範、偽提督趙德勝攻邑。
>
> 康熙十六（1677）年，耿精忠就撫，總兵劉顯芳追擊海孽至浦，舉邑歸順。〔註16〕

　　由以上之記載，可見當年兵禍連年，民不聊生，而舊鎮成為鄭氏與清軍多次拉鋸攻防之地，百姓生活困苦流離失所。

## （五）清廷遷界

　　遷界令又名遷海令，是清朝政府為打壓明朝遺臣鄭成功在臺灣的東寧王朝，斷絕中國大陸沿海居民對其接濟的命令；該命令要求山東至廣東的沿海居民內遷三十里，並將房屋焚棄，不准百姓復界，並且多次申明「片板不許下海」，並以修築工事、派駐兵員等手段監督之。

---

〔註15〕〔清〕陳汝咸主修，漳浦縣地方志編纂委員會整理，《漳浦縣志校註本》，〈清・卷十一・兵防志〉，頁237。

〔註16〕〔清〕陳汝咸主修，漳浦縣地方志編纂委員會整理，《漳浦縣志校註本》，〈卷十一・兵防志〉，頁239，240。

遷界令首次頒布於順治 18（1661）年，重申於康熙元（1662）年，再頒於康熙 3（1664）年，至康熙 22（1683）年清軍平定臺灣後則頒布命令要求百姓遷回。

順治 18 年遷界時，舊鎮城雖是不濱海的內陸河港，但因臨鹿溪通海，也被劃在界外而被毀棄，「順治十八年九月十八日奉旨遷界，涼山以南、舊鎮以東，皆為棄土。」〔註17〕以上《漳浦縣志》所記載漳浦及舊鎮，在明末清初至乾隆中期之天災、人禍、兵禍、疫病與清廷遷界等，造成民不聊生，生靈塗炭，是人民被迫往外移墾的動機與推力。

而舊鎮甘霖沿鹿溪直達海洋，水上交通方便，人民務農又習水性，因此當年大肚趙氏渡臺祖，乃於雍正年間，先有先驅者「趙烏」甘冒政府禁令渡臺，更因早期渡臺者很快落地生根，因此招徠族親，相偕不惜「辭祖公」，〔註18〕抱著有去無回之志，冒渡過臺灣海峽黑水溝「十去，六死，三留，一回頭」之險，往臺灣大肚遷徙，趙丑也跟姪子趙聖助入墾下蔡仔尾，趙光亨、趙三兩位從兄弟單身來臺後，〔註19〕又回家鄉，把趙三之父趙庇，趙光亨父親趙巍、母親曾伴娘及弟弟趙光旦、趙烏之兄弟趙佔也一起遷移來臺，〔註20〕先行者得成功故事，也吸引了更多族親，一起渡臺到大肚開墾，由此也可見先民渡臺時，在家鄉生活之艱難與無奈，不得不冒險向外求生存之路，也可見當年臺灣土地富饒，討生活容易，而對漳浦縣，甚至福建、廣東沿海民眾，有極大之遷移渡臺的吸力。

從以上文獻及分析，清代入墾大肚的先民，屬於人口的離心流動，主要是人口因壓力差而產生流動的規律；由已開發過剩人口高壓密集地區，快速流向具資源的開發中地曠人稀人口低壓地區，流動方向，除移殖南洋等地國外移民外，主要由閩粵東南沿海流向四川、雲貴等西部地區，或移至閩粵鄰省，或東渡臺灣。這一人口流動現象，對閩粵鄰省及臺灣地區的社會變遷，都產生了相當大的作用。

---

〔註17〕〔清〕陳汝咸主修，漳浦縣地方志編纂委員會整理，《漳浦縣志校註本》，〈卷十一‧兵防志〉，頁 239。

〔註18〕耆老傳言，先民離開家鄉時，因前途凶險，生死未卜，所以離家前，照例到祠堂上香，向祖先辭行，表示此去有去無回，見面無期，至此緣盡。

〔註19〕漳浦縣委員會文史委員會編，《漳浦文史資料》，〈第八輯，2002 年〉，頁 22～23。

〔註20〕此部分參考趙光亨派下族譜、趙三公派下天水堂公廳神主牌，及趙世琛主編，《大肚趙氏族譜》。

## 四、漳浦趙氏渡臺先驅

　　當年渡臺趙姓先民都是窮苦農民，很多家庭都留下渡臺祖初抵臺灣時，赤手空拳以一根扁擔創業的艱辛故事，但因渡臺祖輩普遍未受很好教育，再加上大肚地方歷年多風、水天災，因此早期先民渡臺奮鬥歷史事蹟，缺乏書面紀錄，根據《漳浦文史資料‧第8輯》〔註21〕，明清兩代漳浦人趙氏入墾臺灣如下表

### 表2-2　明清兩代漳浦人趙氏入墾臺灣一覽表

| 姓　名 | 渡台年代 | 入墾台灣地點 | 備　註 |
|---|---|---|---|
| 趙烏 | 雍正年間 | 臺中大肚 | |
| 趙庇 | 雍正年間 | 臺中大肚 | |
| 趙丑 | 乾隆初期 | 臺中大肚 | |
| 趙聖助 | 乾隆初期 | 臺中大肚 | |
| 趙若美 | 乾隆中葉 | 臺中大肚 | 後遷彰化社頭 |
| 趙天喜 | 乾隆中葉 | 臺中大肚 | |
| 趙光亨 | 乾隆中葉 | 臺中大肚 | |
| 趙雷 | 嘉慶年間 | 臺中大肚 | |
| 趙五 | 嘉慶年間 | 嘉義縣 | |

說明：部分資料與大肚現各趙姓族譜記載有差異，如趙庇應是其子趙三入墾大肚，生
　　　活安定後，再回鄉接來，同時趙光亨也接來其父趙巍及弟趙光旦。

資料來源：漳浦縣委員會文史委員會編，《漳浦文史資料》〈第八輯，2002年〉，頁22
　　　　　～23。

　　據漳浦縣地方志編纂委員會主編《漳浦縣志》：「雍正年間入墾大肚有趙烏，乾隆年間有趙天助、趙若美、趙烏（疑重複）、趙丑、趙光亨、趙天喜、趙雷」〔註22〕，可知在雍正、乾隆年間，漳浦趙姓已先後入墾臺灣。

## 五、「大肚趙一半」其來有自

　　入墾大肚庄的漢人渡臺祖大都姓趙，他們來自福建漳州府漳浦縣七都舊鎮鎮甘霖堡，甘霖有幾個社都是趙姓族人聚族而居，大部分世代相傳是宋太祖趙匡胤嫡系子孫，彼此之間，一直以趙匡胤所頒玉牒14個字排輩論序，以別源流，序昭穆，太祖派玉牒14孤字為：「太祖派曰：德、維、從（守）世、令、

---

〔註21〕漳浦縣委員會文史委員會編，《漳浦文史資料》，〈第八輯，2002年〉，頁22～
　　　　23。
〔註22〕漳浦縣地方志編纂委員會，《漳浦縣志》，頁980～P981。

子、伯、師、希、與、孟、由、宜、順」〔註23〕，他們輩分就以這十四個字排序，因開國皇帝趙匡胤兄弟不排世次，自宋太祖兒子「德昭、德芳」兄弟為第一世，14 泒字依序循環，目前已約至第 3～4 輪。

一直到現在大肚趙姓人士，很多人給男嬰取名，仍照傳統，中間字還是照輩分排，所以在大肚經常會遇見：趙世 X（32 世，14x2+4=32）趙令 X（33 世）趙子 X（34 世）趙伯 X（35 世）趙師 X（36 世）趙希 X（37 世），趙姓族人一見面，從名字就知道彼此輩份世次。

## （一）由人口統計看大肚姓氏

趙姓先民先後入墾大肚，也是聚族而居，經過約幾個世代開枝散葉後，逐漸分布在大肚、下蔡仔尾、崁子腳、莿仔內、下頭仔等五個聚落，形成趙姓為主姓村，在大肚有一句俗語——「大肚趙一半」，根據《大肚鄉誌》，1945 年原大肚鄉內原大肚庄 5 村，趙姓人口占比統計如下：

表 2-3　1945 年大肚五庄趙姓人口占比表

| 村　　里 | 趙　　姓 | 其他姓氏 | 總人口 | 趙姓占比 |
|---|---|---|---|---|
| 大肚 | 269 | 800 | 1069 | 25.16% |
| 大東 | 742 | 595 | 1337 | 55.5% |
| 新興 | 215 | 401 | 616 | 34.9% |
| 永和 | 632 | 616 | 1248 | 50.6% |
| 磺溪 | 698 | 580 | 1278 | 54.6% |
| 大肚五庄 | 2556 | 2992 | 5548 | 46% |

資料來源：洪敏麟主編，《大肚鄉誌》，頁 191～195，筆者統計製表。

從以上資料，可以發現傳統大肚庄轄域，雖兩百年來不斷有新移入人口，但是趙姓人口到 1945 年，仍占有大肚庄人口 46%，可見「大肚趙一半」，此言不假。

## （二）由建廟捐題楹籤看姓氏分布

從福興宮保存的「同治 5 年葭（十一）月穀旦新建福興宮捐題楹籤」（筆者逐一辨識整理，如附表 2-1），同治 5（1866）年福興宮整建時，捐款者共 76 筆，除商號捐款者 7 筆及姓氏模糊無法辨識 3 筆外，可辨識的 66 筆捐款自然

〔註23〕泉州趙宋南外宗正司研究會編，〈趙由瑪手書——濬源族譜續〉，《南外天源趙氏族譜》，頁 45。

人，34 人為趙姓，占比 52%，依序為陳姓 9 人，蔡姓 7 人（應為鄰庄汴仔頭庄勝記號蔡家），也可見入墾一百多年後，趙姓還是下寮仔尾庄主姓。

圖 2-4 同治 5 年新建福興宮捐題樑籤　圖 2-5 民國 38 年重修福興宮捐題樑籤

資料來源：筆者 2020 年 4 月拍攝並辨識製表。

圖 2-6　同治 5 年新建福興宮捐提樑籤捐款人姓氏統計

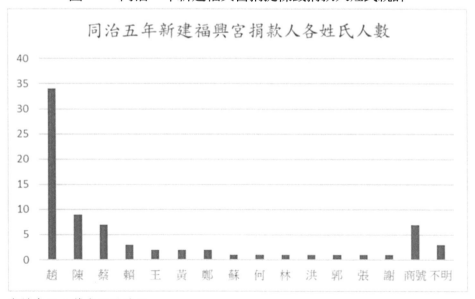

資料來源：筆者統計繪圖。

　　甚至到民國 38（1949）年重修福興宮時的捐題椽籤，（筆者逐一辨識整理，如附表 2-2），所列捐款者共 145 筆，除商號捐款者 1 筆外，144 筆捐款自然人，74 人為趙姓，占比還是 51%，依序為陳姓 23 人，鄭姓 6 人，黃、賴、張姓各五人，可見一直到二戰後，前後時隔 83 年，除了陳姓明顯增加外，其他姓氏分布變化不大，趙姓還是主姓。

圖 2-7　民國 38 年新建福興宮捐款人姓氏統計

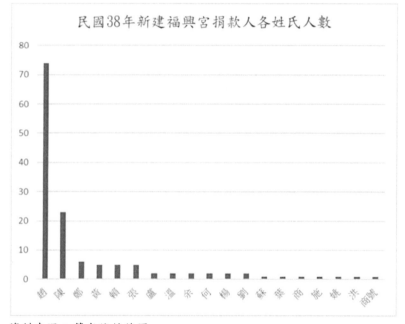

資料來源：筆者統計繪圖。

　　同時進一步分析，大肚庄商業中心的大肚街，成形甚早，乾隆 6（1741）年，劉良璧《重修福建臺灣府志》：「彰化縣：半線街在縣治、……大肚街距縣治北一十五里、犁頭店街距縣治東北三十里、竹塹街在竹塹城內、八里坌街在上淡水。」〔註24〕，乾隆初年，彰化以北之臺灣西部只有大肚街、犁頭店街（今臺中南屯）竹塹街（新竹市）八里坌街（今新北市八里），可見大肚開發甚早，在乾隆初年即已結成商業繁榮的街市。

　　乾隆 28（1763）年余文儀《續修臺灣府志》：「街市：彰化縣：……大肚街：在大肚西保，距縣北十五里。更北為沙轆社，有沙轆街；又北為牛罵社，牛罵街。」〔註25〕

〔註24〕〔清〕劉良璧，《重修福建臺灣府志》，〈卷五・街市〉。
〔註25〕〔清〕余文儀，《續修臺灣府志》，〈卷二・規制〉。

可見在雍正、乾隆初年，趙姓族人入墾大肚後，很快就發展成一商業市街，市街吸引商賈負販、技藝工匠等外來人口移入，而趙姓原務農人口，就由市街區移出，所以大肚街內趙姓人口占比慢慢減少，到 1945 年只有 25%，這也是商業街市發展，外來人口移入的自然現象，同時在整個臺灣族群分布上，大肚溪沿岸地區，尤其原大肚下堡各庄，祖籍以漳州人居多。

當時「下藔仔尾庄」主要由趙姓聚族而居的中心區域，就分為三個聚落「大竹圍」「文塾」「灰窯」，大肚清代在林爽文事件、戴潮春事件等民變，都直接波及受害，又曾發生嚴重姓氏械鬥，為了自衛，很多聚族而居而成聚落的「集村」，都種植重重莿竹圍籬，例如，下藔仔尾庄「大竹圍」趙丑家族及大東「莿仔內」趙三公家族，山仔腳「下竹圍」陳初光家族，都是單姓聚族而居，有莿竹圍四面圍繞以為防衛，「莿仔內」因靠山，特別重視防衛功能，建築格局更是特別，巷道彎彎曲曲，很多「無尾巷」「過路間」（無尾巷看似無路，設計其中某一間房子是開放通道，熟人進出無礙，但外人不得其門而入），號稱「賊仔初一進來，十五還找不到路出去」，當時甚至有熟識的外姓人士，要求短期租屋住入庄內，都不被接受，只得在庄外石牆邊搭屋居住，〔註26〕可見先民早期對外的防衛意識及族群內聚力之強烈。

但隨著時間的推移，各方移民不斷的移入，家族的發展也需引入新血參與，精耕的農事也需增加勞動力，家族人丁繁衍更需外婚成家，〔註27〕漸漸的下藔仔尾庄由趙姓「單姓村」發展成「主姓村」，甚至近代成了「多姓村」格局。

# 第二節　傳統村莊的社會秩序與多元融合

傳統的臺灣社會，承續了原鄉閩南傳統社會的習俗，家庭類型大都屬於「大型擴大家庭——包括一對夫妻及其諸子女的生育家庭，夫／妻的父母及諸兄弟的生育家庭，以及諸侄男／女的生育家庭。」〔註28〕男女有別，重男輕女，家庭香火傳承、財產繼承由男子父系繼嗣，父母由男子負責奉養，祖先香煙由男子供奉，祖墳由男子負責修護祭掃，出嫁的女兒，基本上就與娘家斷了祠祀關係，大年初一不能回家，祖先墳墓不能任意去祭掃，傳統的「下藔仔尾

〔註26〕此故事為大東耆老林坤炎傳述家族歷史。
〔註27〕異性才能通婚，男子需娶入外姓女子，而家中女兒外嫁他姓男子隨夫居。
〔註28〕許美瑞、阮昌銳，《家庭人類學》（新北市：國立空中大學，2012 年 8 月初版五刷），頁 184。

庄」，是一個父系單邊繼嗣的社會；但是家族人丁繁衍需外婚成家，隨著時間
的推移觀察「下蓼仔尾庄」的發展與現況，婚姻不但讓庄民的人際網絡向外延
伸，提供了持久不衰及一系列具有廣泛社會意義的聯結，讓資源的取得與交換
更多面向，更讓村莊呈現更豐富的文化內涵與發展動能。

## 一、傳統的社會秩序

### （一）社會待遇：男女有別

「下蓼仔尾庄」長期是一個傳統的農業社會，男女有別，在整個社會是根
深蒂固的傳統，昔日村廟收丁錢時，男性算一丁，而女性算一口，繳一半丁錢；
筆者印象深刻的是鄰居一位長輩，每次罵她的一位女兒時，開口就是「妳這個
半丁」，重男輕女心態，表露無遺，也顯露出生太多女兒的無奈。

### （二）受教育：男女有別

在昔日農村子女眾多的中下家庭，如經濟能力無法供所有子女進義務教
育以上學校，往往女兒小學畢業後，就工作貼補家用，或有成績優異女兒勉強
讀到初中，就進入免學費的師範學校，對於家中男孩有能力升學者，父母則賣
豬、作副業，甚至賣田產，盡力供給接受較高教育，這是日治及 1960 年代以
前，臺灣農村很普遍現象。

### （三）社會互動：已婚女性對夫家親屬稱謂

在大肚的漳州籍移民社會習俗，婚後女性對夫家親屬稱謂，自動就降一
輩，與子女同輩稱呼，在村子裡，遇見先生的叔叔輩（有時比自己兒子還小）
稱 XX 叔公，先生的舅舅稱 XX 舅公，比先生同輩年齡小的稱 XX 阿叔仔，比
先生同輩年齡大的稱 XX 伯；新嫁入的媳婦，如果名字與家族內較親近的長輩
相同，還要避諱，改一個偏名作為日常稱呼，筆者母親名叫「秀英」，鄰居一
位嬸婆名字也有「英」字，所以還沒入門，家中長輩就幫她取一個偏名叫「素
月」，從此她在夫家叫「素月」，回到娘家叫「秀英」，就這樣過了大半輩子，
近年因長輩們作古，「素月」這名字才自然消失。

### （四）繼嗣：父系單邊繼嗣

在遺產繼承及家庭香火傳承也是男女不平等，傳統上土地的繼承都是單
系繼承，男性才繼承遺產，在農業社會，長孫（長子的長男，不一定是孫輩年
紀最大的）往往年紀較大，也分擔伯叔一樣農作責任及家族香煙繼承，所以等

同么兒繼承一分財產，習稱「大孫當尾子」，財產由兒子繼承，並肩負有贍養父母及傳承香火祭拜祖先、照顧祖墳的責任，女兒出嫁後就以夫家為主，對娘家財產無繼承權，也沒贍養父母責任，甚至也不鼓勵祭掃娘家祖墳，舊俗甚至除夕圍爐、年初一都不允許女兒回娘家，怕分了娘家福分。

### （五）已婚男孩贍養父母

已婚男孩有義務贍養父母，如有兩名以上分家以後之男孩，則以「輪伙頭」方式贍養父母，輪伙頭是父母定期在已婚兒子家輪流吃飯的一種制度，也可以是父母居處固定，由已婚兒、媳將三餐及洗臉水輪流送至父母居處；換言之，也就是傳統社會成年子嗣輪流贍養父母的一種制度。

這些約定成俗的社會秩序，看似僵化，但它根源於原鄉傳統，在移民入墾的早期社會，為了聚族共享有限的資源，為了家族的繁衍與生存發展，自有其時代背景與必要。

## 二、多方融合的地緣土著化轉型

隨著生活漸漸安定，下寮仔尾庄從移民社會走向「土著化」社會，慢慢由原鄉祖籍血緣認同走向本地地緣認同，婚姻及親屬關係成了融合動力，慢慢也遷入了其他姓氏人氏，耆老回憶先有陳銀王家族移入，稍後黃溪家族也由原鄉漳浦移入，慢慢因各種原因，陸續有其他家族移入，時到今日，因先民的生活智慧及婚姻繼承等各種因素，下寮仔尾庄單姓聚族的「血緣社會」已融合轉化成多姓混居的「地緣社會」。

從耆老訪談，梳理出社區內除了原來趙姓居民外，其他姓氏人士入居下寮仔尾庄，各有不同時間與機緣，大致整理如下：

### （一）接納同鄉或依親

1. 陳姓（陳銀王）家族：根據陳王次子前村長陳瑞淇口述及其家庭溯祖戶籍謄本與家中神主牌記載：家庭遷臺約 170 年，由福建省漳浦縣直接遷至礁溪，在大竹圍西邊定居，陳姓家族也自成一個獨立竹圍。

2. 黃溪家族：族中「黃溪」為大肚農民運動領導人之一，據其族中耆老傳述，黃家約 150 年前由漳州漳浦縣遷臺，詳細時間不明，據傳說趙宋亡後，有黃侍臣保護皇室後裔遷漳浦，趙姓為避元人追殺，很多改姓黃以避禍，〔註29〕

---

〔註29〕泉州趙宋南外宗正司研究會編，〈魏王十一世孫若和郡王敕趙氏本末序〉，《南外天源趙氏族譜》，頁56。

當時皇族「閩充郡王趙若和」隱居漳州時就自述:「予自逃生,諱姓黃氏,居於埔西。」〔註30〕明代再恢復趙姓,但也有懷舊不改回趙姓者,有「生黃死趙」這樣的家庭,〔註31〕所以黃、趙可能在原鄉就有往來,而黃姓自原鄉渡臺遷進下蓁仔尾後,就在趙姓竹圍與「陳銀王」家竹圍之間空地,建屋自栽竹圍聚族而居,慢慢也與趙姓聯姻,並發展成地方相當具影響力的家族。

3. 黃萬家族:下蓁仔尾庄東邊「黃萬、黃海賊」兄弟家族,與黃溪同姓不同宗,黃萬 7 歲時,因塗葛堀 1912 年大水,黃萬父親帶三個兒子遷來下蓁仔尾,先由黃溪介紹,租屋於陳銀王家空屋,之後住屋被要回,才自行置產搬遷到聚落東邊建屋居住。

4. 溫義成家族,在 1912 年大水時由塗葛堀港遷入,當時溫義成先生有兩位姊姊嫁在下蓁仔尾施家及余家,洪水發生時塗葛堀三庄(位於今大肚溪出海口)房舍嚴重受損,溫義成帶他 12 歲姪子溫生傳投靠姐姐,而搬到下蓁仔尾,並勤奮工作,購置田產定居於此,至今溫家已繁衍成一在地大家族。

圖 2-8　下蓁仔尾庄 1950 年左右各姓氏居屋分布

資料來源:筆者耆老訪問、現場定位、統計製圖。

---

〔註30〕泉州趙宋南外宗正司研究會編,《南外天源趙氏族譜》,頁 59。
〔註31〕也因趙黃兩家在原鄉這段歷史淵源,故大肚曾有祖輩交代「趙黃不通婚」,但目前已不存在此禁忌。

　　由圖 2-8 顯示下藔仔尾庄在 1960 年左右，庄內各姓氏居屋分布狀況圖，由幾位耆老所提供資訊，筆者實地以 Google Maps 定位座標統計的 115 個各姓氏居屋分布，可看出趙姓還是佔多數且較集中於三個聚落，其他姓氏自成小聚落或融入趙姓聚落中。

### （二）婚姻融入

　　人類學家視婚姻為一種社會結合，婚姻創造並維持了社會關係，它創造、再造、並維持更大的社會團體，婚姻的實踐，使人們超越了「我們」與「他們」的狹義觀念，並在更大群體中創造關聯與親緣，婚姻帶來親屬的文化關聯性，讓不同時期、不同背景的社區居民融為一體，這是一段有意義、複雜的、互動的，長期的歷史過程的「結晶」和「縮影」，既是血緣，也是地緣關係的融合。

　　傳統臺灣社會的婚姻形式大致上有：嫁娶婚、招贅婚、媳婦仔婚、招夫等，這些不同形式的婚姻，在傳統下藔仔尾庄因當年的生活條件，都相當普遍，這也是很多姓氏家庭融入地方的形式，依傳統習俗所存在之婚姻形式如下。

　　1. 嫁娶婚：較正式及普遍的婚姻方式，由男方家庭依傳統禮儀，找媒人作媒，行提親、說親、問八字、小定、大定、完聘，送日頭、迎親等程序，男方須備聘金、聘禮、喜餅等送女方，並大宴賓客，因此花費大，一般經濟較好家庭都選擇嫁娶婚，婚後女方住男方家庭，子女從父姓。

　　2. 招贅婚：從妻居，招贅、入贅婚，為婚姻模式一種。通常是有資產人家，未出男丁，長女招贅以繼承家族香煙，男子如同古代女子出嫁般，成為女方家庭成員，視岳父母為父母。入贅的男子稱贅夫、贅婿，俗稱為姑爺、「上門女婿」，通常子女依約定姓，或長子隨母姓其他子女隨父姓（臺語俗稱抽豬母稅），昔日經濟較弱勢家庭的老實勤奮男子，是很好的招贅對象，入贅婿在女方家庭，通常較沒有發言權。

　　3. 招夫：接腳夫，婦人的丈夫死亡後，自外招來共同主持家計的男性同居人的一種婚姻模式；會出現招接腳夫的情況，主要是剛痛失丈夫（夫為家中獨子或丈夫的妹妹還年幼未及招贅）的寡婦，既沒有謀生能力，但無法就這麼拋下年邁的公婆、年幼的孩子自行改嫁，那便只好招一位男子到家（夫家）中，與其結為夫妻生活，這是以前臺灣民間，為了填補家庭勞動力喪失，導致生活困難，迫於無奈下的折衷辦法，當時的夫家也接受這種無奈安排，但這位招入的接腳夫，如果妻子先過世，而原來兒子也已成人，往往會被逐出這家庭，在

耆老訪談中，就有家族其祖先就是被逐出的接腳夫，後來被逐出自立再娶另成家的例子。

4. 媳婦仔婚：童養媳，也是為中國傳統及臺灣舊日的婚姻習俗之一，通常是把未成年的女孩送養或賣到另一個家庭，由該家庭撫養，長大後與該家庭的兒子結為夫妻，儀式從簡，俗稱送做堆，年夜飯通常也是送作堆的好時機；如未婚夫於圓婚前就去世，或未婚夫不願意和童養媳圓房，婆家可能會容許童養媳改嫁，或送回娘家，有些則會正式收為養女，視為女兒看待。

筆者從家中長輩口述及戶籍謄本得知，內祖母是童養媳（但戶籍謄本未登錄），原生家庭住蓉仔庄（今成功里），七歲前後父母雙亡，三姊妹都被分送至不同家庭為童養媳，她原被內定與收養家庭趙家長子送作堆，但後來長子另娶，她就被另安排與次子送作推，但因童養媳身分，終生不得夫婿喜歡，在家中也沒地位，抑鬱早終；筆者外祖母也是童養媳，故事更為曲折，戶籍謄本記載，她原生家庭姓江，未滿三歲就被趙姓家庭收為「媳婦仔」，但17歲時，不知甚麼原因，沒與趙家兒子送作推，卻改戶籍登記由「媳婦仔」改為「養女」，嫁了廖姓丈夫，後來廖姓丈夫死了，又帶了一個廖姓兒子改嫁給賴姓丈夫，又為賴家生了一子四女，由此也可知當年臺灣移民社會，生活的艱難，與先民面對困苦環境的求生之道。

根據耆老訪談及各家族歷史觀察，居住下蓉仔尾庄趙姓以外較大的家族，因婚姻關係而遷入者，他們遷入時間或有不同，但有如下情況。

1. 被趙家招夫：據耆老賴水景，祖先來自福建省平和縣心田村，入墾臺灣先住臺中北屯區賴厝廓，他曾祖父兩兄弟由臺中北屯區賴厝廓遷居大肚下蓉仔尾庄，但曾叔祖父一房，已都移出大肚，賴水景一房大都還住下蓉仔尾庄，也一直與趙家互有婚嫁，賴水景太太就是本村趙姓。

耆老賴水景自述，他祖母先嫁趙姓人家，夫死再招夫嫁賴姓祖父，賴家現住厝地原也屬趙家，祖母在世時，教育兒孫要與趙姓人士相親近，跟鄰里趙姓宗親，照她原配丈夫輩分稱呼，這是老太太的智慧，她知道自己夫死，雖丈夫留有田產，但沒青壯男人農作，為了維繫家中生活，養育子女、奉養翁姑，不得不招夫，再婚所生賴姓子女，要融入這差序格局環境，就必須與趙姓「攀親帶故」，甚至子孫再與趙姓以婚姻結合融入（賴水景就娶前村長趙天旺女兒為妻），這樣的生活智慧，無形中也慢慢打破了保守血緣單姓村的「差序格局」。

2. 被趙家招贅：賴水景說明大竹圍聚落（現文昌路以北）一直丁口旺盛，所以招贅情況較少，但現在文昌路以南（文塾聚落）家庭一直多生女兒，所以招贅婚多，也因此其他姓氏入住較多，這也提供了打破庄內趙姓「差序格局」的條件。

文祠盧帆家族，其父親姓盧入贅趙家，母親生趙船兄弟倆人（應是抽豬母稅），及盧帆兄弟倆人，後來父死母親再嫁賴姓丈夫，生賴姓兄弟倆人，老太太很有智慧，生六子都以跟船有關命名：如船、帆、錠、圍、桿等；盧帆大正5（1916 年）畢業於臺灣總督府工業講習所（今臺北科大前身），娶了汴仔頭蔡勝記商號創辦人蔡燦雲女兒，是庄內知識菁英及意見領袖。

3. 夫死攜子改嫁下藔仔尾庄趙家：文祠劉家（劉連珍家族），祖母原住茄投庄，夫死帶三子嫁至趙家，再生趙姓兩兄弟，而繁衍趙、劉兩姓後代。

4. 娶趙氏女就近安家：臺糖農場邊張上苑家族，張上苑出身員林望族，父親為前清秀才，到大肚糖廠農場任職，娶下藔仔尾庄趙木之女為妻，而定居大肚，生九子一女都各有成就，張上苑曾任日治時大肚庄協議會員及光復後第一任村長，但其後代大多已遷居外地。

5. 夫死回娘家改嫁：磺溪商姓家族祖父原住水裡港，喪偶後攜一幼子至下藔仔尾庄與趙姓婦女結婚，此趙姓婦女原外嫁徐姓丈夫，喪偶後帶一徐姓幼子回下藔仔尾庄，兩人成婚後定居下藔仔尾庄趙家附近；後來徐姓兒子成年後，入贅彰化，商家則已在地繁衍 4～5 代，人丁茂盛，已成下藔仔尾大家族。

從以上幾個家族先後遷入並融入下藔尾仔庄的例子，可以看出這村莊慢慢由傳統的單姓「血緣社會」，逐漸轉變成了多姓「地緣社會」；更有很多家庭在大正元（1912）年左右，因塗葛堀大水災而依親遷入，這樣的族群融合，除了先民智慧之外，也跟日治政府建立了法治社會，國家公權力解決了日常族群間小衝突累積而成族群大械鬥的可能，灌溉埤圳也由日治政府收買成為公共埤圳，建立了明確的管理規則，化解了埤圳上下游的爭水糾紛，聚落之間不必靠武力防衛或自衛，莿竹圍只剩防風、防盜功能，聚落、族群之間的藩籬撤除了，讓融合更加容易了。

## 三、由單姓村融合為多姓村

經由長期的接納同鄉、依親、婚姻及其他因素的融合，居民的姓氏結構也慢慢地改變，從下表可看其趨勢。

表 2-4　礦溪村歷年各姓氏人口統計表

| 年度 | 趙 | 陳 | 黃 | 賴 | 鄭 | 王 | 張 | 其他 | 趙% | 合計 |
|---|---|---|---|---|---|---|---|---|---|---|
| 1945 | 698 | 156 | 60 | 52 | 45 | 43 | 40 | 184 | 54.6 | 1278 |
| 1993 | 661 | 307 | 116 | 47 | 84 | 53 | 52 | 474 | 36.8 | 1794 |
| 2020 | 474 | 365 | 127 | 37 | 42 | 53 | 88 | 791 | 23.9 | 1977 |

資料來源：筆者根據洪敏麟《大肚鄉誌》及大肚戶政事務所 2020 年 6 月人口統計資料制表。

　　從趙姓祖先雍正、乾隆初年入墾大肚聚族而居，到 1945 年趙姓在原「下蔡仔尾庄」（今礦溪里），人口仍佔 50%以上。但 1993 統計，趙姓占比已降至 36.8%，2020 統計，占比進一步降至 23.9%，趙姓總人口數也持續下降，但根據內政部臺灣總人口統計，1946 年 6,090,860，1993 年 20,995,416，這期間臺灣人口大幅成長達 244%，但礦溪里人口僅成長 40.4%，明顯落後，趙姓戶籍登記人口反而下降 37 人，降幅 5.3%，經觀察這段期間出生的人，都有 4～6 個兄弟姊妹，再觀察趙姓各家庭人口繁衍情況，顯然趙姓沒有發生人口自然減少的情況，尤其自 1993 年至 2020 年 27 年間，戶籍登錄趙姓總人口數也持續下降，應有其他因素驅使這一人口變化，經現場走訪、觀察及分析。

　　總結趙姓總人口數及占比下降原因如下：

　　（一）因舊聚落老舊房屋無法改建，致人口外移：趙家祖厝大部分未辦房產分割繼承，房地仍為眾多繼承人共同共有，因此自大肚都市計畫於 63 年 2 月公布實施後，所有舊聚落房屋，因無法取得所有土地所有權人同意，而無法改建，導致居住空間狹小，機能又不佳，甚至崩塌無人照料，現住人紛紛移居其他村里或市區，以趙丑子孫聚落為例，目前登錄合法繼承人超過 500 人，但現住不超過 10 戶，這也是臺灣農村舊聚落的普遍問題，亟待政府提出合理可行改建更新方案。

　　（二）年輕世代，因升學、就業等原因，而移居北部都會區或臺灣其他都市，也有出國升學而移民日本或歐美。

　　（三）大肚相對較偏僻，生活及教育資源較缺，為追求較好家庭生活機能或為子女就學，而移居附近都市或城鎮。

　　（四）舊聚落周邊原來農地，因都市計畫劃分為住宅區，建商建設為住宅出售，因房價不高，吸引外地人口購買入住，而入籍為礦溪村民，移入人口增加，降低原住人口比例。

　　早期臺灣先民渡臺時，在異域謀生不易，因此在社會群體關係上，同祖籍、同血緣聚族而居，有很強的祖籍血緣分類意識，落地生根，生活穩定後，轉型「土著化」，這時因生活互助互動，遠親不如近鄰，產生新的臺灣本地地緣認同意識，在這地緣認同意識的整合過程，有兩個基本主導力量，「一方面是藉著地方寺廟神信仰祭祀圈的融合作用，一方面則是地方血緣宗族組織的建立和發展。」

　　下藔仔尾庄因上述先民的智慧與機緣，由同姓血緣結合宗族組織的建立和發展，再加福興宮祭祀圈共同神明信仰的融合作用，又逐漸因婚姻融合，社區意識的建立，慢慢建立了在地認同，近年社區發展協會的建立及社區老人會，社區關懷據點的成立，都是居民認同在地，建立社區共同意識的結果，從下表礦溪村（里）歷屆地方當選人名單，趙姓及其他姓氏當選年代及人數變化，可看出地方由血緣關係轉為地緣關係，選民不以姓氏為選舉時考量因素。

表 2-5　礦溪村歷屆地方自治當選人

| 屆別 | 任期 | 鄉民代表 | 村里長 | 備　註 |
|---|---|---|---|---|
| 1 | 194603～194804 | 趙條松 | 張上苑 | 代表村選出 |
| 2 | 194804～195011 | 趙金本 | 趙維孝 | 〃 |
| 3 | 195011～195212 | 趙金本，趙秋益 | 趙維孝 | 〃 |
| 4 | 195212～195505 | 趙秋益 | 趙維孝 | 〃 |
| 5 | 195506～195805 | 趙天井 | 趙思座 | 〃 |
| 6 | 195806～196105 | 趙朝專 | 趙天旺 | 〃 |
| 7 | 196106～196405 | 陳炳華、陳深厚、陳繼宗 | 趙天旺 | 代表選區選出 |
| 8 | 196406～196805 | 陳炳華、陳深厚、趙朝專 | 趙文顯 | 〃 |
| 9 | 196806～197211 | 陳炳華、陳繼宗、趙朝專 | 趙春記 | 〃 |
| 10 | 197211～197807 | 陳繼宗、張坤讚 | 陳萬來 | 〃 |
| 11 | 197808～198207 | 陳繼宗、張明錦 | 黃武東 | 〃 |
| 12 | 198208～198608 | 趙令北、陳文 | 商茂欽 | 〃 |
| 13 | 198608～199007 | 陳文、陳燈輝 | 商茂欽 | 〃 |
| 14 | 199008～199407 | 陳文、趙進益 | 陳瑞淇 | 〃 |
| 15 | 199408～199807 | 高大順 | 陳瑞淇 | 〃 |

| 16 | 199808～200207 | 高大順 | 黃筆章 | 〃 |
|---|---|---|---|---|
| 17 | 200208～200607 | 高大順 | 陳瑞淇 | 〃 |
| 18 | 200608～201012 | 陳萬吉 | 趙武雄 | 〃 |
| 1 | 201012～201412 | | 趙武雄 | 2010 年改直轄市 |
| 2 | 201412～201812 | | 趙武雄 | |
| 3 | 201812～ | | 趙武雄 | |

資料來源：筆者擷取大肚鄉公所《臺中縣大肚鄉地方自治發展史》及訪問耆老整理製表。

## 第三節　傳統村莊的社會互動格局

婚姻、親屬、五倫建立起了人際關係，法律制度、規章規約建立起國家、社會遵循權利義務、責任賞罰等規則，這些都是有形的，講得出口的；但是社會的運作關係，卻有一套無形的潛規則，不見諸文字，無人司其賞罰，但卻如同日月星辰的運行，四季的規則嬗遞，真實存在而大部分在這社會群體中的人，卻時時感受到它的存在，而又能遵行不逾，這是一種社會互動、人際相處的「責任」「態度」，俗語「富在深山有遠親　窮在鬧市無人問」，就是真實的寫照，費孝通稱之為「社會格局」。

### 一、中國傳統社會的差序格局

費孝通在《鄉土中國　生育制度》，對於傳統中國社會的「差序格局」有如下的定義，他認為中國傳統的社會結構本身和西洋的格局是不相同的，我們的格局不是一捆一捆扎清楚的柴，而是好像把一塊石頭丟在水面上所發生的一圈圈推出去的波紋，每個人都是他社會影響所推出去的波紋的中心，被圈子的波紋所推及的就發生聯繫。每個人在某一個時間某一個地點所動用的圈子是不一定相同的，費孝通認為因為在一個安居的鄉土社會，每一個人可以在土地上自食其力地生活，只在偶然的和臨時的非常狀態中才感覺到夥伴的需要，這才形成同心圓式的「差序格局」，他認為差序格局被一種道德要素維持著，對親子或同胞相配的道德要素是「孝和悌」，對朋友相配的是「忠信」，他並舉孔子曾總結說：「弟子入則孝，出則悌，謹而信、泛愛眾，而親仁。」〔註32〕但是他又指出「中國傳統不容易找到個人對團體的道德要素，差序格局是由無數

〔註32〕費孝通，《鄉土中國　生育制度　鄉土重建》，頁34。

私人關係搭成的網絡，所以中國的道德和法律，都因之得看所施的對象和自己的關係而加以程度上的伸縮。」〔註 33〕他觀察到中國傳統農村是一個男女有別、以禮治維持秩序、無訟、無為、長老統治、變化較慢的社會。

圖 2-9　差序格局

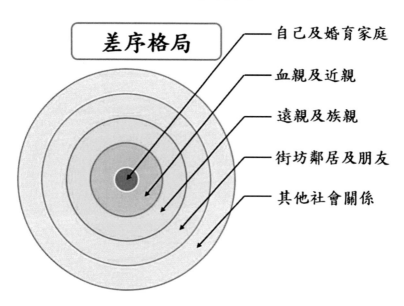

資料來源：筆者參考費孝通《鄉土中國　生育制度　鄉土重建》說明製表。

　　在傳統中國南方村莊，每一家以自己的地位作中心，周圍畫出一個圈子，這個圈子是「街坊」。有喜事要請喝喜酒，生了孩子要送紅蛋，有喪事要出來助殮、抬棺材，沒白紙黑字的規則，但依習俗、慣習，還是互相的「陪對」，會流暢自然的運作，它是生活上的自然運作機制。但這不是一個固定的團體，而是一個範圍。範圍的大小也要依著中心的勢力厚薄而定。有勢力的人家的街坊可以遍及全村、全鄉，故舊滿天下，窮苦人家的街坊則只是比鄰的兩三家。

　　我們社會中最重要的親屬關係就是這種丟石頭形成同心圓波紋的性質，親屬關係是根據「生育」和「婚姻」事實所發生的社會關係，從生育和婚姻所結成的網路，可以一直推出去包括無窮的人，過去的、現在的和未來的人物；我們俗語裡有「一表三千里」，就是這個意思，其實「三千里」也不過指其廣袤的意思而已，這個網路像個

〔註 33〕費孝通，《鄉土中國　生育制度　鄉土重建》，頁 36。

蜘蛛的網，有一個中心，就是自己，我們每個人都有這麼一個以親
屬關係布出去的網，但是沒有一個網所罩住的人是相同的，在一個
社會裡的人可以用同一個體系來記認他們的親屬，所同的只是這體
系罷了；體系是抽象的格局，或是範疇性的有關概念，當我們用這
體系來認取具體的親親戚戚時，各人所認的就不同了，我們在親屬
體系裡都有父母，可是我的父母卻不是你的父母，再進一步說，天
下沒有兩個人所認取的親屬可以完全相同的，兄弟兩人固然有相同
的父母了，但是各人有各人的妻子兒女。因之，以親屬關係所聯繫
成的社會關係的網路來說，是個別的，每一個網路有個 "己"作為中
心，各個網路的中心都不同。〔註34〕

費孝通說明了傳統社會的差序格局，每一個個人以「己」為中心，再以生
育和婚姻結成的網絡，向外水波紋般層層向外連結，這連結的強度與範圍，因
個人條件而不同，自有取捨。

儒家最考究的是人倫，倫是什麼呢？我的解釋就是從自己推出去的
和自己發生社會關係的那一群人裡所發生的一輪輪波紋的差序。《釋
名》於倫字下也說「倫也，水文相次有倫理也」。〔註35〕

費孝通在鄉土中國的鄉土社會所觀察到這樣的差序格局，我們先民入墾
臺灣後，在新環境中，為了安全自保求生存，所建立的社會秩序，也很明顯
具有「差序格局」的特性，血緣的有無，決定親疏之別，這是社會無形而隱
晦的規律；大肚五庄都是同祖籍、同宗族、同血緣的趙姓聚族集居村落，在
昔日社會鄰里間，有無血緣成為很重要的社會關係與身分識別，生活上的互
助扶持，遇外力時的同心向外，對內資源的分享，都以「差序格局」作為基
本運作規則。

## 二、下蔡仔尾庄的差序格局

但在先民入墾臺灣後的傳統農業社會中，生活所需的土地及自然資源有
限，開發有其限制無法創造，自然災害又是無法預測、無法抗拒，臺灣清代吏
治不彰，民變、族群械鬥又頻仍，為了生活保障，必須彼此依附，因此以儒家
傳統倫理及神靈信仰為中心，以「我」為中心的「擴大家庭」為單位，而形成

---

〔註34〕費孝通，《鄉土中國 生育制度 鄉土重建》，頁26。
〔註35〕費孝通，《鄉土中國 生育制度 鄉土重建》，頁27。

「差序格局」，這「差序格局」甚至較費孝通所觀察的江南「開弦弓村」有較強的內聚力，有其需要，而且特色更鮮明。

舊日的下藔仔尾庄，先民入墾後，因原鄉生活習俗及彼此間的血緣親疏關係，一方面因彼此居住空間分了遠近，又因：1. 血緣、2. 地緣、3. 經濟水準、4. 性別、5. 政治地位、6. 知識文化水準等因素，而形成了差序格局，趙姓族人在這裡是優勢族群，適耕田地入墾後即率先擁有，所以大都擁有繼承自祖先的田產，生活較安定，親族間見面都會以字輩排序稱呼，同輩依年齡稱兄呼弟，「論輩不論歲」，年長者稱年輕者，該是叔叔或叔公照輩分稱呼；但是見到異姓人氏，一般就以年歲別，稱兄弟，如年紀差很大則稱伯稱叔，一般很少稱叔公，這成了社會的潛規則。

但就是在一個舊日的差序格局社會，單憑血緣並不能決定一切，又會因各家經濟水準、家長政治地位、知識文化水準的不同，還是另有無形的差序，這套潛規則也符合了費孝通：「範圍的大小也要依著中心的勢力厚薄而定。有勢力的人家的街坊可以遍及全村，窮苦人家的街坊只是比鄰的兩三家。」〔註36〕

在昔日喪禮辦理過程中，從死者往生後，庄內自動過來協助喪禮準備工作的動員人數、參加喪禮的親族人數、送葬行列的長短，最能看出喪家在經濟、政治地位、知識文化水準等社會影響力的波紋強度，筆者童年生活觀察中，見到村中偶有弱勢家庭，送葬時的冷清行列，心中往往有世態炎涼的感觸。

而住在「下藔仔尾」的非趙姓居民，在這集村當中，昔日被稱為「外字姓」，經訪問黃、劉、盧、溫、張、鄭、賴、商等較大姓耆老，追溯他們祖先定居「下藔仔尾」原因，各有不同，當中很多家庭因塗葛堀港大正元年水災，避洪水而逃難到下藔仔尾庄；至於遷入此單姓村之因緣，也各有不同，有因天災投靠出嫁到下藔仔尾庄的姐姐而移居下藔仔尾庄者，有到下藔仔尾庄租屋暫住慢慢定居；有先人因妻死而被趙家寡婦招夫而定居下藔仔尾庄，也有到本村打零工，因誠實又認真工作而被無男丁家庭招贅，也有家庭後人的不明原因於 100～150 年前移居下藔仔尾庄，因此前後有不同姓氏人士由外地因各種原因，進入本村居住，年月一久，這批人進一步又與趙姓家庭聯姻，漸漸融入並參與地

〔註36〕費孝通，《鄉土中國　生育制度　鄉土重建》，頁 027。

方社會活動，甚至成為地方領導人。〔註 37〕

　　在地方事務的決策，也很明顯地呈現「差序格局」，1915 年前後，村廟福興宮管理人還是趙明安、趙來父子傳承，〔註 38〕另以一份日治初期，明治 35（1902）年 3 月 3 日，臨時臺灣土地調查局大肚下堡出張所所長事務官小林三郎，發文請求民政長官兼土地調查局局長後藤新平褒獎大肚區街庄長趙壁、委員趙從明、委員補助趙維英、趙從周，名單中敘獎的大肚街庄長、委員、委員候補，全部為趙姓人士（圖 2-7、2-8），可見日治初期，趙姓在大肚街庄行政管理仍然維持優勢地位。

圖 2-10　土地調查局派出所稟請褒獎街庄長及委員

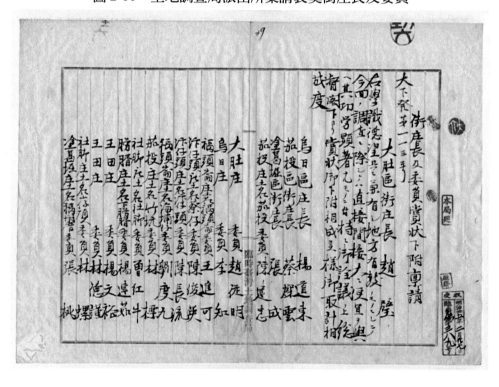

〔註 37〕昭和五年十月一日臺中州報 607 號，張上苑被任命為大肚庄協議會員，同屆
　　　　並無趙姓人士，而張上苑是趙木女婿。
〔註 38〕臺中市政府文化局，《臺中州大甲郡寺廟臺帳 5》（臺中：臺中學資料庫，1915
　　　　年 & 1930 年）頁。頁 181～189。

—96—

圖 2-11　土地調查局派出所稟請褒獎街庄長及委員

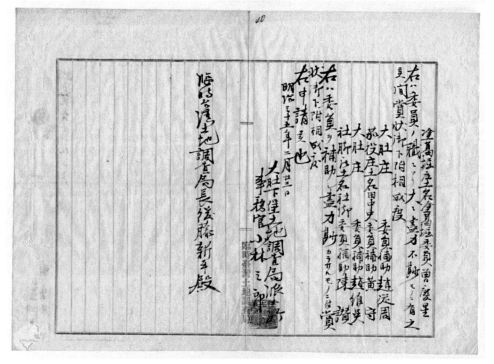

資料來源：〈街庄長、委員補助趙璧外二十三名賞狀授與ノ件、大肚下堡派出所事務官
　　　　　內申〉《臺灣總督府公文類纂》（1902 年 3 月），國史館臺灣文獻館，典藏
　　　　　號：00004362005。

# 第四節　格局轉型與「權益導向互動格局」的形成

## 一、臺灣的社會互動格局轉型

　　隨著時間的推移，清領時期傳統的社會格局，在 1895 年日本領臺後，整
個社會面臨一個大改變，日人在臺灣辦理埤圳調查、土地調查、林野調查、戶
口普查、舊慣調查等，清理臺灣社會資源之存量與所有權歸屬，跟著制定了完
備的法令規章，以法治臺，日人以警察配合行政治理深入每一村里，從生產的
水利灌溉、種子育苗、肥料配銷到農產的生產數量、價格，完全掌控。

　　這政經體制的轉換，衝擊了社會結構，使得社會互動格局也因而逐步發生
質變，主要的轉變是社會由封閉轉向開放，人民視野由保守轉向開創，人民的
接觸互動範圍由固定疆界向外拓展延伸，分析其原因及轉型方向如下。

（一）傳統的人治轉為法治社會，資源取得方式有一定透明的法制運作規則，不是靠關係而是依法取得；農業生產因水利秩序的建立，灌溉埤圳公共化，進而水利組合法人化，以及種子及農業技術的改進而增產，得以發揮地力，增產農作；同時生活所需資源的取得由零合體系封閉、自給自足、變動小的環境，因技術及科技創新，逐漸轉變為資源及生產方式可創新，甚至藉由跨區域、跨國際的商業貿易互通有無，創造比較利益而增進生活福祉。

（二）社會關係由競爭變成競合，交通發達使得人際連結不再受地緣空間限制，可以往外拓展連結，人際因更多的溝通、互相理解，而更有同理心，人際關係不以血緣的有無，地緣的遠近決定，往往以利益權衡決定親疏交往關係。

（三）村莊內部以村廟為中心，形成一個祭祀圈融合組織，以神明信仰來結合與組織地方人群，讓不同姓氏、不同祖籍的人群，在共同神明信仰與各項祭祀活動儀式參與下，逐漸融為一體，而建立祭祀圈內共同生活記憶。

（四）社群的參與更多元化，人際溝通連結管道更多了，本土的、國際的，公益的、自利的，助人的、互助的，益智的、休閒的，各種社團、社群，提供了人們依自己意願，依生涯期的不同，可以自由選擇參與的機會，每個人依其年齡、身分，可以選擇自己的投入可以得到最大效益滿足的社群或社團。

## 二、發展中的「權益導向互動格局」

今天的臺灣社會，人民長期生活安定，經濟持續穩定發展，不再受限於封閉海島，而發展出外向型的高附加價值全球化經濟，整個社會已擺脫了為了生存安全、三餐溫飽而競爭，必須相同血緣、地緣聚族同居，互助防衛的封閉社會；所以過去封閉體系的「差序格局」社會，已不再適用於現在的臺灣社會，筆者親歷並長期觀察臺灣社會，試著以如圖 2-12 之模式來說明，並就其特性，名之為「權益導向互動格局」。

圖 2-12　權益導向互動格局

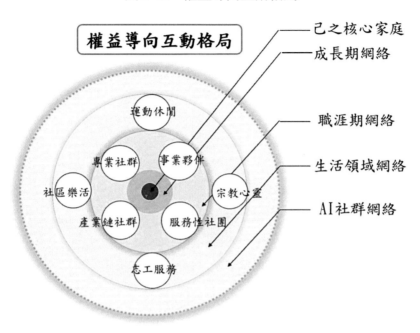

資料來源：筆者比較費孝通差序格局，再長期觀察臺灣社會生活文化<br>　　　　　變遷，個人實際參與各種不同性質社團，檢討其組織成立<br>　　　　　宗旨及會員參與目的、組織目標及活動參與度等不同因素，<br>　　　　　所建構繪圖。

　　臺灣的現代的社會互動格局，已發展成「權益導向互動格局」，這是一個向外輻射的同心圓圈，每一圈中又有各獨立的圓，這些獨立的圓代表一個「社群」，與核心（自己）的距離代表利益權重，越接近核心代表「自己」越重視，解析如下。

### （一）個人及家庭為格局核心

整個格局核心是個人及其直系家庭成員，家庭類型屬於：

　　核心家庭——核心家庭是由父母及其所生子女，或正式收養的子女所組成的家庭；又稱為自然家庭、基本家庭或小家庭，係以生物學為基礎的家庭單位。從子女的角度觀之，此一家庭係其血親家庭，也是他／她的出生家庭；從子女之父母，及夫妻的角度觀之，此一家庭係配偶家庭，也是其生育家庭。核心家庭的最大特色就是不能長久，父母過世之後，出生家庭就不存在了。〔註39〕

〔註39〕許美瑞、阮昌銳，《家庭人類學》，頁183。

　　更精準地說，這個核心家庭甚至不包括其分居的父母（現代社會，子女對父母是有限責任的撫養）及成家後的兄弟姊妹，所有核心家庭成員共同創造、共同分享財富及資源，共同承擔面對的風險，其財產及權益的繼承依法律為「雙系繼承」，但一般父母還是存有「重男輕女」思維，生前會做大部分財產移轉分配，總是以贈與、保險受益等各種方式，將較大比例不動產或投資留給男兒，但家庭香火傳承，如：祖先祭祀、祖墳祭掃，依傳統也還是以男性為主，但慢慢很多年輕家庭已不供奉祖先牌位，取而代之是付費送至佛堂祭拜了，所以「嬰兒潮世代」〔註40〕將可能會是以傳統思維對待尊長的最後一代，也可能會是被子女以新社會相處模式對待的第一代。

　　在現代化過程中，傳統的「擴大家庭」快速式微，家庭單位已縮小成基本的「核心家庭」，而隨著家庭結構的改變與工商業的發展、科技的進步、法令的修改，整個社會結構也改變了，社會的互動也由「差序格局」轉變為「權益導向互動格局」。

## （二）隨生涯期調整的格局圈

　　在「權益導向互動格局」的核心外圍，隨著個人的職涯及價值觀的不同，而大圈套小圈往外推出去，較內圈是利益攸關權重較高，連結較緊密的群體圈，在外圈則是利益攸關權重較低，連結相對較鬆散的群體圈，但這權重及連結的緊密度，隨個人生涯發展期的不同而自行動態調整。

　　1. 成長期網絡，一個人的童年，最緊密連結的是父母、祖父母，伯叔阿姨及他們的小孩，父親同學、同事的小孩等，隨著年齡慢慢成長，小學、中學階段，他會認識同班同學，同校或補習班、才藝班同學，慢慢會有網路社群朋友，到了大學，他會增加了社團活動朋友，他會有不同社群的朋友，只要志同道合、興趣相同，他跟同學或社團朋友的連結緊密度，甚至會超過親兄弟、親戚，這差序已不是傳統社會的血緣、地緣所決定，而是依個人學習或生活領域而自我決定或自然形成，它的決定取決於自我權益（Stake）導向。

　　2. 職涯領域網絡，離開學校，進入職場之後，這時主要是「職涯領域網絡」，每個人的連結格局有更具選擇性了，在這裡用「選擇性」因為在這個階段，每個人可以依自己的需要或興趣，而參與自己公司的同事社群或不同公會、社團，可以是「事業夥伴聯誼團體」如：公司內同仁的球隊、登山會、讀書會等，「專業社群」如：同業公會、醫師公會等，「供應鏈社群」如：上、下

〔註40〕指二戰後復原期，大量出生的嬰兒，臺灣約自政府遷臺後1951～1970年。

游供應商、經銷商組成高爾夫球隊，供應商、經銷商定期餐會等，「服務性社群」如：國際扶輪社、國際獅子會、國際同濟會、國際青商會、國際崇她社等社團，參加這些社群可以認識更多業界精英，增加自己跨領域的人脈，同時服務社會達到自我成就，現在的社會期待企業要善盡「企業社會責任」（Corporate Social Responsibility，簡稱 CSR），配合社團做服務也可盡企業的社會責任，提升企業形象；這階段每個人選擇參與的社群網絡連結，「利益收關」會重於「興趣或回饋社會」，當然還是會很多人在這階段與宗教、休閒或服務有很深的投入與連結。

3. 生活領域網絡，在這領域有更多選擇，它可以是參與運動休閒、志工服務、宗教心靈、社區樂活等社團，可以依個人性向、興趣而有非常自主、彈性的選擇，這種社團的參與也沒有很強的規則限制，完全是自由選擇，自主投入，成員間的連結一般比較鬆散。

### （三）無疆界的人際連結互動

而時至今日，受西方文化及生活影響的臺灣等地，社會運作格局也有了很大的改變，人際連結更可無疆界跨地域空間連結，今天幾乎每個年輕人的世界，都有異國朋友，他們互相連結，交換訊息，提出自己對各種時事或議題的看法，因為翻譯軟體的普及，語言也不再是溝通障礙了。

今天的臺灣社會，融合了傳統與現代，東方與西方，並因為所處時空環境的變化而動態變化，人際互動也產生了質變，尤其通訊科技的進步，使得人際連結也不受地緣空間限制，筆者經由觀察、研究，臺灣社會已由「差序格局」（the Pattern of Differential Sequence）逐漸轉為「權益導向互動格局」（The Pattern of Stake Oriented Sequence），血緣、地緣所形成的為了自衛或求生的差序格局，已完全不見了，這隔閡的消除與互動格局的轉變，有利於建構和諧社區與城鄉新夥伴關係。

這互動格局的轉變是逐漸發生的，轉變的驅動力雖會受外界潮流及環境改變，但卻是個人內在、自發，而且動態可變，表現出來的轉變，總是朝著「自己」認為在效益或興趣最大化的準則下，自己並得以選擇其參與及互動的強度。

## 三、動態發展的社會格局互動

人群居於社會，藉由各種媒介與外界互動，文化、法令、制度、世代風

潮都會改變人群的互動格局，但時至今日，科技更扮演最重要的角色，我們由先民在臺入墾定居後的歷史，了解在資源有限，互助自衛的時期，原鄉傳統的「差序格局」被帶入臺灣，有效的維持臺灣的社會運作，在親疏有別、長幼有序、貧富差等、男尊女卑的前提下，社會長期穩定的互動運作，但這穩定條件，受到外界政治、經濟、交通、社會思潮、文化、科技等變化的衝擊，一發生變化就產生連鎖效應，而且將持續動態變化，「差序格局」轉向「權益導向互動格局」只是一個開端、一個過程，它將持續進行，本研究提供以下發展中的社會互動格局走向，讓後續研究者持續觀察社會脈動，期能掌握先機，甚至引領社會發展風潮。

表 2-6　差序格局與權益導向互動格局比較表

| 特　點 | 差序格局 | 權益導向互動格局 |
|---|---|---|
| 核心 | 己為中心、自我主義 | 己為中心、兼愛天下 |
| 次核心 | 家（擴大家庭、較大） | 家（核心家庭、較小） |
| 形成動機 | 利己、保障及取得生活資源 | 為共同創造資源及福祉 |
| 驅動力 | 倫理、家族傳承、經驗 | 信實、互惠、自我成就、創新 |
| 格局模式 | 水波式同心圓、差等 | 無邊界多重圓、權益導向 |
| 差序決定因素 | 血緣親疏、男尊女卑、父系繼嗣、經濟水準、政治地位、文化水準、地緣關係 | 權益導向、利益攸關、社區地緣、文化宗教、男女平等、職涯發展、生活興趣 |
| 格局調整 | 因素較固定 | 隨生涯各階段及權益攸關度而動態調整 |
| 宗教信仰 | 儀式、敬畏自然、對價酬神 | 敬畏自然、求神心安 |
| 社會治理力量 | 約定成俗、倫理規範、人治 | 規約章程、法令、法治 |
| 生活資源取得 | 體系封閉、自給自足、變動小 | 資源可創造、比較利益交換 |
| 疆界範圍 | 無形、依認知調整 | 有形、規約界定、可跨領域參予 |
| 人際連結 | 社區生活、聯姻、祭祀圈等互動 | 多元互動、利益權衡 |
| 外部競爭 | 直接競爭 | 互助競合 |
| 進出障礙 | 有 | 進出依自己意願且有規則可循 |

說明：本表為筆者比較費孝通差序格局，再長期觀察臺灣社會生活文化變遷，個人實
　　　際參與各種不同性質社團，檢討其組織成立宗旨及會員參與目的、組織目標及
　　　活動參與度等不同因素，所建構之格局模式，並發現參加者會依個人權益導向，
　　　而選擇加入、退出或調整其參與度，故命名為「權益導向互動格局」，做出兩者
　　　之比較表。

### （一）彈性自主調整格局圈

現在社會互動最有效的模式是經由社群，而參加社群的動機跟意願，也隨個人職涯或生涯規劃的不同階段而改變，在職業生涯的中段發展期以前，「職涯領域網絡」會優先於「生活領域網絡」，可能除了個人本職工作以外，會投入較多時間及精神去經營「職涯領域網絡」，較少時間或暫不經營「生活領域網絡」；但是到了職業生涯後期，事業有成之後，一般人就會花較多時間及精神在「生活領域網絡」的參與及連結；退休以後，很多人除了含飴弄孫之外，會花大部分時間在「生活領域網絡」的參與，當然鍾鼎山林各有天性，也有很多人在職業生涯黃金期，也積極參與「生活領域網絡」的經營與連結，很多人現在也做「斜槓人生」或「半農半Ｘ」的生涯規劃，讓個人的興趣或喜好與職涯結合。

### （二）掌握新連結互動成為未來贏家

時至今日，交通、通訊科技的進步，正引領社會互動格局很大的改變，人際可無疆界跨地域、跨空間連結，今天人類可以全球化、無時差的互動連結，交換訊息，分享自己對各種時事或議題的看法，因為翻譯軟體的普及，語言也不再是溝通障礙了，而科技更加速虛擬世界的連結內容，這個趨勢方興未艾，但可預見的是，未來的人際互動格局將更多元，如果差序格局是為了求生存、保障與獲取資源，那麼能引領、創造新互動格局的，就是未來贏家，而他將獲取無限空間內的資源，這也是正在世界上很多角落正在發生的。

# 小　結

先民渡臺初期的生活必然是艱辛的，在異域他鄉要謀取立足之地，因血緣、鄉緣互助聚族而居，向內團結自衛，向外爭取權益；為了家族的繁衍興盛，門當戶對的嫁娶聯姻、或為解決繼嗣、生活問題的各種方式聯姻，都是先民生活的必要選擇，也是歷史的一部分，今日存在的我們，就是昔日先民生活智慧、適者生存的成果；歷史要記錄，但我們的眼光則要不斷向前；差序格局是先民生活環境下，為生存或謀取較佳生活資源的互動模式，當環境、法制變了，社會互動格局也隨之轉變，轉變的方向，總是指向個人或自我群體最佳權益導向，本研究藉由長期觀察臺灣早期傳統社會的「差序格局」社會互動模式，觀察格局背後成因及動機，繼而對近年來，政治、經濟、科技、社會治理及商業

模式快速轉變下，臺灣社會如何調整互動格局，進而慢慢發展成「權益導向互動格局」，針對其特點、形成動機、驅動力、差序決定因素、格局調整因素等深入分析探討，希望建立一個環境動態變化下，隨時得以掌握社會潮流變化的動因，在社會互動的領域，得因勢利導，未來共同建立一個互利、和諧、永續的社會。

　　人在生活中，不斷地面臨問題與困難，也不斷地需要努力解決面臨的困難，但總有人力或人的聰明智慧無法解決的問題，先民面臨人力無法解決的困難，總是想到求助於無形的神靈、求神問卜，也因而有了祖先及神明崇拜、祠廟祭祀、神明繞境聯莊交陪等節慶；同時因慢慢社會安定了，人多問題也多了，需要建立村章規約，社會競爭不僅憑武力而需講道理，與官府打交道要文墨，粗通文墨成了地方領導人的必備條件，促成了文教社會的轉型及對子弟教育得重視，私塾乃至書院建設成了地方轉型的指標，大肚「下蔡仔尾庄」，也隨著社會的脈動，而一步一步的發展及轉型。

# 第三章　祭祀圈的形成與書院教育

　　先民渡海來臺時，面對一路凶險的無邊海洋，抵達斯土後又無時無刻不面對無情的風水天災，異域的疫病折磨，隨時有死神的召喚，無助時只能祈求隨身帶來的原鄉神明或香火保佑，又基於憐憫或敬畏避禍之心，對環境中，不幸遇難的無主亡靈，也多所禮敬，慢慢形成了各具地方特色的信仰；也常以地方祠廟為中心，尋求神力仲介，排解紛爭，共謀福祉，慢慢形成了祭祀圈、信仰圈，進而以神明跨庄遶境，促成民眾聯誼交陪，化戾氣致祥和，地方也由草莽爭鬥，慢慢轉成文治禮教，社會的轉型過程，一步一步形成。

## 第一節　境內廟宇及祭祀圈的形成

　　根據耆老口述及筆者原鄉探查，兩百八十年前先民入墾臺灣時，既要橫渡凶險難測的臺灣海峽，又將面對異域蠻荒的惡劣生存條件，心中自是惶恐不安，所以都是先到祠堂辭別祖先（辭公媽），甚至背著祖先神主牌，抱著有去無回的悲壯決心，再到廟裡求神明保佑，從家鄉攜帶神明香火或小神像隨身攜帶，沿途祝禱祈求神明、祖先保佑一路平安；在路程中，每傍晚時分到達一地，是否停下休息或繼續前行，都要擲筊問神，如此一路艱辛前行，到達異域目的地大肚後，又要面對臺灣的自然風、水、地震等災變，惡劣未開發環境的疫病侵襲，以及在地拍瀑拉族原住民對外來者的抗拒，先民入墾後，為求安度自然災變、對抗疾病、安頓孤獨無依心靈、防番的憑藉等多重功能，自然產生對原鄉神明、對在地自然神祇、對在地亡故先民神靈的崇拜信仰，信仰發展過程，又吸收在地養分由原鄉神信仰而逐漸信仰在地化。

下蓼仔尾庄境內有四座廟宇，並形成以庄內「福興宮」為中心之祭祀圈，但在原趙姓族人聚居的大肚五庄「大肚、莿仔內、崁子腳、下頭仔、下蓼仔尾」，又形成以「永和宮」媽祖廟為中心之「聯庄祭祀圈」，具體的說明了先民入墾及早期生活困難環境，乃至定居異鄉後，對神明、土地、陰靈的崇祀信仰發展，而文昌帝君信仰與磺溪書院的創建，則是形而上層面，於先民入墾生活安定之後，轉型文教、追求社會地位提升，打破社會階層限制的居民集體意志呈現。

## 一、境內廟宇及祠祀

### （一）福興宮

福興宮原來供奉蘇府王爺，據傳蘇府王爺為本庄內蘇姓家庭所供奉，後來又將趙姓家庭所供奉之玄天上帝二帝爺迎至福興宮，於主神二帝爺兩側有護法部將康元帥、趙元帥從侍左右；其他配祀神明，則是在第二次世界大戰爆發後，當時四月20庄迓媽祖時，南瑤宮四媽因大肚將有災難，降乩指示留在大肚庇佑民眾，而由彰化南瑤宮迎祀四媽至福興宮，同一時期，眾神明也紛紛降乩，要同鎮福興宮以解庄民之難，當時筆生趙朝專非常用心籌畫，於是陸續雕塑神尊，福興宮成為主祀蘇府千歲，八尊神（玄天上帝二帝爺、天上聖母、關聖帝君、觀音菩薩、池府千歲、包府千歲、城隍爺、西秦王爺）同鎮福興宮，不但護佑境內，同時神威遠播四方，盛極一時，這種地域性民間宗教信仰，為漢人移民社會的特殊發展，也是漢人在臺灣特殊的社會和歷史條件下發展出來的，信仰是開放包容的，而福興宮信徒也有很多非祭祀圈內人士，遠從各地慕名而來祭拜求神庇護。

### （二）磺溪書院

磺溪書院的前身稱為「西雝社」亦稱為「文昌會」，成立於嘉慶四（1799）年，原來應是移民落地生根、生活安定之後，地方一些文人與士紳的聯誼集會結社，這些地方領袖有感於該區的文教風氣尚嫌不足有待發揚，所以西雝社領袖趙光亨、楊占魁、趙順芳、趙璧等人，在不同時期，先供奉五文昌帝君，並倡議興建「磺溪書院」，後於趙順芳之子秀才趙璧主持下，於光緒16（1890）年竣工，廣招大肚下堡地區的學子，作育英才。

乙未戰爭時，近衛師團長北白川宮能久親王於1895年8月26日駐蹕於磺溪書院，日本據臺後，先充當大肚辦務署辦公室，再於1899年成立大肚公學校於此，日治政府並指定為御遺跡，後經二戰砲火襲擊，八七水災漫淹而傾

頹，幸有地方有識之士奔走爭取，經政府指定為古蹟並撥款修復，每年農曆二月三日，文昌帝君誕辰，依例由爐主主持誕辰祭典，祭典儀式一直傳承至今，參加人員，則除了地方信徒以外，地方各級學校都會安排學生參加，每至考季，各地考生求帝君庇佑，香火不斷。

### （三）茄苳媽廟

根據廟方提供之《大肚磺溪茄苳聖媽廟沿革》內容所載，「茄苳媽陳雪娘，生於清朝雍正七年「西元 1729 年」，至今（2021 年）已有 292 年歷史，雖生年賽惡遭逢亂世，為匪徒殺害淪為水流屍，但死後佑庇地方，迭有神蹟，託夢信徒執事，訴說來由，並現影像雕為神像，受萬民膜拜景仰，連同其他合葬無主無名屍骸，共享香煙祭祀，萬載不替。」〔註1〕香火鼎盛的「茄苳媽」充分打破了「敬鬼神而遠之」的傳統儒家思維，起而代之的是「憐孤苦以敬天地君親師鬼神」的自主性在地信仰，被膜拜者不必要有豐功偉績，甚至不知其人，展現了人類信仰的大愛，緊緊地扣住在地居民的心靈，「敬鬼神」儼然成了庶民生活信仰的一部分。尤其是在每年農曆 7 月 24 日「茄苳媽」生日，配合 7 月舉辦盛大普渡，信徒自發性信仰與感恩，成為民間禮拜習俗。

而茄苳媽廟位於下藔仔尾庄東北角，與山仔腳庄交界，大肚圳由南向北流經此處，據說當年漢人先民入墾後，曾協調大肚圳以東屬大肚社傳統土地，以西為漢人拓墾地，大肚圳並於山仔腳附近留有番仔汴分流，供「番仔田」灌溉，而大肚圳上游是趙姓土地，下游過下藔仔尾庄後，是山仔腳陳姓家族土地，當年水圳管理較無秩序，因上下游爭水而發生漢番糾紛，後期（1850～60 年）的趙、陳姓氏械鬥，〔註2〕最後 1862 年～1864 年，清代三大民變的戴潮春事件，大肚、龍井都是兵災重區，這些事件中，居民死傷甚重，很多就地掩埋，後來地方開墾田園、建設紙廠時，挖出的骨骸，也由善心人士集中於此祭祀。

茄苳聖媽廟原來就是地方信仰中心之一，而且有求必應，專解決特殊難題，庄內及遠近居民遇有特殊困難，都會前來祈求聖媽協助解決，有一位附近信徒黃義翔表示，他年幼時家中耕牛走失，遍尋不著，只好到廟裡燒香許願祈求聖媽，說也奇怪，燒完香，信步向一個方向走去，走沒多遠，就聽到竹林裡有牛叫聲，進入一看原來牛繩纏在竹叢卡住，得來全不費工夫，直呼神奇靈驗。

---

〔註 1〕由茄苳聖媽廟管理委員會提供。
〔註 2〕陳達生，《穎川初光堂陳氏族譜》，頁 113，114。

### （四）磺溪、永順土地廟

中國自古以農立國，所以君主都祭祀社稷，後來就用社稷代表國家，古代帝王、諸侯所祭的土神和穀神（社，土神；稷，穀神）。「土」在上古時代與「天」被古人視作為神，古人在「土」字邊加上了「ネ」字旁，以「社」代表古人膜拜的神，後演變而成「社神」。所以中國自古就有土地神的崇拜，漢人入墾臺灣，也把祭祀土地神的習俗帶來，清周璽《彰化縣志》「在縣治東門外。按社祭五土，稷祭五穀。宋時社稷風雨師各一壇。明社稷另為一壇，設神牌二：左稷右社，以木為之，朱漆青書，題本縣縣社之神，本縣縣稷之神，藏於城隍廟。」〔註3〕

這是清代官府的社祭，而民間的土地廟就更普遍，幾乎一聚落、一庄頭一座土地廟，漢人入墾者大都是農民，祈求土地公就近照管農作物，以求四時無災、五穀豐登，所以對土地公的祭拜自是更為虔誠，也因此田頭、田尾土地公，土地公廟隨農田、山園無時無處不在，以保農民農作生計。

據地方耆老黃榮慶指出，下藔仔尾庄土地廟興建年日甚久，應於漢人先民入墾年代即有，原來廟址在現在村外西邊內堤防位置，因日治時期（1932 年前後）政府修堤防再移建現址，土地公神像原來泥塑，汴仔頭蔡家（於 1895～1899 年間，以樟腦貿易成鉅富的勝記號蔡家）請去祭拜，請人送回時，那人因喝醉酒，將神像放牆上，被雨淋而蝕壞，原來是土埆茅房，曾一度傾頹，現已重建廟宇、重塑金身。

土地廟現址位於磺溪與永順交界處，故近年改稱磺溪永順土地廟，2019 年底併入磺溪福興宮管理，目前還設爐主負責每月初二、十六祭祀。

土地公誕辰為農曆二月初二，土地公得道日為農曆「8 月 16 日」，但通常因中秋節的關係，合併到 8 月 15 日祭祀，農村昔日習俗，農民都於 8 月 15 日準備土地公拐，以菅蓁或細竹夾香及土地公金，插田頭，讓土地公拿著當拐杖，以驅趕雀鳥，保佑五穀豐收。

## 二、下藔仔尾庄祭祀圈的形成

### （一）村廟福興宮建廟沿革

關於磺溪福興宮興建沿革及本鄉各庄供奉玄天上帝廟宇之主神玄天上帝沿革，各方說法不一，據《大肚鄉誌》福興宮（磺溪村）記載：

---

〔註3〕〔清〕周璽，《彰化縣志》，〈卷五・祀典志・社祀壇〉。

本宮所奉祀之神為「玄天上帝」二帝爺，係與永和村保安宮為同一系統，殆無疑義。本神自嘉慶十三（1808）年趙氏兄弟析產後，遷至下蔡仔尾開墾荒地，初奉於民宅，後因神威顯赫，開墾順利，年豐人和，乃於道光二十八年立廟崇祀，以來往大陸商船返航臺灣時所載之壓艙石築基建造，民國四十年將原來華北硬山式建築改建為閩南式華麗之格局，五十八年復經整修一次。主神二帝爺兩側有護法部將康元帥、趙元帥從侍左右，另有配祀神明，天上聖母、五府千歲、關聖帝君、包府千歲、觀音佛祖、福德正神。每年之祭典日為農曆九月十五（玄天上帝聖誕）。〔註4〕

　　鄉志所記載的福興宮所奉祀之主神為二帝爺，也是本宮有傳奇歷史的玄天上帝二帝爺，這也是村民及一般信眾所認知的玄天上帝是福興宮主祀神，這尊玄天上帝據說是當年先民渡臺時，由家鄉福建漳州舊鎮鎮甘霖村甘霖宮祖廟所迎請，隨身攜帶一路保祐平安到臺灣的神尊，但是目前廟裡神龕中座所供奉主神卻不是玄天上帝，而是蘇府王爺，據傳蘇府王爺原為本庄內蘇姓家庭所供奉，為「私佛仔」，但庄內居民遇有喜慶或家中大小不平靜時，經常迎至家中祭拜，久而久之，慢慢「打落公」，於庄內建簡陋草茅廟宇供奉，庄民共同祭拜，這也是臺灣很多廟宇建廟歷史由來，但是福興宮卻另有一段人與神的故事。

　　臺中礦溪福興宮所編纂《百年興建與沿革》記載：

先人渡臺墾荒求生與敬奉神佛，息息相關。蘇府千歲，早在兩百多年前，既為本村（下蔡仔尾）開基神聖。最初崇於編竹茅極為簡陋小廟，憾知本宮尚無專誌以記，僅憑散落之傳聞，有限古文物，綜而查考，不免有謬。

嘉慶十三年，趙族析產，〔註5〕二房奉請二帝爺遷至本村墾殖時，初奉於民宅。至道光二十八年（西元1848年）修建蘇王爺廟合一龕。同治五年再一次大修。光緒庚辰（六）年（1880年）趙公「鑑」捐地，與「蘇友」「趙正」共同策劃改建福興宮為北硬山式廟貌，並雕

---

〔註4〕洪敏麟主編，《大肚鄉誌》，頁715。
〔註5〕嘉慶13（1808）年析產的趙氏兄弟，為趙光亨之子趙益、趙乞、趙信三兄弟，遷下蔡仔尾庄是第三房趙信，所以臺中礦溪福興宮所編纂《百年興建與沿革》所載：「二房奉請二帝爺遷至本村墾殖。」並不正確。

制石主爐，上刻有「玄天上帝」，下刻「鑑」居中，兩側刻「蘇友」
「趙正」敬奉及光緒庚辰年，此為本宮最早古物，〔註6〕

永和耆老趙日成先生，他在民國 67（1978）年所寫下之《大肚保安宮—
—趙日成先生記事抄本》，也提到供奉玄天上帝由來，「原來漳州府金浦縣甘藍
社東門外第七都趙家厝內奉祀。斯時隨請家內奉祀玄天上帝三尊一齊護身帶
來庇佑水路平安。到臺後，人口卜居仔下頭庄（即永和）居住。玄天上帝在庄
內隨便搭草寮小屋供神祉安住。到了嘉慶十三年，…正式改建…廟宇供拜。…
二房遷到下寮尾（礦溪）居住，亦隨請二帝爺去奉拜。…三房亦遷往菜園內（大
肚）居住，亦請三帝爺去保佑家庭平安。」，趙老先生這一論點為《大肚趙氏
族譜》《大肚鄉志》及很多出版物等所參考引用，經多方驗證，並不盡符史實。

圖 3-1　光緒庚辰年福興宮石香爐

資料來源：筆者 2021 年 4 月拍攝。

關於礦溪福興宮興建沿革及本鄉各庄供奉玄天上帝廟宇之玄天上帝沿革
與關係，因早年缺乏文字記載，地方說法一直不一，本研究幸運發現目前所能

---

〔註 6〕參照福興宮所編纂《百年興建與沿革》。

找到最早之大肚廟宇調查記錄，日治大正 4 年左右作成，昭和年間重新整理之
《臺中州大甲郡寺廟臺帳》，〔註 7〕這一份臺帳是目前所存對大肚各廟宇最早
最完整的紀錄，非常可貴，經整理相關資料列表如下。

表 3-1　大肚供奉玄天上帝廟宇之分香關係

| 宮　名 | 礦溪福興宮 | 永和保安宮 | 新興福興宮 | 街尾鎮元宮 |
|---|---|---|---|---|
| 主神 | 玄天上帝 | 大帝爺、玄天上帝三尊 | 玄天上帝（三帝爺） | 玄天上帝 |
| 分香祖廟 | 原列：漳浦甘霖宮分香，後改：永和保安宮分香。 | 由支那漳浦甘霖宮分香；另與礦溪福興宮、新興福興宮分香，目前彼此無關係。 | 由永和保安宮三帝爺分香、但無本末或共同關係。 | 支那漳浦縣甘霖社武當山大廟分香。 |
| 配祀 | 蘇府王爺、福德正神 | 包府王爺、高、山、池三府王爺 | 城隍尊神、天上聖母 | |
| 創立日期 | 道光 28（1848）年（應道光 5 年以前）。 | 130 年前（約 1785 年）。 | 嘉慶 21（1816）年。 | 同治 13（1874）年 9 月竣工。 |
| 主神誕辰 | 玄天上帝舊曆 9/15，蘇府王爺舊曆 4/12。 | 舊曆三月三日。 | 玄天上帝舊曆 10/3，城隍尊神舊曆 6/15。 | 舊曆九月十六日。 |
| 重要記事 | 原保安宮帝爺靈感，本庄民為方便祭祀而分香，玄天上帝於明治 20 年（1890）前後，曾有一回到甘霖宮進香，原為小廟，光緒二年趙順芳倡議，庄民捐 200 元修廟，財產登錄有石香爐。 | 約 130 年前，由支那移民奉神來當地居住，居民敬信，後建廟安置，年年祭祀，嘉慶元年風雨損壞，後新圖趙順芳發起，居民樂捐 200 元重建。 | 約 115 年前。保安宮帝爺靈驗而分香奉祀，北白川宮曾宿營於此、御遺跡之地。原廟明治 45 年風雨損壞，趙見賢主倡重建。 | 光緒 5 年間曾一次進香，120～130 年前中國先民移入本庄時請來，原供爐主家中，後來庄民信仰深，又雕了二帝爺、三帝爺，後來同治十三年趙貓倡議建廟。廟地由保正趙朝發提供。 |
| 管理人 | 趙明安、趙來 | 趙壁 | 趙鐘、趙色 | 趙浴沂、趙長壽 |

〔註 7〕臺中市政府文化局，《臺中州大甲郡寺廟臺帳 5》（臺中：臺中學資料庫，1915
　　　年 & 1930 年）頁。頁 181～189。

資料來源：臺中市文化局典藏《臺中州大甲郡寺廟臺帳》，筆者整理製表。

說明：1. 臺帳所列大肚庄主神為玄天上帝之廟宇有：永和保安宮、磺溪福興宮、新興福興宮及街尾鎮元宮，另外大肚菜園玄興宮也主祀玄天上帝，因當時奉祀於當地趙姓祠堂，故臺帳未列。

2. 主祀神由來：新興福興宮、磺溪福興宮是由保安宮分香而來，當時分香奉祀原因並不是趙光亨一房分家，應是大肚庄趙姓族親協調分祀；而街尾鎮元宮說明是支那漳浦縣甘霖社武當山大廟分香，並未說明與保安宮關係，保安宮也未提起分香鎮元宮。

3. 祖廟漳浦甘霖宮進香：磺溪福興宮玄天上帝於明治 20 年（1890）前後，曾有一回到甘霖宮進香，街尾鎮元宮光緒 5（1879）年間也記載曾一次進香。

4. 磺溪福興宮管理人為趙明安、趙來父子，他們與福興宮光緒 5 年捐地及石香爐捐獻人之一趙鑑是同一房，而同時永和保安宮及永和宮同時管理人是趙光亨一房的趙璧，當時趙順芳、趙璧雖已遷居下蔡仔尾庄，但祭祀信仰還聚焦故居「下頭仔」（永和），他們當時也都是大肚下堡較大地域的地方領導人。

　　綜合以上《臺中州大甲郡寺廟臺帳》記載，並參酌各方相關文字記載及地方耆老傳述，得到以下「大肚庄玄天上帝信仰沿革歷史」如下。

　　趙姓渡臺先民自祖居地移民時，奉請祖籍甘霖堡外甘霖宮玄天上帝隨行保佑，到臺灣後，先在趙光亨（93 祖）家中供奉，後迎拜祭祀者眾香火日旺，另建草寮廟宇方便眾人祭拜，即為今永和「保安宮」；後逐年人丁繁衍，大家對神明信仰日益虔誠，為了祭拜方便，決議另分香「下蔡仔尾」及「崁子腳（或菜園）」，但當時由祖廟迎來神像、香爐、令旗各一，又是渡臺族人共同求神允筊帶來，為公平起見，三聚落抓鬮，神像、香爐、令旗選一，鬮選到神像，帶回後自行補香爐、令旗供奉，鬮選到令旗，帶回後自行補雕神像、香爐供奉，從此三庄和諧圓滿，合境平安，而更圓滿的是，每一庄都自稱他們所供奉的帝爺，是祖廟帶來原始神尊，而三庄分香是整個大肚庄趙姓聚落為方便祭拜而分香。如果趙光亨堂兄弟分香應是由趙光亨（下頭仔）趙三公（莿仔內）趙送（菜園）三家分祀；而且趙光亨派下遷居磺溪的是三房趙信（趙順芳之父），所以「二房遷到下寮尾（磺溪）居住，亦隨請二帝爺去奉拜」，此說法也不正確應是口傳訛誤。

　　下蔡仔尾二帝爺香火源自祖居地甘霖堡外之甘霖宮應無疑義，回祖廟甘霖宮進香，也行之有年，據筆者幼時聽耆老口述，從清代到日治，二帝爺都曾回甘霖宮進香，後因兩岸隔絕而中斷，近年又恢復，這也是大肚趙姓族人源自福建漳州府漳浦縣七都舊鎮鎮甘霖堡的另一清楚旁證。

## （二）玄天上帝成為福興宮主祀神

福興宮所編纂之《百年興建與沿革》，清楚記載「蘇府千歲，早在兩百多年前，既為本村（下藔仔尾）開基神聖，玄天上帝…初奉於民宅。至道光二十八年（西元 1848 年）修建蘇王爺廟合一龕。」〔註8〕但目前章程卻明定：「本宮恭奉玄天上帝為主神」，〔註9〕又很特別的定農曆 9 月 15 日為玄天上帝生日，這是村裡一年中最大的祭祀活動，至於福興宮建廟時主祀神是蘇府王爺，但是信徒以玄天上帝誕辰為年度主要祭典，這應是下藔仔尾庄原為趙姓主姓村，某姓占優勢的聚落區內的人群構成的一個祭祀圈，奉祀該姓祖先攜來的神祇為主神，所以也就一代一代傳下來了，而且很特別的是原來奉祀蘇府王爺的蘇姓家庭，現在還有後裔住庄內，但也過繼給趙姓而姓趙。

以前下藔仔尾庄福興宮每年各演戲、請客兩次，一次是 4 月 8 日「請媽祖」，另一次就是農曆 9 月 15 日「帝爺公聖誕」，但各地玄天上帝生日都是 3 月 3 日，為什麼礦溪定為 9 月 15 日，耆老們也不知來由，只知道是祖上代代相傳，耆老推測可能是當年由保安宮三庄帝爺分香後，先人奉二帝爺到下藔仔尾供奉日期，或是供奉二帝爺入祀福興宮的日期，總之這是村裡一年一度大事，每年都隆重祭拜相沿至今。

到現在，每年農曆 9 月 15 日帝爺公聖誕，都有很多早年出外打拼的子弟回鄉祭拜，2020 年筆者就遇見一位九十高齡，十六歲就因家貧到外地打拼的趙龍眼老先生，帶了兒子、媳婦回來祭拜帝爺公，感謝家鄉二帝爺及眾神庇佑，讓他在外白手創業、逢凶化吉，如今事業有成又不忘本，每年回來祭拜，這種與家鄉的情感連結，是臺灣農村文化最令人珍惜的美善之處。

## （三）玄天上帝神蹟

### 1. 庄民外出諸事求帝爺保佑

對下藔仔尾庄居民而言，福興宮所供奉的玄天上帝二帝爺既是護佑神明，也是父母、長者，生活中一切困難，都求二帝爺，家裡不平安、被煞到、身體有病痛，求二帝爺保佑平安；婚姻不順利、家庭不和，求二帝爺保佑家庭和順；牲畜瘟疫求二帝爺保佑六畜興旺；出外做事業，求二帝爺保佑順利成功；1948 年金門炮戰時，庄內在金門服役子弟，身上都帶著二帝爺靈符，保佑逢凶化吉，

〔註8〕《百年興建與沿革》，附於年度農民曆。
〔註9〕〈礦溪福興宮組織章程〉，福興宮管委會提供。

很多人退伍後都傳頌他在前線砲擊時，如何祈求二帝爺保佑，屢屢逃過危難的事蹟。

### 2. 二帝爺義子義女遍布全臺

庄內小嬰兒如毛病多，經常求二帝爺收為義子、女，保佑小孩長命百歲；直到今日，每年農曆新年或9月15日，二帝爺生日，仍有很多受其護佑的義子、女及信徒，從全臺各地回福興宮祝壽、謝恩，奉獻香油錢。

### 3. 帝爺神像底座被刮當藥

神明是慈悲的，舊日常看到一些婦女求二帝爺時討價還價，例如家人生病時二帝爺開的藥要花錢買，就說藥太貴，弟子沒錢買，請求二帝爺慈悲開恩幫忙，通常二帝爺會答應，就畫靈符替代，聽長輩說這靈符還真靈，化進藥壺，煮出來的藥，還真有原來神明所開的藥味道，真是心誠則靈；還有更神的，二帝爺起乩問事時，遇信徒生病求藥，有時太嚴重的病，或應信徒要求，二帝爺會犧牲金身，捨身當藥，答應信徒在他金身底座刮一小塊木屑帶回家當藥引，聽說藥效神奇，所以經常有信徒求帝爺賜藥，帝爺神像底座因此被刮了一大凹洞。

圖 3-2　二帝爺被挖入藥的神像　　圖 3-3　原鄉迎祀的玄天上帝

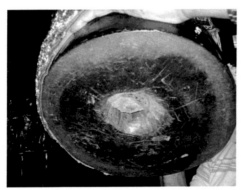 

資料來源：筆者 2021 年 4 月拍攝。

### （四）福興宮以下蓁仔尾庄為祭祀圈

　　林美容提出的祭祀圈的指標，須滿足一個以上的指標才有祭祀圈可言「1. 建廟或修廟居民共同出資。2. 有收丁錢或募捐。3. 有頭家爐主。4. 有演公戲。5. 有巡境。6. 有其他共同祭祀活動。」〔註10〕依以上指標來劃定祭祀圈的範圍，而林美容進一步認為祭祀圈的功能為，「祭祀圈本質上是一種地方組織，表現出漢人以神明信仰來結合與組織地方人群的方式。其組織的人群或是村庄的人群，或是同姓聚落區內的人群，或是同一水利灌溉系統的人群，或是同祖籍的人群，不過也有可能是結合不同姓氏的人群，或是結合不同祖籍的人群。」〔註11〕，根據以上祭祀圈的五項指標及祭祀圈的基本功能與積極功能，我們實際查訪調查清楚發現：

　　1. 福興宮從初期創建或到歷次維護改建都是庄民共同出錢，而且更特別的是，村民還包括很多移居他鄉的村民或其後代子孫，都常態性的回鄉祭拜，捐香油錢，捐建廟經費，從幾次改建廟宇的捐題樑籤名單，就可看出全庄庄民捐款情況，同治五年的捐題樑籤（附表 2-1）捐款人名單，共 76 位捐款人中，扣除 7 個商號，3 個字跡無法辨識，66 為自然人信徒，趙姓有 34 位，超過 50%，可看出趙姓是下蓁仔尾庄主姓，及 1949 年福興宮興建捐題樑籤（附表 2-2），當時 145 位捐款人中，趙姓有 74 位，也超過 50%，還可看出到了 1949 年二戰後，趙姓還是下蓁仔尾庄主姓，同時由樑籤記載庄民捐款金額動輒百萬、幾十萬，更見證臺灣經歷四萬舊臺幣換一元新臺幣的超級通膨歷史。

　　2. 福興宮平時祭祀費用是村民共同負擔，或村民準備祭品參加祭拜。

　　3. 福興宮一直保持每年擲筊決定頭家、爐主。

　　4. 4 月 8 日迎媽祖，9 月 15 日玄天上帝二帝爺聖誕都有演戲等共同祭祀活動。

　　5. 有定期或不定期神明巡境，村民也可到廟裡請神明到家中，參加拜天公或祈福消災等家庭祭典。

　　從以上說明，下蓁仔尾庄是福興宮祭祀圈的範圍，福興宮組織章程也清楚

---

〔註10〕林美容，《祭祀圈與地方社會》，頁 148。

〔註11〕林美容，〈由祭祀圈到信仰圈—臺灣民間社會的地域構成與發展〉，《第三屆中國海洋發展史研討會論文集》（臺北：中央研究院三民主義研究所，1988 年），頁 99。

載明：「信徒，為維護本宮區域性公廟的特質，凡申請加入本宮信徒者須為設籍本里之居民，且每戶以一名代表為限。」〔註12〕

### （五）福興宮祭祀圈各項指標活動

#### 1. 福興宮一年的固定祭典、活動如下：

（1）農曆正月初九安太歲。

（2）農曆正月十四日包府王爺聖誕。

（3）農曆元月十五求平安。

（4）農曆二月十九日觀世音菩薩佛辰。

（5）農曆三月二十五日天上聖母（四媽）聖誕。

（6）農曆四月十二日蘇府王爺聖誕。

（7）農曆五月十三日本宮關帝聖君聖誕。

（8）農曆六月十五日城隍爺聖誕。

（9）農曆六月十八日池府王爺千秋。

（10）農曆六月二十四日西秦王爺千秋。

（11）農曆七月十五日中元普渡。

（12）農曆九月十五日本宮二帝爺公萬壽。

（13）年底擲筊擇時謝平安。

（14）初一、十五犒將。

（15）擲筊擇時於正月安營、年底收營。

#### 2. 福興宮爐主及頭家例行工作概要

爐主：

（1）神明聖誕、安太歲時、元月十五日求平安、中元普渡、安營、收營、謝平安，應準備祭品。

（2）進香活動時，需備牲禮及幫忙招募信眾參加進香。

（3）負責廟會活動及神明聖誕之擲筊儀式。

（4）農曆九月十五擲筊產生下屆爐主與頭家。

（5）謝平安時準備生豬、生羊各一隻。

頭家：

（1）每位頭家輪值三個月，輪值期間每月初一、十五各準備四果四份

---

〔註12〕摘錄自福興宮管委會提供之組織章程。

（2）參加所有神明聖誕祝壽活動。

（3）遇有進香活動時，幫忙招募信眾參加進香，進香一處需備牲禮一副（四位頭家共同分攤）。

（4）謝平安時葷菜、素菜碗各一桌（四位頭家共同分攤）。

（5）安營、收營時各準備牲禮一副。

（6）安太歲、謝太歲、中元普渡、玄天上帝聖誕、求平安、謝平安時幫忙排、收桌子。

（7）農曆四月八日迎媽祖時幫忙接換香。

（8）農曆九月十二日前收齊丁錢，丁錢由爐主主要使用於年底「謝平安」的開銷。

以上福興宮每年的固定祭典、活動記載農曆 9 月 15 日本宮二帝爺公萬壽，當天擲筊產生下屆爐主與頭家，同時當天也一直都演戲謝神，庄內每年兩次拜拜宴請親友，一次是農曆 4 月 8 日請媽祖，另一次為 9 月 15 日二帝爺公生日，〔註 13〕由這些指標，可知下藔仔尾庄民認知福興宮主神是玄天上帝二帝爺。

### （六）玄天上帝赴祖廟甘霖宮進香

下藔仔尾庄福興宮玄天上帝二帝爺，由趙姓族人自家鄉福建漳州漳浦舊鎮鎮甘霖村的甘霖宮分靈，據該廟中碑記及有關資料，「甘霖玄天上帝廟始建於宋太平興國二（977）年，係道士李盛化緣籌資所建。該廟是漳浦縣最早的道教廟宇，香火旺盛，為閩南的主要道觀。……該廟為漳浦乃至閩南地區玄天上帝廟的祖廟。」〔註14〕礦溪福興宮迎奉漳浦甘霖之玄天上帝，在 1949 年前，有回祖廟進香之活動，1949 年後中斷此活動，在政府開放三通後，近年又恢復此活動，每年正月由主委擲筊請示神尊，決定當年是否進香及進香日期，原則是三年一次到甘霖進香。

筆者於 2019 年 9 月，跟著福興宮進香團到甘霖宮進香，觀察到一個特殊現象，對參加進香的信徒而言，這個進香活動，是送玄天上帝（二帝爺）回家跟兄弟敘舊，雖然玄天上帝只一位，但信徒拜的大帝爺、二帝爺、三帝爺是三位不同個性的神，附身乩童時講話口氣語音也不同，二帝爺「口吃」，神明附

---

〔註13〕每年兩次拜拜宴請親友習慣已於921地震後眾議取消。

〔註14〕漳浦縣地方志編纂委員會編，《漳浦寺廟志》（北京：中國文史出版社，2015 年6 月），頁 61。

身乩童只要講話口吃，信徒就知道二帝爺降臨附乩，團員也各姓氏信徒都有，雖很多趙姓進香團員的祖居地就在甘霖村裡，但整個活動由到達甘霖宮、祭拜、神明附身乩童敘述回鄉感觸、交香、離廟，行程並沒有安排跟趙姓宗親敘舊聯誼，只有神的活動，沒有人的聯誼，進香結束後，馬上離開甘霖，趕其他參拜行程，這活動純粹是神的回祖廟省親之旅。

圖 3-4　玄天上帝祖廟甘霖宮進香

資料來源：筆者 2019 年 10 月拍攝。

## （七）福興宮祭祀圈融合地緣認同意識

　　早期臺灣先民渡臺時，在異域謀生不易，因此在社會群體關係上，同祖籍、同地緣聚族而居，有很強的祖籍、地緣分類意識，落地生根生活穩定後，生活互相照顧則遠親不如近鄰，轉向臺灣本土地緣認同意識，在這本土地緣認同意識土著化的整合過程，有兩個基本力量。

　　　　一方面是藉著地方寺廟神信仰祭祀圈的融合作用，一方面則是地方
　　　　血緣宗族組織的建立和發展。〔註15〕

------

〔註15〕陳其南，《家族與社會》，頁 57。

到了清末時期，臺灣漢人的社會意識，顯然已經逐漸拋棄祖籍觀念，而以現居的聚落組織為其主要的生活單位，臺灣的漢人社會逐漸從移民社會逐漸轉變成土著社會的過程，而在這個轉變過程中，我們也可以看出村落的寺廟神和宗族組織擔任著重要的整合角色。〔註16〕

　　而且祭祀圈內的融合，可以跨越不同祖籍的人群，清代的臺灣漢人社會中，新的地緣團體之建立是以寺廟神的信仰為基礎，在下蔡仔尾庄的信徒發展及庄民地緣意識的凝聚過程更可以清楚的看出這現象。

　　福興宮是下蔡仔尾庄（礦溪里）為祭祀圈的村廟，一個地方經濟看起來並不很好的農村，但村廟蓋得金碧輝煌，錢從哪裡來？根據現任主委趙宗添表示，1994～1997 年重建福興宮，前後花了四千多萬；決定動工蓋廟時，廟方沒多少存款，但動工後，捐款不斷湧入；捐款人除了現住本鄉信徒外，還有搬到本鄉其他村居住，甚至遷居臺北、高雄及國外的鄉親，都會利用過年、清明、回鄉探視族親機會，到廟祭拜八尊神，很多人還自稱小時候不好養，給「帝爺公」「關爺」「四媽（媽祖）」「老三王（池府王爺）」作客子（義子），他們聽到福興宮建廟，就自動捐神龕，壁雕、龍柱，建廟基金源源不絕，終於建成為巍巍廟宇；到現在村外信徒捐獻，還是佔福興宮每年收入很大比例，所以福興宮除了四時祭典、廟務等支出外，還有餘力可以協助關懷村裡弱勢家庭及社區關懷據點經費及建設，尤其七月普渡及年底謝平安的祭品，更是社區關懷據點長輩重要的食物來源。

## 第二節　大肚庄媽祖信仰與二十庄「請媽祖」

### 一、永和宮為大肚五庄媽祖祭祀圈

　　大肚庄原來包含大肚、下蔡仔尾、崁子腳、莿仔內、下頭仔等五個趙姓主姓聚落，共同以永和宮媽祖廟為聯庄祭祀圈，據永和村前村長耆老趙日成先生（1904～1987），民國35（1946）年手稿：〈大肚永和宮沿革明細〉〔註17〕

　　本宮興建於乾隆 44（1779）年歲次己亥，當時永和宮前臨大肚溪，

〔註16〕陳其南，《家族與社會》，頁80。
〔註17〕趙日成，《大肚永和宮沿革明細》（臺中：未出版，1946 年）。

> 後挖（接）平野，環境優美，人傑地靈，是時通商大陸之帆船，內
> 河之米船，各種船隻，蝟集宮前壹帶，成為進出口之碼頭，供奉天
> 上聖母為航海商人之常規，經船首之倡議，是為本宮興建之始，於
> 乾隆五三歲次戊申年（民前124年）竣工，宮貌莊嚴，稱大肚宮，
> 聖母為鹿港天后宮之分靈。〔註18〕

趙日成先生這段敘述，說明了永和宮創建緣由，同時他也說明了很重要的
一段大肚歷史，大肚趙姓先民於雍正至乾隆中葉（1730～1770）入墾，到了1779
年應已初步建立安定家業，大肚下街也已成街市，而當時各種船隻，蝟集永和
宮前一帶，成為忙碌的進出口之碼頭，宮前這條目前稱為大肚大排的排水溝，
以前因大肚山湧泉而終年水流充沛，可通船舶，宮前兩棵大榕樹（一棵尚存，
見圖3-5左側），權充繫船椿，船首、郊商因鹿港貿易淵源，而於1799年奉請
鹿港天后宮媽祖到大肚祭拜而興建大肚宮。

> 第一次重修於道光五歲次乙酉年（民前八七年）初春 船首施國珍倡
> 起重修 咱大家以及先輩者協同共創建本宮 歷時四十餘冬 現貼花
> 走脊剝落 又是溪門為被流砂積淺至大肚溪門 置（致）帆船進港頗
> 感困難 且有覆船之虞 就此中止帆船 將來變成廢港 現下碼頭商人
> 店鋪逐漸疏散 交易希（稀）少 繁榮變成衰微 大家疏散前 藉機重
> 修原貌以作永留 大家贊同共捐緣金 就逐興工 至於道光七歲次丁
> 亥年葭月 歷時三年間 始完竣工 真巍峨廟宇 地方和諧永久存在關
> 係 將大肚宮改稱永和宮為留念。

趙日成先生《大肚永和宮沿革明細》這段敘述，直接說明了大肚永和宮前
碼頭商業榮景，到了道光5（1825）年，這時因宮前小溪已被流砂淤積，無法
行船，碼頭商人店鋪逐漸疏散，交易稀少，繁榮變成衰微，船首施國珍倡起大
家疏散前，再重修媽祖宮原貌，以作留念，並且為了「地方和諧永久存在」，
將大肚宮改稱永和宮，這也說明了「永和宮」名之由來。

---

〔註18〕趙日成，《大肚永和宮沿革明細》。

圖 3-5　永和宮巍巍廟貌

資料來源：筆者 2020 年 3 月拍攝，廟左方榕樹相傳為當年繫船椿。

　　而永和宮前小溪流淤積無法行船後，內河航行船舶，就移到小溪下游匯流入大肚溪口的汴仔頭港停泊，並很快發展成汴仔頭街，成就了錦源棧、勝記商號的一段繁榮歷史及後來的磺溪書院興建。

　　根據 2020 年 4 月 11 日訪問永和宮管理委員會副主委兼總幹事劉文芳里長口述：「目前永和宮丁錢收五庄，也就是清代大肚庄轄內——大肚、大東、新興、永和、磺溪，原來六村，後來紙廠福利新村廢了，所以少了一村，永和宮天上聖母，據說是由鹿港天后宮奉請來祭祀，是原來施琅將軍帶來的三尊『船頭媽』之一；永和宮設有管理委員會，四年一任，設有總幹事，我是現任總幹事；每年五位爐主（每里一位），頭家人數不定，看各里人數而定，擲筊決定，爐主主要工作：招信徒進香、參加神明生日祭典、參加廟會，五位爐主大概分配：1、1 月 9 日拜天公，2、元宵，3、3 月 23 日媽祖生日加 4 月 8 日請媽祖一位，4、中元普渡，5、下元普渡；犒將已改掉不拜了，頭家收丁錢，但現在大都請鄰長收（目前主委為大肚里里長，總幹事為永和里里長）。」

　　趙日成先生《大肚永和宮沿革明細》又說明永和宮之重修：

第二次重修於同治八歲次己巳年（民前四三年）孟冬　下寮尾（礦溪
村）趙順芳（趙太老）念及本宮四十餘霜之久　變成破爛廟宇　目睹
不認　即倡起重修邀請地方紳耆善信人士　勸募緣金　逐手興工至於
同治十二歲次癸酉年陽月始竣工　同時宮內改添大鼓大鐘　配合宮內
之需要　經五年歲月趙太老不離現場　親自督導　費了精神人力財力
不淺　經地方士紳協議　感念趙太老功績　將宮內供奉趙太老永生錄
（祿）位為永久留存。〔註19〕

　　根據以上說明及永和宮年度各項祭典活動，也符合林美容所提出的祭祀
圈的六項指標「1. 建廟或修廟居民共同出資。2. 有收丁錢或募捐。3. 有頭家
爐主。4. 有演公戲。5. 有巡境。6. 有其他共同祭祀活動。」所以大肚五庄以
永和宮為媽祖聯庄祭祀圈，而下蓼仔尾庄是永和宮祭祀圈的成員之一，因為大
肚的媽祖信仰，後來更擴大成大肚下堡二十庄「請媽祖」的媽祖巡境祈求五穀
豐收，進而發展成大肚下堡漳州人區聯庄交陪活動。

　　而永和宮除了是大肚庄信仰中心之外，也是當時大肚的集會中心及大型
活動的舉辦場所，所以西離社的成立，大甲農民組合的成立及解散會，農民運
動布施辰治律師等很多名人演講會，都在此舉行。

**圖 3-6　下蓼仔尾庄祭祀及信仰圈階層**　　　　**圖 3-7　負泥蟲**

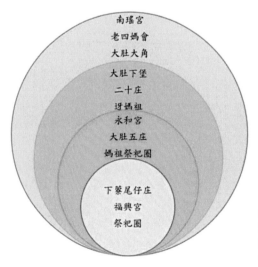

資料來源：筆者繪製。　　　　　　　　　資料來源：臺東農改所網站。

---

〔註19〕趙日成，《大肚永和宮沿革明細》，1946 年。

## 二、大肚下堡二十庄「請媽祖」由來

　　相傳同治 7 年（1868）起，[註20] 大肚下堡農民因乾旱致黑龜子（負泥蟲）肆虐稻作受損，而發起「請媽祖」，[註21] 由船仔頭庄發起，到彰化南瑤宮（外媽祖）天后宮（內媽祖）迎請彰化媽回庄祈雨除蟲害，後果真應驗，4月 1 日媽祖開始出巡即陰天，第二、三天大雨傾盆，黑龜子遇雨水就死亡，不再危害稻作，遂由船仔頭等四庄每年迎請彰化媽到村莊賜福。

　　直到明治 35（1902）年，祭典範圍擴大到整個大肚下堡24庄，以龍井與大肚鄉為中心。後來，由於明治 45（1912）年 7 月發生洪水，[註22] 塗葛堀3 庄（頭湖、頭前厝、外海埔）嚴重受損，崙仔與水師寮庄於請媽祖時又發生紛爭，水師寮因此退出而併入大庄媽 53 庄活動，故現僅存 20 庄（崙仔與水師寮也是漳、泉居住交界處，而 24 庄或後來的 20 庄都是漳州人區域），大肚地區因黑龜仔蟲（負泥蟲）肆虐稻作而形成的民俗傳統，[註23] 媽祖神格也轉為保佑農作豐收，可見民俗文化與居民產業活動的緊密關係。目前請媽祖已跟稻作豐歉無關，主要是地方祈求合境平安的儀式，延續至今，成為烏溪流域重要的媽祖信仰民俗活動之一。

　　大肚下堡共轄 9 個庄（大字）又分 20 聚落，請媽祖的範圍，含：今龍井區境內：茄投庄、福頭崙庄、塗葛堀庄；今大肚區境內：大肚庄、社腳庄、王田庄、汴仔頭庄；今烏日區境內：勝胂庄。

　　媽祖靈驗神蹟，讓 20 庄請媽祖活動歷久不衰，持續至今，當地民眾對媽祖靈驗神蹟最津津樂道的是，每年農曆四月初一開始由船仔頭恭迎媽祖時，天氣轉陰，初二輪到營埔時開始下雨，初三到藍仔頭時大雨傾盆，初四至烏日勝胂庄，雨勢漸歇。初五出巡至王田，天氣轉為炎熱，年年如此，遂成傳頌歌謠。

---

〔註20〕正確起始年分，各方說法不一待進一步考證。

〔註21〕這一活動目前有各種稱呼，但筆者自小至今聽地方人士都以閩南語「四月請媽祖」稱呼。

〔註22〕明治天皇過世於 1912 年 7 月 30 日，故之前為明治 45 年，8 月 1 日以後為大正元年，故習稱 1912 年臺灣中部水災為大正元年水災，正確應是明治 45 年水災。

〔註23〕負泥蟲過去是臺灣水稻五大害蟲之一，負泥蟲又名稻葉蟲、稻泥蟲，因其幼蟲會將排泄物覆蓋其身上，負泥蟲的成蟲、幼蟲均會取食水稻葉片，可能使水稻抽穗期延遲 4 至 5 天，穀粒充實不飽滿，影響產量，耆老說日治時，黑龜子危害稻作嚴重，媽祖幫忙除害。

　　下圖可以清楚看出媽祖遶境庄域就是原來大肚下堡，而區域內又正是王田圳、大肚圳灌溉區，也是漳州人入墾區域，根據歷史記載，又是戴潮春事件時農民抗官區域，這區域長期有族群利益之爭、水圳上下游爭水糾紛。

## 三、「請媽祖」促進社會和諧

　　「請媽祖」也同時有撫慰人心的社會功能，大肚下堡在清代道光、咸豐年間（1820～1860），曾長期陷入分類械鬥、姓氏械鬥及地方抗官民變紛爭；當時先民入墾落地生根已近百年，隨著人口的成長，食之者日眾，而耕地的拓展已受限，生存壓力逐漸增加，人民爭田、爭水等糾紛時有發生，而當時清政府吏治腐敗，統治無方，遇有糾紛，無法即時運用公權力排解，致人民只有自力以武力解決，族群械鬥、爭水械鬥時有發生，地方一直紛擾不安。

圖 3-8　大肚下堡二十庄請媽祖庄域圖

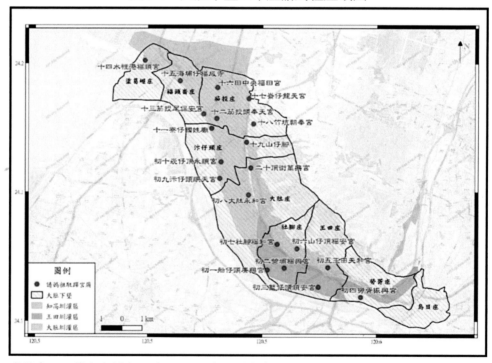

資料來源：筆者座標定位請媽祖 20 庄駐蹕宮廟位置、踏勘三條水圳灌區及 1920 年臺灣堡圖大肚下堡庄域，以 QGIS 繪圖。

　　大肚溪沿岸的烏日、大肚、龍井一帶，受漳、泉械鬥危害甚大，清代陳肇興在咸豐 4 年（1854）獲聘前往竹坑庄（今臺中龍井境內）擔任塾師，就近前往久仰盛名的「龍目井」湧泉觀賞風光，沒想到他走近原本名列「彰化八景」

之一的「龍井觀泉」，方圓數里之內都沒看到炊煙，在雜亂的草木之中，只看到成堆的破碎瓦片，傾倒的牆壁被壓在茅草屋頂之下，十間房子保存下來的不到一間，眼前所看到的只有石頭疊成的牆基。到了井邊，竟然變成一片荒蕪殘敗的景象，詢問當地老人之後才知道原來此處先後歷經了道光24年（1844）「陳結案」以及咸豐3年（1853）「漳泉械鬥」兩次械鬥，導致地方殘破荒涼，他有感而發，賦詩「遊龍目井感賦百韻」以抒情懷，首先他描述這裡本來是個和平安樂的美好地方，人民彼此之間都不會相互猜疑，地方協和，夜不閉戶，在收成不好的年份也不會有人餓肚子，漳籍與泉籍兩方有如家人一般，相處非常融洽，年節互相饗宴餽遺，那時龍目井泉水源源不絕的噴出，水質澄清冰涼，喝起來甘甜得像是糖漿一般，附近走十步就看到一座華麗的房屋，走五步就看到一般的民房，春天鳥語花香，人民安和樂利。

　　後來日子久了，文武官員懈怠了，大多貪圖安逸享樂，胥吏營私舞弊，差役作威作福，不顧民生疾苦，百姓安危，同時政府施政無能，更挑撥族群矛盾，利用人民愚頑，鷸蚌相爭，以從中享漁利，人民生死都受苦。

　　　　肩輿下蔀屋，凜凜生威儀。從行六七人，沿路索朱提。更誘愚頑輩，

　　　　鷸蚌互相持。就中享漁利，生死兩瑕疵。死者臥沙礫，生者受鞭箠。

　　　　黔妻殺黎首，狩頓遭羈縻。一紙縣官帖，十戶中人資。〔註24〕

　　再來他感嘆分類械鬥時，完全是非理性的，有的仗著人多勢眾就欺負人少的那方，強悍者把弱小者給吞併掉，或窮人聚集以眾暴寡，平日累積一些小衝突，一有人挑撥或偶發衝突，就千百族群同聲一氣追隨打殺，殺紅眼了，直把殺人放火當兒戲，全不顧平常相處關係，這種社會的傷痕是需要弭平的。

　　　　或以眾暴寡，弱肉強食之。或以貧虐富，攘奪耕田犧。以此積習久，

　　　　氣類判蚩蚩。一人搆其黌，千百持械隨。甥舅為仇敵，鄉里相爛縻。

　　　　村莊縱燎火，田園罷耘耔。所爭非城野，殺人以為嬉。〔註25〕

　　沒想到1862～64年，又發生清代三大民變之一的戴潮春事件，大肚、龍井再度成為重災區，當時金門文人林豪於1862年受邀至籌辦團練的竹塹仕紳林占梅家中掌管文書工作，並擔任塾師，於1871年作《東瀛紀事》二卷，是關於臺灣戴潮春事件的重要文獻，他對戴案有非常詳細的記載及評論，他說明了臺灣多分類械鬥，乃是羅漢腳遊民多，容易受蠱惑而聚眾滋事：「臺陽

---

〔註24〕〔清〕陳肇星，〈遊龍目井感賦百韻〉，《陶村詩稿》，卷二。
〔註25〕〔清〕陳肇星，〈遊龍目井感賦百韻〉，《陶村詩稿》，卷二。

土性鬆脆，民俗浮囂，兼之無籍遊民趨之如鶩，無妻子之戀，無田宅之安，聚則成群，動輒滋事。而漳、泉、粵三籍各分氣類，仇怨相尋，釀成巨案。」〔註26〕

據彰化秀才吳德功（1850～1924），曾為林豪《東瀛紀事》作序，他認為林豪所做只是紀略，未合誌書體例，以自己「弱冠時，親見其事，每筆之於書。」再部分採取林豪書中所記及綜合各種史料，並加校正、補遺，於1895年作《戴案紀略》，今摘取與大肚有關者如下：

> （1862）五月，林日晟入踞彰城，自稱千帥；戴潮春退歸四張犁。…使茄投陳鮒、陳九母、趙憨（三人都被戴潮春封為將軍）據大肚、茄投。
>
> 七月十九日，偽千帥林日成率偽鎮北將軍林大用、陳九母、趙憨率眾攻破湳仔庄、柑仔井、和美線等莊，至加寶潭，為義民首陳耀擊退之。…耀田業多在大肚，陳九母、趙憨皆其佃人…。
>
> 冬十月十六日，林占梅…以軍三千，進駐山腳。…時，趙憨據大肚，何首據水師蔡，陳鮒據茄投，皆死拒銃樓，不能遽下。
>
> （1964）春三月，七十二庄張三顯率陳鮒、陳梓生、王春、陳在、葉清、葉中，大肚陳狗母、趙憨、北勢湳洪欉及東北附城諸賊應之，執青旗為號。二十七日，擁眾登八卦山攻城，知縣凌定國及四城總理拒之。旋林帥文察回軍剿之。〔註27〕

從陳肇星詩文及林豪、吳德功文章中，可見戴潮春案前，臺灣已長期發生族群械鬥、爭水械鬥，這時期的械鬥已不是清治初期的無組織羅漢腳滋事，這時候都是地方地主、豪強族長所領導的糾紛，械鬥主因則大都是利益分配爭執，大肚這時期涉入漳、泉分類械鬥、爭水械鬥及戴案抗官民變甚深，時日亦長，生靈塗炭甚鉅，社會及經濟亦必凋敝困苦。

1864年大亂後，地方正圖休養生息，並弭平長期分類械鬥及民變產生的族群分裂傷痕，這時稻作又發生黑龜子（負泥蟲）肆虐受損歉收，因而地方有識之士，於1868年發起請媽祖遶境祈求豐收，並藉由媽祖繞境，以虔誠的敬

---

〔註26〕〔清〕林豪著‧顧敏耀校釋，《東瀛紀事校注》（臺北：臺灣書房，2011年10月），頁013。

〔註27〕〔清〕吳德功，〈戴案紀略〉，《吳德功先生全集》（臺灣省文獻委員會編印，1992年5月），頁16～17、22～23、45、50。

神儀式及鼓樂、子弟戲、武館舞獅遊行活動，以鼓舞地方人心，並讓民眾勇武之氣有所抒發，接連二十天的鑼鼓喧天的媽祖遶境熱鬧活動，各庄親友間互相交陪宴請吃拜拜，地方整個動起來，感情更融合了，因彼此的往來，也促成了兒女婚姻結緣，生活互助合作，可見這媽祖遶境活動有多重正面意義，不只是單純敬神求平安，而這有意義的請媽祖遶境民俗活動，未因黑龜子不再危害農作而停止，如今已轉變為地方民眾祈求國泰民安、家庭平安、事業順利、子女學業進步等多面向的祈福儀式了。

### 四、請媽祖活動與南瑤宮媽祖信仰圈的參與

因大肚下堡舊屬彰化縣，20 庄請媽祖每年都迎請彰化縣城南瑤宮外媽祖，及天后宮內媽祖參加遶境，漸漸的大肚也成為南瑤宮信仰圈的一環。

彰化南瑤宮有十個媽祖會，分別為：老大媽會、新大媽會、老二媽會、興二媽會、聖三媽會、新三媽會、老四媽會、聖四媽會、老五媽會及老六媽會。

大肚下堡 20 庄中，船仔頭、營埔、頂街未參加南瑤宮媽祖會，籃仔頭、勝臏屬南瑤宮「老大媽會」，王田、山仔頂屬南瑤宮「興二媽會」，其餘各庄廟，包含：山陽小角福德爺廟、社腳小角福和宮、新興小角福興宮、永和小角永和宮、磺溪小角福興宮、永順小角順天宮、永順小角永順宮、成功小角國聖廟、田中小角福田宮、竹坑小角朝奉宮、龍東小角奉天宮、龍西小角保安宮、麗水小角福順宮、福田小角福成寺、崙仔小角龍天宮等，都參加南瑤宮「老四媽會」，遶境也是奉請四媽神尊。

而下蓁仔尾庄的祀神信仰，也由庄內福興宮祭祀圈，進而大肚五庄永和宮媽祖聯庄祭祀圈，再擴大為大肚下堡 20 庄「請媽祖」，共同奉請南瑤宮、彰化天后宮、大肚下街永和宮及大肚頂街萬興宮四尊媽祖遶境祈福，神明聯庄交陪、境內民眾親友聯誼，再進而參與為南瑤宮「老四媽會」，成為老四媽會 12 大角的大肚大角之一小角，融入南瑤宮媽祖信仰圈，祭祀圈與信仰圈有系統的拓展，內聚得庄內和諧，又向外融合共謀區域交流增進福祉。

## 第三節　磺溪書院與振興文教

磺溪書院的前身稱為「西雝社」亦稱為「文昌會」，據耆老口傳西雝社創

建於嘉慶 4（1799）年，大肚閩南移民始自雍正、乾隆年間（1750 年前後），先民胼手胝足渡臺拓荒，於落地生根生活穩定後，由「下頭子」聚落趙氏渡臺祖趙光亨（1741～1833）倡議，於嘉慶 4（1799）年，成立西雝社。

## 一、創立西雝社團結地方仕紳

大肚「西雝社」成立於 1799 年，除了創辦人趙光亨家族傳述記載之外，1834 年由周璽纂修、楊占鰲「分纂」之《彰化縣志》記載了「社學則諸士子會文結社，以為敬業樂群之所」「西雝社，在大肚」，〔註 28〕所以西雝社成立於 1834 年之前的 1799 年，有文獻可佐證。

據耆老傳述西雝社最多時曾有社員 450 人，至於西雝社的成立目地及組織活動，並未留下紀錄，但周璽《彰化縣志》又解釋社學之意義：「社學又與閭巷之小學不同。小學所以訓童蒙，如古者八歲而入小學是也。社學則諸士子會文結社，以為敬業樂群之所。大都有文昌祠，即有社學。」〔註 29〕，社學既供奉文昌帝君，所以應是受過教育或重視教育的地方人士的結社組織，而當時地方草萊初闢，官府治理所不及，推論結社目的，除了重視文教，應還有排解糾紛、連莊自衛，以及天災互助及區內已開築灌溉的王田圳、大肚圳之維護及爭水糾紛之處理功能；所以西雝社應是早期移民社會，地方頭人聯誼、聯庄地方守望相助的協調組織，根據趙文君研究及耆老訪談，〔註 30〕西雝社自 1799 年成立，至約 1880 年間，因史料不全，無法得知其詳細活動內容，甚至是否持續存在。

但是到了 1870 年以後，隨著族群械鬥紛爭平息，地方漸漸安定，又因樟腦、米穀外銷，地方經濟日趨繁榮，民生安定、民智日開，因此地方領導者也轉而關心地方長期發展與子弟教育，地方人士也延請秀才、童生等為教師，於民宅或廟宇開設私塾教授子弟，有文字紀錄者有：「光緒五（1879）年至九（1883）年，陳培元開館授徒於媽祖宮，十八（1892）年至二十（1894）年，柯子貞開館授徒於營盤埔。」〔註 31〕

---

〔註 28〕〔清〕周璽，《彰化縣志》，〈序・卷四・書院・社學附〉，1834 年。
〔註 29〕〔清〕周璽，《彰化縣志》，〈序・卷四・書院・社學附〉，1834 年。
〔註 30〕趙文君，〈磺溪書院之研究〉（彰化：大葉大學設計與藝術學院碩論，2011 年 6 月），頁 43。
〔註 31〕洪敏麟主編，《大肚鄉誌》，頁 569。

## 二、創辦磺溪書院振興大肚文教

　　趙光亨三房孫趙順芳與其長房侄趙海邊（1819～1880）共同創立錦源棧，經營米穀、雜貨進出口貿易致富，他非常熱心地方公益，曾領導重修大肚永和宮、萬興宮、永和保安宮，為振興地方文風、發展地方教育，發起塗葛堀富商張錦上、汴仔頭勝記商號蔡燦雲、蔡翰雲兄弟、西雕社社員及地方仕紳倡建磺溪書院；但創建書院需軟硬體配合，因此就創建書院的建築規劃、典章制度、組織管理、學田捐獻、師資及課程安排等，向光緒初年曾任員林興賢書院「山長」的鹿港舉人黃玉書及鹿港文人趙廷章等先賢請益，聘兩人為書院「董事」，並委請兩人為最重要的書院大門立柱楹聯題字，以示尊崇並提升書院聲譽。

　　至於磺溪書院命名之由來，地方並無一致說法，也無文獻史料可考；但大肚清代原屬彰化縣轄，又有黃玉書、趙廷章兩位彰化鹿港文人參與書院建設籌畫，他們在書院動工時為三川殿甚至拜殿立柱所提楹聯都以磺溪兩字開頭，所以書院冠以彰化縣文人雅士愛用的「磺溪」為名，應有其地緣關係；〔註32〕地方耆老另據前輩口傳，因書院面臨大肚溪，未築堤岸前，每年溪水氾濫河床砂石錯列，溪埔芒草叢生是一條荒溪，故本要謙虛取名「荒溪書院」，但又覺得書院以此為名實在不雅，而臺語「荒溪」與「磺溪」同音，故決定取名為「磺溪書院」；〔註33〕而書院所在地「下蔡仔尾庄」也於國民政府治臺後改名「磺溪村」，臺中縣市合併後改名「磺溪里」。

　　1899 年總督府請願設立公學校的地方人士趙璧、趙德隆（大肚庄）蔡燦雲（汴仔頭庄）陳枝元（茄投庄）張錦上、張成（塗葛崛庄）等代表，及 1901 年 5 月 7 日文昌廟董事趙璧及 30 名代表將書院及名下所屬財產田地共十餘甲捐獻政府，〔註34〕應都是磺溪書院捐資創辦人或家屬，也都是當年大肚下堡大肚、汴仔頭、茄投、塗葛崛等地方領導人。

〔註32〕道光咸豐年間，彰化舉人陳肇興在所著《陶村詩稿》，便是署名「磺溪陳肇興」，也以「磺溪三高士詩」，稱頌彰化詩人洪壽春、畫家蔡推慶、指導八堡圳興築的林先生。

〔註33〕趙文華訪談、紀錄，〈賴水景先生訪談稿〉（未出版，2020 年 6 月 17 日、2023 年 6 月 8 日於賴水景大肚磺溪里家中）。

〔註34〕〈臺中廳下各公學校之基本財產〉，《臺灣日日新報》，1902 年 9 月 23 日，第 2 版。臺中廳下各公學校臺中、大肚、東勢角、石岡等四校有基本財產，大肚公學校產田園十餘甲每年收入 363 圓餘，這是原來磺溪書院學田。

圖 3-9　磺溪書院創建人趙順芳　　　　圖 3-10　磺溪書院創建人趙璧

資料來源：筆者翻拍大肚永和宮供奉畫像。　　資料來源：臺灣列紳傳，頁 189。

說明：趙順芳應是趙姓太祖派順字輩，德芳系第 28 世。

## 三、從相關史料檢視西雝社及磺溪書院創辦先賢生平

　　趙光亨（1741～1833），生於乾隆 6（1741）年，1759 年 19 歲時由漳浦家鄉渡台定居大肚，後創業有成，為當年大肚趙姓族人之領袖，卒於道光 13（1833）年，享年 93 歲，後人尊稱「93 祖」；〔註35〕乾隆初年，趙光亨所定居大肚下街已成大肚溪以北 4 個街市之一，〔註36〕下街成為商業繁榮忙碌的進出口碼頭，西雝社 1799 年創建時之領導人應是趙光亨。

　　烏日楊占鰲（1794～1843），生於乾隆 59（1794）年，卒於道光 23（1843）年，道光 14（1834）年以「軍功六品銜廩生」擔任周璽編撰《彰化縣志》之「分纂」，〔註37〕清道光 19（1839）年中式是科第 44 名舉人，〔註38〕1799 年

〔註35〕趙世琛，《大肚趙氏族譜》（臺中：未出版，1986 年），頁 60。
〔註36〕〔清〕劉良璧，《重修福建臺灣府志》〈卷五、街市〉，「大肚街距縣治北一十五里、犁頭店街距縣治東北三十里、竹塹街在竹塹城內、八里坌街在上淡水」。
〔註37〕〔清〕周璽，《彰化縣志》，〈序‧纂修職銜〉，1834 年。
〔註38〕洪慶峰主修，《臺中縣鄉賢傳》（臺中：臺中縣立文化中心，1988 年 5 月），頁 26～27。

西雝社成立時，他只六歲，應不可能參與創立西雝社；而楊占鰲過世於 1843 年，1887 年磺溪書院開工興建時，楊占鰲已過世 44 年。

「楊氏生有四子，長宜春，次宜夏，俱入郡庠。孫道東武秀才，割臺時曾為義軍營官，赴南崁備戰，------。日據初期受任為大肚下堡大總理，民前 14 年（日明治 31 年）11 月任烏日區長。」〔註39〕「誠忠奉公，聲名最佳。35（1902）年 8 月授紳章，蓋清朝武秀才也。大正 3 年 1 月卒。享年 48。」〔註40〕（楊道東 1866～1914），楊家三代俱有功名，又是大肚下堡地方領袖，但以楊占鰲之生卒年月，如有參與書院興建者應是楊占鰲之子或孫輩。

趙順芳（1828～1896），生於道光 8（1828）年，卒於清光緒 22（1896）年，〔註41〕趙光亨三房孫，與其長房侄趙海邊（1819～1880）共同創立錦源棧，經營米穀出口貿易致富，熱心地方公益，曾領導重修大肚下街永和宮、頂街萬興宮、永和保安宮，〔註42〕並發起西雝社社員及地方仕紳創建磺溪書院；楊占鰲 1843 年過世時，趙順芳才 16 歲，以兩人年齡差距及當時社會地位，不可能就西雝社社務或磺溪書院興建事宜有所磋商。

趙璧（1850～1919），趙順芳長子，生於道光 30（1850）年，〔註43〕清代大肚庄唯一文秀才，書院建設實際負責人；日本治台後，屢受重用擔任大總理、辦務署參事、保長、區長等職務，領導地方仕紳向總督府請願設立大肚公學校，並代表將書院及名下所屬財產田地共十餘甲捐獻政府，「明治 28（1895）年擢用大肚下堡大總理，鎮撫人心最力，翌年登庸辦務署參事，兼攝保長，後選舉區長，佳績頗多，明治 35（1902）年授紳章」，〔註44〕他並曾於 1890 年前後捐資修王田圳，而成為王田圳圳主之一，〔註45〕於 1912 年〈公共埤圳組合大

〔註39〕洪慶峰主修，《臺中縣鄉賢傳》，頁 26～27。

〔註40〕臺灣總督府，《臺灣列紳傳》（臺北：臺灣總督府，1916 年），頁 197。

〔註41〕參考趙璧曾孫趙世章提供家族戶籍謄本。

〔註42〕趙日成，《大肚永和宮沿革》（臺中：未出版，1970 年）。及相關廟宇重修碑記。

〔註43〕趙日成，《大肚永和宮沿革》。及相關廟宇重修碑記。

〔註44〕臺灣總督府，《臺灣列紳傳》，頁 189。

〔註45〕趙文華，〈由古文書看大肚下堡的水利開發與水利秩序——以大肚圳王田圳為中心之考察（1735～1945）〉，《台灣古文書學會會刊第 29 期》，2022 年 4 月，頁 18。王田圳自興建完成，就一直面臨上下游分水之爭、遭截流斷水之患，水圳主面臨收水租困難，管理不易，投資虧損之窘境，多年積弊，一直無法解決，沿岸農民困擾歷年不斷，下游農田則無法順利引水灌溉。故趙璧與渡船頭庄郭阿高出資興修王田圳，應是未解農民困境的義舉，非著眼水租收益。

肚圳規約〉還記載趙璧為大肚圳圳主之一。[註46]

黃玉書（1844～1889），鹿港人，磺溪書院「董事」，光緒元年（1875）適為恩榜，年32歲赴福州鄉試，中式為舉人，光緒初年曾任員林興賢書院「山長」，[註47]為人謙恭有禮，族人若有糾紛，常由他出面調解；與人相交，肝膽相照，遇有義舉常捐金相助，隨手散去，未嘗介懷。他鑽研學問不輟，又擅長堪輿之學，若得古書善本，常終日讀不倦；又熱心地方公益，經常帶領地方仕紳與官府接洽地方建設及興革；黃玉書授徒無數，學生中以辜顯榮最為著稱，辜氏自8歲至20歲受教於他，習讀漢學，黃、辜兩家關係良好。[註48]。

趙廷章（生平待查），磺溪書院「董事」，光緒7年署名鰲城趙廷章為彰化大西門福德祠題寫「重修福德祠碑記」，署名筆跡與磺溪書院立柱楹聯相同，[註49]應是當時鹿港名書法家。

張錦上（1864～1933），清末大肚保進出口郊商領袖，1896年曾以「大肚堡三郊船商所長」身分領銜帶領汴仔頭港、塗葛堀港、梧棲港等地一百多家船商，向總督府請求重新在塗葛堀開關驗稅；[註50]1895年受命任塗葛堀區總理，1904年選任區長，1911年授紳章，[註51]《臺灣官紳名鑑》評為「名望家」「地方有力者」，受地方人士尊崇之「同地方唯一之代表人物」。[註52]

蔡燦雲（1852～1902），出生於葫蘆墩，後遷大甲，19歲結婚後，輾轉遷至汴仔頭經商，初期生意有起有落，1894年與林朝棟合資成立「福源栳館」，出口樟腦至香港，為事業之大轉折點，次年乙未割臺，林朝棟不知「臺灣將若何塗炭」，派鄭以專到汴仔頭停止「福源」業務並結清帳目，將樟腦業務歸蔡燦雲統一經營，沒想到此後數年樟腦價格倍增，至1899年日治政府將樟腦收歸專賣止，五年內蔡家累積資產成大肚首富；[註53]自1898年起即由日治政府任命為大肚下堡第12區、汴仔頭區、茄投區（行政轄區相近、隸屬區劃變

---

〔註46〕〈大肚圳組合組織及規約認可（臺中廳長）〉，《臺灣總督府公文類纂》，國史館臺灣文獻館，卷典藏號：00002087，頁191。

〔註47〕林文龍，《彰化書院與科舉》，（臺中：晨星出版，2012年2月），頁91。

〔註48〕TBDB臺灣歷史人物傳記資料庫，傳主／黃玉書，李昭容撰稿。

〔註49〕筆者2023年3月5日現場查訪紀錄。

〔註50〕〈塗葛窟二稅關出張所開設方張錦上等願書添へ臺中縣稟申〉《臺灣總督府公文類纂》，國史館臺灣文獻館，卷典藏號：00004536021，頁231～239。

〔註51〕臺灣總督府，《臺灣列紳傳》，頁183。並參考張瑞年先生題供張家族譜。

〔註52〕林進發，《臺灣官紳年鑑》（臺北：民眾公論社，1932年），頁426。

〔註53〕蔡清筠，〈鹿港綠香居主人自述〉，頁90。並參考蔡承諭先生題供蔡家族譜。

更）街庄長，與日治政府關係良好，配合地方建設屢獲表揚，在地方甚孚眾望。〔註 54〕

蔡翰雲（1867～1921），蔡燦雲同母異父弟，也是事業夥伴，於 1902 年蔡燦雲過世後，接任茄投區長，1905 年與蔡燦雲長子蔡春海同獲總督府授紳章。〔註 55〕

綜合以上先賢生平，進一步整理西雝社及磺溪書院創建相關先賢大事記時間序列如下，西雝社成立於 1799 年，趙順芳不是西雝社創辦人，而當時楊占鰲只 6 歲，也不可能參與創立西雝社，而 1887 年磺溪書院創建時，楊占鰲已過世 44 年，所以不可能參與創建磺溪書院，而鹿港舉人黃玉書自署「董事」為書院三川殿立柱題楹聯，書院拜亭楹聯「溪光橫一帶鹿渚遙連」，更指出磺溪書院創建與鹿港地方或文人的淵源，承先賢福佑，這些珍貴的史料屹立於書院至今，一直向後人訴說書院創建史。

根據明治 35 年 9 月 18 日《臺灣日日新報》第 1316 號報導，臺中廳下各公學校有基本財產者有臺中、大肚、東勢角、石岡等四校，大肚公學校有土地十甲餘，當年收入 363 圓餘。〔註 56〕

又據一件明治 35 年 4 月 23 日，大肚下堡土地調查局派出所〈大肚下堡海埔仔庄大租石記入件〉記載，〔註 57〕文昌公在海埔仔、水裡港都有田地，而趙璧登記為管理人，由此可以了解，磺溪書院的學田廟產分布於大肚下堡各地，當年大肚下堡這些前輩仕紳們經商致富之餘，也不忘關心社區，捐資興學教育子弟，為地方奠定長遠發展根基，除了建設的美輪美奐的書院建築之外，

〔註 54〕〈木杯紀績〉，《臺灣日日新報》，1897 年 12 月 15 日，第 380 號。
〔註 55〕臺灣總督府，《臺灣列紳傳》，頁 186、190。並參考蔡承諭先生題供蔡家族譜。
〔註 56〕〈學校財產〉，《臺灣日日新報》，明治 35 年 9 月 18 日，第 1316 號。
〔註 57〕〈大肚下堡海埔仔庄大租石記入件〉，《臺灣總督府公文類纂》，國史館臺灣文獻館，典藏號：00004447007。

更捐獻田產，以每年田租收入，作為書院膏火之資，使弦歌不輟，百年教育得以永續，其胸襟情懷，更是令人緬懷敬佩。

圖 3-11　1908 年掛有大肚公學校招牌之磺溪書院〔註58〕

資料來源：臺大圖書館典藏。

## 四、磺溪書院是大肚的建築瑰寶

興建磺溪書院時，錦源號出資出力最大，累積善因傳承至今，錦源棧共同創辦人之趙海邊之「來孫女」趙文君及夫婿王政綱，同心研究磺溪書院之歷史及建築之美，分別寫成碩論，並長期為文推廣，教育地方學子及各界參訪人士，認識書院之歷史意義及建築之文教意涵。

謹摘取王政綱碩論說明書院建築之歷史過程及意義如下：

> 錦源號的負責人趙順芳經商成功後，有感大肚地區商業興盛、農業
> 發達，但文教不興，為振興文風，趙順芳決定以錦源號商號的財力
> 為後盾，邀集地方人士興建書院教育興學。約從光緒初年開始著手
> 規劃籌建書院。先勘輿擇地選擇興建書院的好風水，最後覓得磺溪
> 書院現址（據耆老傳說是蜜蜂穴），並到大陸購買上等建材。再者憑
> 著錦源號與大陸貿易頻仍，得到與商號往來船行蔡勝記和張錦上的

〔註58〕國立臺灣大學圖書館典藏。

協助，從臺灣出口運送農產品到大陸，回程裝載購得的福州杉、青斗石、泉州白石等建材返航，當時船運就能將建材一路從塗港堀港上溯到磺書院前的廣場。又從大陸聘優秀的工匠，因財力豐厚又運輸便利，磺溪書院所採用的建材多為上品，一切籌劃就緒即開始大興土木興建書院，於 1890 年完工。〔註59〕

綜合王政綱對磺溪書院建築之美的研究，敘述如下：

磺溪書院雖然格局不算大，但整個建築相當考究，從細部裝飾到特殊的屋頂型態都呈現華麗的結構。平面的設計展現出一般民宅與孔廟之間的結合，立面上的構造也是在閩南式建築之中相當罕見。

從建築架構與風格而言，磺溪書院為二進雙護龍、立面廣達七開間、傳統閩式四合院建築大厝；坐北朝南，略偏東方，前埕寬廣，形式雄偉，由外向內分別為山門，拜亭及正殿，兩側均有廂房，正殿與廂房間有過水相連。由於書院採用中軸方式進行合院建造，呈現出飛揚與肅穆的風格。第一進為山門；山門之結構為九架帶前簷廊，共有七開間，封柱落在二檻下。屋頂分為五個段落，中央三間獨立一段凹入開三門，山牆亦不與鄰段相連，主脊高出牆面許多，脊沿框以瓦當和滴水，脊堵飾以華麗的陶飾剪黏，脊下鋪瓦筒收邊，脊堵上下均留有通風空隙。

第一落屋頂的屋簷線，自中央向兩翼逐次降低，在中央的三個段落則採取獨立式作法，形成六個燕尾，左右兩端的屋頂另以歇山式手法表現，直接覆蓋在耳房翼牆上。飛揚的三川燕尾，層層疊降的屋面瓦礫，如此豐富而壯麗的屋頂組合，氣勢磅礴在臺灣建築中極為出色。三川殿並飾以石雕、木雕、磚雕、剪黏、斗拱、吊筒…多采多姿，穩重雅緻中流露不凡氣質，為全書院建築的精粹。此外，在山門兩翼，左右各有一扇海棠門（又稱劍環門）通往側室，也是一般閩式建築所少見。〔註60〕

王政綱並引述李乾朗（1998）稱許磺溪書院建築藝術價值極高，其特色有四：

---

〔註59〕王政綱，〈傳統書院建築藝術之研究——以臺中市磺溪書院為例〉（彰化：大葉大學設計與藝術學院碩論，2012 年 6 月）。
〔註60〕王政綱，〈傳統書院建築藝術之研究——以臺中市磺溪書院為例〉。

（一）建築風格介於民宅與孔廟間之綜合體，第一落門廳之兩翼山牆向外斜出，立面壯觀華麗。講堂兩側山牆正中闢有側門，均為一般閩南式建築所罕見。

（二）細部裝飾及磚作功夫極佳，精細的磚雕可能為臺灣清代建築中最優秀者。

（三）屋頂造型型態特殊，第一落共有七開間，中央三間凹入，開三門。左右兩端亦開有入口，臺基高出地面約 50 公分，嵌有綠釉花磚。屋簷線自中間向兩翼逐次降低，分為五個段落，八個燕尾，豐富壯麗之屋頂組合，可說是臺灣建築史上獨一無二的作品，更叫人讚嘆不已的是中央屋頂之主脊竟高出屋面甚多，並覆有小屋頂及留有通風孔隙，這種誇張的華麗程度是很少見到的。

（四）牆面及臺基部分多用卵石，可能即採自大肚溪。拜亭雖為歇山頂，但其屋脊之作法亦屬誇張表現。總而言之，這座建築無一不表現其傑出之造型與施工之精巧，具有很高的藝術價值。〔註61〕

圖 3-12　磺溪書院建築之美

資料來源：筆者 2020 年 9 月拍攝。

---

〔註61〕王政綱，〈傳統書院建築藝術之研究——以臺中市磺溪書院為例〉。

從磺溪書院三川殿正面石柱兩付對聯，更可看出當年先賢對重視地方教育，振興地方文風的期許，內側石柱對聯：

　　磺石舒丹半壁嵯峨開筆鎮，溪流映碧千層浩瀚啟文瀾

外側石柱對聯：

　　磺氣蔚蒸鍾士氣，溪光潋灩映文光

## 五、磺溪書院為日治時期御遺跡

乙未戰爭時，日本近衛師團司令北白川宮能久親王，率軍南下，於 1895 年 8 月 26 日，暫住大肚磺溪書院（隨行者讚美磺溪書院為能久親王一路住過最精美之建築），午後至船仔頭大肚溪邊視察軍情，對面八卦山抗日義軍發射砲彈，從北白川宮頭上 5 公尺飛過，落於 20 公尺後方沙地，〔註62〕相傳北白因此受驚嚇而得病，後死於臺灣；8 月 27 日晚，能久親王與隨行將校於崁子腳福興宮前宿營，日本領臺期間，尊能久親王為臺灣鎮護之神，全臺各地能久親王曾停留之處指定設立御遺跡 34 處紀念，〔註63〕大肚就有磺溪書院、崁仔腳露營地、船仔頭視察處等三處御遺跡，每年 10 月 28 日能久親王冥誕，地方仕紳、公職人員及學生，都要前往行禮致敬，〔註64〕也因此日治時磺溪書院保存良好。

畫師根據能久親王船仔頭大肚溪邊視察軍情作成畫像，於 1905 年又根據畫像塑成銅像立於東京近衛師團司令部前（目前東京北之丸公園內），〔註65〕砲彈也被副官西村貢之助大尉挖出，現存能久親王故鄉日光二荒山神社。〔註66〕

---

〔註62〕古谷義德，《少年北白川宮能久親王》，（東京神田：大同館書店，1933 年），頁 312～321。

〔註63〕臺灣總督府府報，昭和 10 年 12 月 5 日，第 2557 號。

〔註64〕筆者父母親口述，父親就讀大肚公學校，在校時每年都由老師帶隊至磺溪書院致敬，母親就讀追分公學校，每年都由老師帶隊至崁仔腳御遺跡致敬。

〔註65〕古谷義德，《少年北白川宮能久親王》，頁 314。

〔註66〕臺灣總督府內務局，《史蹟調查──北白川宮能久親王御遺跡》（臺北：吉村商會印刷所，1935 年 12 月），頁 41。

圖 3-13　能久親王銅像

資料來源：增田喜和子拍攝〔註67〕

圖 3-14　能久親王船仔頭大肚溪邊視察軍情

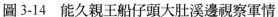

資料來源：古谷義德，《少年北白川宮能久親王》，頁314。

〔註67〕筆者接待之扶輪交換學生，早稻田大學人類學研究所研究生增田喜和子，2021
　　　年2月3日至東京北之丸公園拍攝。

## 六、磺溪書院的衰頹與重生

　　二戰末期，書院受到美軍轟炸大肚紙廠所波及，龍邊廂房受損，光復後，地方經濟凋敝，書院無人管理，護龍、山川殿逐年頹敗，書院大殿建築大致還完整，在民國42～48（1953～59）年間，因戰後嬰兒潮，入學學生增加，大肚國小校舍不敷使用，曾再使用書院大殿設立分班，當時磺溪、永順村一、二年級生，於此上課，據當時住於龍邊廂房的李玉雲老師向學生回憶，當時廂房牆壁（靠南邊部分）倒塌，公所只簡單以木板隔間，她就住了6年，筆者國小一年級，就於此啟蒙受教於李老師，留下特殊的求學生涯記憶，也見證了書院的教育功能。

圖 3-15　筆者小學一年級同學 1957 年於磺溪書院留影

資料來源：筆者國小一年級班級合照。

　　1959 年臺灣發生八七水災，大肚溪水暴漲，河水倒灌重創大肚，灌入書院的正殿水深及腰，建築泡在水中，水退後丹墀鋪設的拼花地板被約一尺高的黃土覆蓋自此不見天日，左方護龍的牆面也倒了大半，書院建築受到嚴重的傷害。隔年又發生八一水災，洪水再次侵襲書院，經過兩次水災，建築體

更為殘破。連續兩年的水災肆虐，周圍居民都是受災戶，因此沒有經費可進行維修。更有宵小之徒，不時偷竊書院木雕、石板等建材，（當時兩岸不通，青斗石、泉州白石等建材奇貨可居），造成人為破壞，幸由陳榮懷鄉長及大肚國小雒繼光校長等有識之士奔走，於 1985 年政府公告為三級古蹟，並由文建會專款補助修復，委由漢寶德教授率領建築團隊 1986 年開工，1989 年完工，可惜又於 1999 年 921 地震時受損，2006 年才再度修復完成並重新開放。〔註68〕

　　磺溪書院是大肚現代教育的啟蒙地，目前只保留文昌祠建築，供奉五文昌帝君，已指定為臺中市定古蹟，每年農曆二月三日，文昌帝君誕辰，依例由爐主主持誕辰祭典，祭典儀式一直傳承至今，參加祭典人員，目前除了地方民眾以外，地方各級學校都會安排學生參加，以傳承鄉土文化教育。

圖 3-16　文昌帝君誕辰校長帶領學生致祭

資料來源：趙淑珍 2019 年 3 月拍攝提供使用。

---

〔註68〕　本段參考趙文君碩論〈磺溪書院之研究〉及筆者個人經歷整理。

圖 3-17 文昌帝君誕辰祭典

資料來源：趙淑珍 2019 年 3 月拍攝提供使用。

## 小 結

　　先民由移墾過程及初期對生活的不安，產生對原鄉神明的精神依賴，對在地自然神祉、在地亡故先民神靈的禮敬崇祀；信仰發展過程，又吸收在地風土甚至平埔族群習俗，由原鄉神信仰而逐漸信仰在地化，下蓁仔尾庄境內有四座不同功能廟宇，並形成以庄內「福興宮」為中心之村庄祭祀圈，既滿足庄民的信仰需求與精神寄託，且成為庄民公共事務意見整合、問題排解中心，神、人共治，促進地方和諧；進而原趙姓族人聚居的大肚五庄「大肚、莿仔內、崁子腳、下頭仔、下蓁仔尾」，形成以「永和宮」媽祖廟為中心之「聯庄祭祀圈」，這雙層祭祀圈構成神明信仰的精神安定力量，同時祭祀圈內五庄又以血緣宗族內聚團結，內聚而融合地方，外向而共同維護權益；而文昌帝君信仰與磺溪書院的創建，則在形而上層面，讓地方轉型文教，以面對官府法治規約時，產生講道理的能力及爭取權益的代表，但在庄民積極努力讓地方轉型時，卻面臨了挑戰。

　　甲午戰爭清國戰敗割臺，地方民眾這時面對的是脫亞入歐、勵精圖治，初學近代國家法治的日本殖民統治者，剛剪掉辮子的農民，雖有聯庄祭祀圈甚至擴大至信仰圈的交陪連結，但面對的是殖民統治者的國家力量，而官有地拂下政策，就成了雙方遭遇的衝突場域，也讓大肚庄農民抗爭寫下悲壯的一頁。

# 第四章　日治政府不公與大肚農民運動

　　以趙港、趙欽福、蔡瑞旺、陳啟通等為首發起，大肚庄農民組成的「大甲農民組合」，是日治時期繼「鳳山農民組合」、「二林蔗農組合」之外，1920年代臺灣農民運動的主力團體之一，但時到今日，大肚地方人士甚至當年農民組合領導人家屬，對大甲農民組合相關事蹟，大都一無所知，大甲農民組合在大肚可說是船過水無痕；學界有關研究臺灣農民運動的論文、著作，也都以「鳳山農民組合」及簡吉，或「二林蔗農組合」及李應章為對象，對大甲農民組合不但欠缺有系統的研究，在相關論文、專書之中，對「大甲農民組合」相關的人、事、地也多所誤植，殊為遺憾，因此筆者謹以大肚在地人觀點，試圖還原當年事件始末、抗爭的本質，為什麼大肚一個鄉下地方，當年能匯聚這麼大的反抗政府能量，以及共產黨謝雪紅介入，農組產生質變，政府壓制後，大肚人的對應，甚至後續日治政府對大肚的治理，對大肚造成的漣漪效應，這一連串的歷史，值得深入研究，個人勉力破題，尚待後繼有志者繼續努力。

## 第一節　日治大肚農民組合抗爭與發展始末

### 一、事件源起

　　伊澤多喜男 1924 年 9 月 1 日起就任日本統治臺灣第 10 任總督，伊澤於 9 月 30 日抵臺到任，10 月 1 日於總督府訓示：「凡擔當公職者，宜常嚴持志操之高潔。以公明正大之心。任當其事。善為作與其精神。不可苟安懈怠。此國

不待言者也。方今人心頹蕩。綱紀廢弛。實堪憂慮，將求諸君戒慎。」〔註1〕，這一到任訓示，給了全體公務員，主要是日人在臺官員一個下馬威，也表示當時日本國內對臺灣總督府以下官員紀律廢弛的不滿，伊澤是奉命而來整頓，到任後伊澤立即聽取各單位簡報，並於一個月內，旋風式赴臺灣中、南部及東部各地巡視，深入瞭解基層實際情況，隨即對各單位作出行政整理、官制改正、裁汰冗員之決定；伊澤並於 11 月 20 日返抵東京，向各單位對次年度預算及行政整理作磋商，於同一天，後藤行政長官在總督府召集各局長、部長及各單位主管轉達「伊澤總督。以此次整理退職之人。決非無能。惟國政遂行上，不得已希望為犧牲者。退職後。在各關係者當力為援助，予以生活保證。」〔註2〕，總督府並於 12 月 1 日公布官制改制決定案，〔註3〕伊澤總督於 12 月 28 日返臺，29 日立刻召集各州知事、局長及各單位首長於總督府集會，並就行政整理及官制改正做了訓示，並隨即發布官制改正府令及各州知事任免令。〔註4〕

十二月在對總督府各部局長及高等官員的訓示中，伊澤也再次訓示道：「當此欲改之時，不許稍挾私心，或為賣名的之為，抑統治之對象，非僅十五萬之內地人，而在三百數十萬之本島住民。然而從來之本島民。默默有所思而不語。故當政治行政者宜努力於視無形聽無聲。以圖本島民之幸福與福利。」〔註5〕這番訓示及行政整理、裁汰冗員等措施，對當時居住在臺灣，習慣於享受特殊利權的日本公務員及人民，造成很大的衝擊，引起在臺日本人的不滿與反彈，為了對裁汰退職官員，予以生活保證，日治政府專斷的將臺灣多處及大肚庄農民世代耕種的 50 甲未登記所有權的溪埔地，放領給日籍退職官吏，造成多地農民抗爭，大肚庄農民在趙港（1902～1935）趙欽福（1881～1961）陳啟通（1906～1982）蔡瑞旺等領導下，組成大肚農民組合，而演變成長期農民抗爭運動。〔註6〕

〔註1〕〈督憲訓示〉，《臺灣日日新報》，1924 年 10 月 2 日，第 8759 號。

〔註2〕〈來月一日から　一齊に整理　府內大縮小〉，《臺灣日日新報》，1924 年 11 月 20 日，第 8808 號。

〔註3〕〈臺灣總督府　官制改正決定〉，《臺灣日日新報》，1924 年 12 月 4 日，第 8822 號。

〔註4〕〈官制改正に伴ふ　府令訓令の主なろもの〉，《臺灣日日新報》，1924 年 12 月 26 日，第 8844 號。

〔註5〕〈宜增島民之福利〉，《臺灣日日新報》，1924 年 12 月 31 日，第 8849 號。

〔註6〕許世楷，《日本統治下的臺灣》（臺北：玉山社，2016 年 1 月 POD 版四刷），頁 315，316。

## 二、大肚庄農民之訴求

　　對日治政府專斷片面決定，將農民世代賴以耕種為生的土地，放領給日籍退職官員，當時大肚庄農民的抗爭訴求及理由，應予以還原，讓後人了解事件始末，當時《臺灣民報》，於 1927 年 10 月 2 日第 176 號曾登載一篇署名「大肚農民組合謝進來」，以〈土地拂下之取消運動〉為題之文章，內容非常詳細，對於大肚之退官土地拂下問題取消運動繼續進行，說明其事件歷史背景、緣故者（農民）辛苦對抗天災的開墾過程、官方忽視農民權益的處理、退官不當得利的不義，供「官民各方」參閱並思考，內容如下：

> 這些土地都是我們祖先所遺留，於清政府時並經丈量完畢，並持有「丈單、田契」等證書，歸日本治理後至今也都有繳納租稅，明治31、2（1898、9）年間，部分洪水流失而荒蕪地，向政府申請免租而受理。〔註7〕
>
> 明治 34、35（1901、2）年，土地調查時，農民對其災後殘有部分做所有權申告，其後自行努力栽種茅草、田菁等植物，以防水及讓流沙淤留，結果，明治 44（1911）年至大正元（1912）年間，一部分流失土地又浮覆出來，林野調查時，一部分也登錄了。
>
> 大正元年以後，陸續又有浮覆，但高低崎嶇，又無水源，乾燥的沙地無法用來耕種。就是農民用砂土替換改良土質也沒作物收穫，幾回的耕地作業結果都是徒勞而歸。但是農民也毫不氣餒，一直致力於堤防作業，開闢排水溝渠、改良灌溉，整平田地，去除雜草等，投入勞力及資金後，漸漸開闢成良田，到了大正 8 年 3 月時，向官方提出「官有森林原野豫納賣渡許可願」，但不被許可。
>
> 大正 13 年 2 月左右，前後兩回提出地域變更申告，而州當局則回應河川整理未完成為理由而擱置。
>
> 大正 13 年間，又提出官有原野貸下許可願，大正 14 年，又附圖面提出嘆願書。提出數回也沒得到官方回答。
>
> 大正 14 年 9 月，農民因一直無法得到所求，選出二十餘名代表，到大甲郡役所晉見，表達該土地是屬於我們的緣故所有，請拂下給緣故者的要求，郡守及兩課長斥責農民之要求不合理，經農民再三哀

---

〔註7〕〈臺中縣趙正外十一名出願荒地免租年期附與認可〉，《總督府公文類纂》，件典藏號：00004562013，本件經臺中縣知事呈報總督府認可。

嘆，才表示「一部分土地拂下給退官的事已決定，我將來可以協調，讓以前耕作者可以贌耕，照以前一樣永久耕作。」口頭承諾。

大正15年1月間，州當局將農民之粒粒辛苦、開墾結果最優良的五十餘甲田地給了退官前大甲郡守池田壯太郎、現任辯護士北村寅吉、增田多助、岩淵恕、長谷八太郎、松本多助太郎等六人，從此土地農民申請預約賣渡，轉為拂下退官之事已決定，農民知道他們從來之勞力歸於水泡了。

歷史上從來都是土地拂下給緣故耕種農民，現在政府土地拂下退官，農民賴以為生的路沒了，未來不知如何過日子。

而這些退官有現為菸草中間商（長谷八太郎）工程承包業（岩淵恕）辯護士（北村寅吉）等還有其他人有相當的職業、地位，他們也領有恩給年金、特殊福利等，跟社會下層農民依賴土地生產物維生，境遇實有天壤之別，而現在土地拂下條件實在違反了臺灣總督的拂下方針：第一、是以荒蕪未開墾之土地拂下。第二、啟發臺灣人，促進內臺融合。第三、增加生產。

但是現在把土地拂下給退官，無法達成前述任何一點，第一、該土地是有緣故者的，第二、農民投入很大的財力、勞力改良土地，第三、前後已向官方作數回願書、申告、嘆願等要求承購土地，未獲政府回應。第四、農民唯一賴以為生的資源在此，如今強奪貧乏無產農民的生活資源，轉給有地位、有恩給、有專賣事業特權所得的有產階級，奉送奢侈費，這是政治罪惡，我們已厭惡，將死守土地與暴政抗爭。

　　從全文內容，可以理解整個事件一開始，地方郡守及行政官員們，明知這些土地並非無主荒地，而是農民世代耕種田地，因大肚溪水災頻頻沖損，農民辛勞復耕，現都已成田，農民也一再要求登錄所有權，但多年來政府置之不理，並將這些田地以無主荒地名義拂下給日籍退職官，這已完全違反總督府拂下土地給退職官三原則：「第一、是以荒蕪未開墾之土地拂下。第二、啟發臺灣人，促進內臺融合。第三、增加生產。」；徒然劫貧農之生機，成就已領優厚恩恤金或有良好退休生理之退職官，不但不合法、不合理更不合情，因此農民將死守土地與暴政抗爭。

以上農民訴求，實令人同情，撫今思昔，後人當知先人無端受殖民統治之無奈與辛酸，雖團結奮力抗爭，到最後也只能讓出所有權，付出贌耕費解決。

## 三、事件發展過程

《臺灣民報》於大正 15（1926）年 3 月 21 日，以〈大肚庄民的生死問題 土地拂下離了宣言太遠 退官者太橫暴了〉為題報導：

> 如退官者的保護原無不可、若破壞著在住民的生活、那就斷不能容的了。
>
> 在大肚溪東岸、因溪水流失、即其後再浮復、所以原所有者再著手開墾、其苦功勞力、慘澹營經、大正九年又變成了田畑一百餘甲。其費了很多的努力、莫大的資本、至大正十四年始見大好收成的。然而退官者土地拂下的大方針忽然由上司發表了。
>
> 及至大正 14 年 5、6 月中、退官者岩淵、增田、長谷、北村、池田、怒等六名、帶測量師來著手測量、立幾個境界標了、說官廳已拂下於吾們、便託庄長黃朝應對緣故者提起贌耕問題、條件是田地三十石、畑一百圓、庄長的意見、田地二十五石、畑五十圓、第一回交涉不見效果而止。至大正 15 年 1 月 20 日、退官者以岩淵及增田氏為代表、田畑總合一個年要六千五百圓、但緣故者說欲提供五千圓。------
>
> 然而 2 月 5 日大甲郡的召喚狀到了、趙耳、趙輝煌、趙維孝、趙守良、趙角、鄭三平、賴明、趙芳等就到郡警察課、受了一場的大說諭、又聽了種種的調停條件、2 月 6 日又受到大肚派出所的召喚去、佐佐木警部補提出地上五穀每甲補賠償金每甲十圓、強迫農民收納、農民不肯。……
>
> 2 月 27 日及 3 月 1 日、大甲郡守兩度到大肚協調、提出畑地引渡退官、田地 24 甲本年度贌耕費 2300 圓、農民起初同意 1500 圓、及後數度讓步、警部說若 1750 圓就可以解決、農民再三考慮、一年間的贌耕、像這樣讓步、若不承認、一年生計、無何可救、故不得不讓步、殊不知負責調停的這個案子、退官者不承認了、於是又將破裂了。〔註8〕

---

〔註 8〕〈大肚庄民的生死問題〉，《臺灣民報》，1926 年 3 月 21 日，第 97 號。

《臺灣民報》於大正 15 年（1926）5 月 2 日，再次以〈警官隊包圍大肚庄 恐怕庄民直訴〉為題報導：

> 到本（4）月 9 日、該庄中的關係者、做製陳情書、欲對總督府嘆願、11 日在庄內給緣故者蓋印、庄民有一保正某及日本人巡查某、捏造報告、說是欲直訴高松宮殿下、當局以為將作不穩行動、遂起一大恐慌、即時召集百餘名的警官、去包圍大肚庄、郡警察課長親往大肚庄、為指揮官、期夜半壹點鐘的時候號令一下、就欲拿縛庄民、而謀一網打盡的計策。……但將動手之時杞木梭氏由臺中市驅車前來、勸庄民將其陳情書提出於課長面前、而課長置之不理、欲拘留發起人、庄民共舉數人、負連帶的責任、至午前三點鐘、始得解除警戒、聞趙港、趙欣（欽）福以下數人、被認為發起人、被拘留數日、至本（四）月 13 日始見釋放、該陳情文被課長押收、至今尚未還給庄民云。〔註9〕

《臺灣民報》，大正 15 年（1925）5 月 16 日，又以〈大肚庄民聯合陳情 對於退官者拂下土地問題的不平〉為題報導：

> 上（四）月 28 日、鳳山郡下農民及大肚庄民的代表上北、關於該庄拂下給退官者的土地、陳情於內務局長及總務長官、此地全部非原野、皆是已經開墾的土地、又是關係者的緣故地、退官者既有恩給及種種利權、又要侵奪農民刻苦所經營的墾地、不勞而利得、徒作享樂地主、欺騙上司、將該土地出贌於製糖會社、其橫暴的手段、各地頗多惹起問題了。〔註10〕

《臺灣民報》這一系列報導將大肚庄農民面臨問題及事件的發展，退職官、官方及大肚農民的交涉過程與立場，說明非常清楚，經整理有以下幾個重點：

（一）日治政府為了安撫退職官員，保障其生活，以一紙命令將大肚溪岸農民耕作中的土地放領給退職官員，而政府政策是要退職官員自力農墾，但其實退職官員及地方主管官吏，都明知這些是農民已墾成熟田，退職官員只是坐收贌耕租金，這明顯違背總督政策，欺上瞞下。

〔註 9〕〈警官隊包圍大肚庄 恐怕庄民直訴〉，《臺灣民報》，1926 年 5 月 2 日，第 103 號。

〔註10〕〈大肚庄民聯合陳情 對於退官者拂下土地問題的不平〉，《臺灣民報》，1926 年 5 月 16 日，第 105 號。

（二）這些所謂無斷開墾土地，都是位於大肚溪邊，易受水患侵蝕的田地，在未築堤防以前，大肚溪每到颱風雨季，經常山洪暴漲，溪水漫流改道而沖毀兩岸田地，當田地被洪水侵蝕後，農民因災損為免繳田賦，就向政府報土地流失，但一段時間之後，辛勤的農民，就以竿蓁、鬼茅等插於沙地，讓土地再淤積復墾成田，又再度耕種作物，農人於復墾成田後，歷年多次向政府提出「官有森林原野豫納賣渡許可願」，但被以各項理由拖延未許可，這樣的辛苦開墾方式世代如此，這些土地，也都是這些認命的農民賴以為生的資財，但政府土地調查時卻判為無主官有地。

（三）農民對於日治政府的無理強奪其賴以維生的土地，一開始是透過提出嘆願書，上陳於大甲郡守和臺中州知事等地方主官，但未能得到合理解決，而且郡守、派出所警部等都不理農民申訴及嘆願，斥為沒有路用；警官及地方保甲也幫忙退官代表要強行進行挖掘作物作業。

（四）庄長及地方保甲是在地有力人士，當他們也附和日本官方的做法，這就對農民形成很大的壓力，同時地方也被分化，參與抗爭的農民也面臨被孤立的困境。

（五）在這樣的惡劣環境下，農民因延宕無法耕作，為了生計，不得不接受郡守所交代的派出所警部協調，同意付警部所提每年 1750 圓贌耕租金，等於也承認土地所有權屬退官所有，只求有土地耕作機會，但這條件還是為退官所拒絕。

（六）農民們於地方求助無門之下，計畫派代表北上總督府，陳情於內務局長及總務長官，在準備陳情書連署蓋章時，又有庄民保正某及日本人巡查某，捏造報告，說是庄民欲直訴於當年 4 月 10 日，到訪臺灣的大正天皇的三子「高松宮宣仁親王」，[註11] 因涉及皇族安全、時機敏感，造成基層官員及治安單位恐慌，而採取以一百多名警官包圍大肚庄，並拘留趙港、趙欽福等發起人，可見當局態度毫不轉緩，庄民也求告無門，面臨風聲鶴唳驚恐困境。

（七）大肚庄農民領導者趙港為尋求奧援，特別南下鳳山，尋求領導鳳山農民組合，對抗新興製糖有經驗的簡吉給予奧援。簡吉及趙港，[註12] 於 1926

〔註11〕〈第三皇子を迎へたる　臺中市の歡喜——御泊第一夜〉，《臺灣日日新報》，1926 年 4 月 12 日，第 9316 號。

〔註12〕蔡石山，《滄桑十年——簡吉與臺灣農民運動 1924～1934》（臺北：遠流出版社，2012 年 6 月），頁 85。

年4月28日（高松宮於4月20日離臺〔註13〕）北上向總督府，就關於該庄
拂下給退官者的土地，向內務局長及總務長官陳情，說明這些地全部非原野，
都是已經開墾的土地，而且又是關係者的緣故地，也就是原有農民耕種，退官
者既有政府所給恩給及種種利權、又要侵奪農民刻苦所經營的墾地不勞而獲，
懇求長官鑒察，主持公道，收回成命，將土地放領給原耕種者，但顯然這些要
求，並沒有為總督府接受。

（八）在各項政府溝通、請願，甚至為了生計而妥協，希望於體制內尋求
解決的方案都無效之下，大肚農民只得自力救濟，因而引發1926年6月6日，
在簡吉指導支持下，趙港等領導在地農民組成大甲農民組合及同年6月28日
臺灣農民組合的成立，後續幾年內風起雲湧，對日本統治當局造成甚大衝擊，
也影響了很多大肚乃至臺灣農民運動領導者及家人的命運。

## 四、大甲農民組合的成立

據1926年6月20日《臺灣民報》第110號：

最近大甲郡下大肚庄的熱心家為中心，也創立了一個農民組合，自
5月9日起趙欽福氏趙港氏外二十數名的創立委員熱心奔走，其間
雖有增永郡守的干涉刁難，卻也不以為意，於6月6日午后一時在
大肚媽祖宮開了盛大的成立大會了。會眾約有700人，來賓、本社
及臺灣三部新聞的記者外，有遠至嘉義、鳳山來的計數十人，到定
刻，首由陳啟明〔註14〕氏述開會之述，略陳開會的宗旨。次由創立
委員長趙欽福氏報告創立經過的情形，再次則一致公推蔡瑞旺氏為
議長，而入審議規約。

先由創立委員趙港氏為提案者，代表略說大意，後入逐條審議，除
二、三處的添削外，概照原案通過。繼再敲定宣言綱領主張等之後，
由議長指名左（下）記34名的委員。

〔註13〕〈宮家から　長官宛に　御禮電報〉，《臺灣日日新報》，1926年4月20、21
　　　　日，第9324、9325號。
〔註14〕〈臺中廳告示第四九号　公共埤圳大肚圳管理者改選ノ情由陳秀三再選就職
　　　　シタル件〉，《臺灣總督府公文類纂》，國史館臺灣文獻館，典藏號：00001289。
　　　　陳啟明之父陳秀三為清代武秀才，也是地方有力人士，曾為大肚圳圳主，也是
　　　　臺中廳長選定的公共埤圳大肚圳管理者。

【汭仔頭】蔡瑞旺＊〔註15〕、蔡水、陳啟通＊、陳清池、謝連登

【大　肚】趙耀東＊◎、趙欽福＊◎、〔註16〕趙獅＊◎、黃水力、鄭三平、賴明、趙榮章◎、趙輝煌＊、趙耳、趙角、趙拱照、趙混瀧、陳泰平

【大肚莿仔內】趙烏取、趙港

【社　腳】趙見賢、林兆、楊培、陳潭、黃佳

【龍　井】陳啟明、陳淇泮　　【沙　鹿】陳吉三、童清源

【清水街】王炎　　　　　　　【梧　棲】卓思明

【大　甲】王錐　　　　　　　【蔡　仔】陳竹籃

【王　田】陳丙

大會閉會後再繼續開委員會，議定進行事項及選舉左記的專任委員。

委員長趙港氏、主事趙拱照氏

會計趙欽福＊氏、庶務陳啟通＊氏。〔註17〕

| 圖 4-1　趙港 | 圖 4-2　趙欽福 | 圖 4-3　陳啟通 |
|---|---|---|

資料來源：趙港之孫趙建仁提供、趙欽福為筆者家族照片翻拍、陳啟通之子陳文苑提供。〔註18〕

---

〔註15〕＊代表筆者幼時見過之長輩。
〔註16〕◎ 代表筆者幼時見過之下蔡子尾庄長輩。
〔註17〕〈大甲農民組合的成立〉，《臺灣民報》，1926 年 6 月 20 日第 110 號。
〔註18〕照片皆由家人提供並同意使用。

　　這是針對日治政府強制將大甲郡大肚庄農民所耕種的溪埔浮覆地放領給日本退休官員之抗爭，繼「鳳山農民組合」之後，於大甲郡大肚庄所成立的臺灣第二個農民組合組織「大甲農民組合」，由 34 名委員所代表的居住地，在汴仔頭、大肚、大肚荊子內、社腳、龍井、蔡子、王田等庄，都是大肚溪北岸的村落，村民也都是官有地拂下政策的受害者，團結為爭取被統治暴力剝奪的生存權。

　　昭和 2（1927）年 1 月間，大肚庄農民所發起的部分地方公職保正、甲長、壯丁團等集體辭退，與兩百四、五十名公學校學生十多天的罷課，〔註 19〕這一波波的強力抗爭，對日治政府形成很大的壓力，也激起了日治政府的反制。

## 五、臺灣全島農民組合成立

　　自去年來在臺灣各地創立的農民組合逐次增加，所以各地的同志感覺聯絡統一的必要，議定創立臺灣農民組合，而各地在前在後所成立的都為臺灣農民組合各地的支部。於本年 6 月 28 日在鳳山農民組合事務所，開臺灣農民組合的成立大會，出席者有既成的大甲農民組合代表趙港、趙欽福、陳啟通，曾文的楊順利、張行、楊和尚，竹崎的林龍、鳳山的簡吉，黃石順諸氏及鳳山的農民組合員 5、60 名，極其盛況。那天先議決組合的規則，總共 7 章 30 條，就中最緊要的就是本部與支部的關係，如第 4 章支部的規則中有「支部以郡為區域，以組合員 10 名以上構成之」又有「新設支部時要將其組合名簿規約提出於本部」。所以以後為堅固團体的必要、極希望與各地將要成立的團体結合，承認本部發生本部支部的關係，所以同時現成的鳳山、大甲、曾文等各處的農民組合同時改為支部。又當日選舉的中央委員如左。

中央委員長（常任）簡吉

庶務部部長（常任）陳連標　部員　簡吉、黃石順。

財務部部長（常任）陳連標　部員　楊和尚、趙欽福、林龍。

教育部部長（常任）趙金本　部員　趙港、簡吉、陳啟通、張行、楊和尚、陳連標、黃石順。

---

〔註 19〕〈停學解決〉，《臺灣日日新報》，1927 年 2 月 6 日，第 9916 號。

　　爭議部部長（常任）黃石順　部員　楊順利、林籠、趙輝煌、陳啟
通

　　調查部部長（常任）簡吉　部員　張行、趙港、林籠

　　又既成各地支部長如左

　　嘉義支部長　林籠　　　　　虎尾支部長　陳常

　　大甲支部長　趙港　　　　　曾文支部長　張行

　　鳳山支部長　簡吉〔註20〕

## 六、農民組合大甲支部成立婦女部

　　自從第一次農民組合全島代表大會以後，農民組合在宣傳演講活動場合，開始起用女性講者，不久，葉陶女士成為各支部爭相邀請的對象。1928年2月29日葉陶繼續在大肚媽祖廟講「婦人與無產階級運動」。當日農民組合大甲支部開支部大會，並舉行婦女部發會式，參與會者男女總計約有四百餘名之多。其中，趙陳氏美〔註21〕對參加之婦女會員講述，「我們婦女處於現代之時勢須要出來活動，不可像舊式時代的婦女不出門戶，宛若木偶而以無事作為貴，這樣的思想實是時代錯誤，所以希望各自醒悟進出社會上活動，以求幸福為是。接著即選舉婦女部議員，當選者包括（趙）陳美、蔡愛子、黃對〔註22〕、趙鳳、陳閣〔註23〕、張財、陳市、陳輕。就中二十歲左右妙齡的日本女子蔡愛子是大肚支部委員長蔡瑞旺的夫人」〔註24〕，也是日治首任汴仔頭庄長蔡燦雲庶長媳婦。〔註25〕

〔註20〕〈臺灣農民組合成立〉，《臺灣民報》，1926年9月26日，第124號。

〔註21〕趙陳美為大甲農民組合領導人趙欽福二嫂，趙清雲二伯母，也是筆者曾祖母。

〔註22〕2020年4月16日訪問據者老黃榮慶，口述：黃對是黃溪妹妹，寡居臺中北屯賴厝廍賣豬肉，與謝雪紅住隔壁，兩人感情很好，黃對回大肚娘家時，也經常帶謝雪紅到大肚，跟黃溪家人很熟，也稱黃溪為兄，據黃溪四女兒「黃秀鶯」回憶，謝雪紅每次到大肚玩時，晚上就跟她同睡。

〔註23〕陳閣為趙欽福之妻子，卒於昭和15（1940）年，由趙欽福家神主牌查出。

〔註24〕〈農民組合大甲支部大會 舉行婦女部發會式〉，《臺灣民報》，1928年3月11日，第199號。

〔註25〕根據蔡承諭所提供大肚蔡家族譜。

## 圖 4-4　臺灣農民組合第二次大會合照

趙欽福
趙炎全
趙欽福右上為趙陳美
1 9 2 8. 7. 2. 3 0.
臺灣農民組合第二回全島大會紀念

說明：筆者曾祖母趙陳美及三曾叔祖父趙欽福抱其子趙炎全（前大肚鄉公所兵役課長）。
資料來源：《簡吉與臺灣農民運動專輯 漫漫牛車路》（高雄：高雄市政府文化局），頁
　　　　　67。

　　參與臺灣農民運動的少許婦女多為農組幹部的親人，如妻子、姊妹，當中
蔡愛子是大肚支部委員長蔡瑞旺的日籍妻子，陳闖是趙欽福妻子，陳美是趙欽
福二嫂，黃對是農組成員黃溪妹妹，後來於謝雪紅回臺中後，因住家緊鄰，成
為謝雪紅閨中好友，其他人有待進一步查證。

　　大甲農民組合婦女部也是整個農民組合運動中，很特別的一個單位，1928
年 8 月 29 日臺灣農民組合中央委員會，通過了謝雪紅提出的有關農民運動的
計畫，根據這個計畫，決定成立青年部、婦女部和救濟部。當時謝雪紅提到：
「我們回想到農組婦女部過去所做的是甚麼呢？實在是有名無實的婦女組織，
只有大甲支部婦女部原有五十餘名，餘外都是在進行中，這乃是農組忽略婦女
在運動上的力量。」〔註26〕可見謝雪紅對大甲農民組合婦女部的重視及期待。

〔註26〕陳炎輝，《簡吉年表》（臺北：財團法人大眾教育基金會，2018 年 12 月），頁
　　　　178。

圖 4-5　筆者家庭 1914 年合照

說明：家族長輩 1914 年合照，其中多人參加大甲農民組合。

資料來源：筆者家族照片。

## 第二節　大肚農民抗爭之本質與質變

　　透過對大肚農民抗爭事件之前因及過程發展的分析，更可以理解大肚農民抗爭是為求生活溫飽的經濟動機；是以保護傳統耕作農地地權為出發點。這是一場由地主、資本家結合佃農一起發動的抗爭，而且彼此利害攸關；是土地所有者、耕作者與殖民統治者的鬥爭。抗爭開始一連串的向庄長、郡守、州廳、總督府等嘆怨、訴願、求情乃至到日本國會的陳情，都是希望在臺灣總督府治理的「體制內」依法解決問題，抗爭是為了取得談判的有利條件。

### 一、為求生存的經濟性動機的體制內抗爭

　　大肚農民一開始先向大甲郡守和臺中州知事等地方主管提出請願書，但未能得到合理解決。但因抗爭延宕耕種農時，因此在庄長、郡守、派出所警部多次協調、威嚇下，為了及時耕種有所收成，而妥協退讓。同意地權歸退官，再向退官贌耕農地，繼而談判贌耕租穀數額。

在向各級政府溝通、請願，甚至為了生計而妥協，希望於體制內尋求解決的方案都無效之下，大肚農民不得已自力救濟，組織群眾向臺灣總督府公權力挑戰，因而引發了大甲農民組合及臺灣農民組合的成立與一系列的抗爭。但這場為求生活的無奈聚眾互助抗爭，純樸的農民，內心底層還只是求生活的改善。

從以上的事件源起、發展，農民在爭取權益過程中的無奈被動、對日籍退官者與官方強硬態度的反應與退讓，再由大甲農民組合成立時所通過的綱領、宣言及具體主張等來分析其思想背景，〔註27〕應是以養成農民知識、提升農村生活、保護傳統耕作農地、維持勉強溫飽的經濟性動機為出發點，希望在體制內依法解決面臨困境，但農民無奈的是他們所面對的是執法態度日、臺有別的殖民統治者。

## 二、農民與殖民統治政府之間抗官維權的抗爭

大肚農村，並沒有嚴重的資本主義社會大資本家剝削勞工、勞工勞動條件不佳、及地主剝削農民等問題，農民依血緣及婚姻聚族而居，也沒有嚴重的階級剝削，當時農民面對的是殖民統治者結合日籍官僚對民眾權益的漠視與剝削。

這場農民維權抗爭，是由地主階層或富戶等地方菁英領導，農民組合成立時的領導成員也都是地方保正、壯丁團長等領導人。1926年6月20日大甲農民組合成立時，先由陳啟明說明開會的宗旨，他是武秀才陳秀三之子，也是大肚圳主及臺中州長指定的大肚圳管理人。既是地主，也是日治官方在地方的代理人。報告創立經過的是地主趙欽福，〔註28〕議長是汫子頭庄蔡勝記商號經營者蔡瑞旺，是大商號，也是大地主。而大甲農民組合創立時34名委員名單，是由議長指定推舉，自然也都是地方頭人。所以這不是地主與農民或窮人與富人的階級鬥爭，而是地主帶頭，率領農民向殖民統治者進行的維護地權的抗爭。

在抗爭過程中，農民還是持續向官員陳情，與退官談判。雖然農民先訴求保住土地產權，但在官方及警察壓力下，還是忍痛承認退官土地所有權，只求長期贌耕權。而退官原來想要完整取得地權並轉贌給糖廠，後在農民持續抗爭

---

〔註27〕蔡石山編著，《滄桑十年：簡吉與臺灣農民運動1924～1934》，頁216～217。
〔註28〕趙欽福父親趙正及大哥趙守良都擔任過保正。

壓力下，也同意田地贌耕給原無斷開墾農民。〔註 29〕這時只剩轉贌費討價還價問題，由此可以還原農民抗爭的本意。

## 三、總督府恩威並濟迫使農民接受體制內改革

大肚農民的抗爭目標是為了求家庭安全溫飽，有後顧之憂，在體制內合法改革無法得到救濟時，不得不轉向「體制外階級鬥爭路線」尋求解決；但是面臨臺灣總督府持續恩威並濟，一方面以官警及司法高壓手段威逼緣故農民，以解決官有地拂下退官問題，再以「業佃協調會」解決業佃糾紛，取代並分化、排除農組抗爭正當性，大部分運動領導者及庄民被迫妥協接受「體制內合法改革路線」，也接受官方主導的調解談判。

從當時《臺灣民報》對事件的報導，可以看出緣故者、退官及官方的立場及互動過程。〔註 30〕「1925 年 5、6 月中，退官者託庄長黃朝應對緣故者提起贌耕問題，條件是田地 30 石、畑 100 圓（應是每甲每年贌耕費），庄長的意見田地 25 石、畑 50 圓。第一回交涉不見效果而止」。〔註 31〕

可知，退官取得土地並非要自耕，而是要當地主收租金，而且開出的每甲每年贌耕費超過兩期稻作年收穫量。〔註 32〕農民最初不接受此條件，後經郡守、警部數度協調，退官及農民互有退讓。〔註 33〕從這談判討價還價、官方施壓、農民抗爭的過程，可以看出官方及退官自知「於理有虧」，農民卻苦於「依法無據」，雙方都有壓力，但都期待能達成協議的談判過程。

---

〔註 29〕〈臺灣農民向帝國議會請願〉，《臺灣民報》149（1927 年 3 月 20 日），頁 5。嗣後，該緣故者（原所有者）竭盡辛苦，栽植雜草木，及建築隄防以防備水害。竟不負緣故者之功，其後再陸續浮覆。

〔註 30〕〈農村振興策與土地拂下的矛盾〉，《臺灣民報》151（1927 年 4 月 3 日），頁 2～3。

〔註 31〕〈大肚庄民的生死問題　土地拂下離了宣言太遠　退官者太橫暴了〉，《臺灣民報》97（1926 年 3 月 21 日），頁 4～5。

〔註 32〕臺灣總督府殖產局農務課，《臺灣米穀要覽　昭和四年》（臺北：該課，1930），頁 24～25、38～39。根據統計 1926 年台中州一、二期水田稻作共收穫 24.5 石/甲，還不及退官要求之田地贌耕費 30 石。最後農民願意接受的 24 甲田地贌耕費 1,500 圓，退官也退讓要求贌耕費 1,750 圓，以《臺灣日日新報》1926 年 2 月 24 日第 3 版報導，正米市場中南部米每百斤 10.32 圓，每石 233 斤計算，相當於每甲 2.6 石贌耕費，所以農民抗爭還是有效。

〔註 33〕〈大肚庄民的生死問題〉，《臺灣民報》97（1926 年 3 月 21 日），頁 4～5。

　　由 1927 年 7 月 4 日《臺灣日日新報》報導可知，[註34]最後雙方達成地權歸退官、耕作歸緣故農民的贌耕協議。農民也由抗爭及談判，而壓低了贌耕費以減少損失。雙方有堅持、有讓步，最後依臺灣總督府所訂之法於體制內達成協議。

## 四、為何農民組合能在大肚掀起浪潮

　　至於為什麼全臺有那麼多地方都有官有地拂下給日本退職官吏問題，大肚抗爭相對有組織又動員有力？經查當年領導人家庭背景及彼此關係，分析大致原因如下：

　　核心成員是大肚庄趙姓及汴仔頭庄陳姓族人，彼此有宗族血緣及婚姻連結，內聚力強，圖 4-7 為筆者整理〈臺灣日日新報〉及〈臺灣民報〉報導農民組合成立會、演講會以及與官方互動事件及相關人族譜等，以 Gephi 軟體所繪製之社會關係網絡。

<table>
<tr><td>圖 4-6　大甲農組社會關係網絡</td><td>圖 4-7　謝雪紅之大肚社會關係網絡</td></tr>
<tr><td>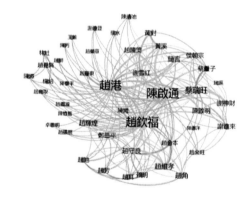</td><td>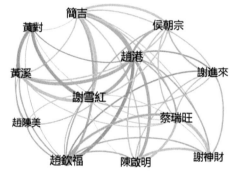</td></tr>
</table>

資料來源：筆者整理資料以 Gephi 繪製。

　　從圖 4-6 可看出歷次事件及活動參與者共 45 人，趙姓人士及眷屬共 21 人，8 位陳姓，彼此之間有密切的血緣關係，再加上蔡勝記商號及其他姓氏人士與趙姓、陳姓人士各有不同程度的婚姻互動，所以彼此利害與共、休戚相關，因此動員容易，群體內聚力強。

　　在這社會關係網絡圖中，較特別的是簡吉及謝雪紅兩位，因簡吉初創鳳山農民組合運動一鳴驚人，成為趙港尋求經驗支持的對象，南下尋求簡吉指導農

〔註34〕〈大肚庄の農民二百餘名　公務執行妨害で訴へらる〉，《臺灣日日新報》，
　　　　1927 年 7 月 4 日，第 3 版。

—158—

民運動組織經驗，兩人結成莫逆之交，簡吉也找到了強大支持，而隨即組織成立「臺灣農民組合」，形成島內外結合對日治臺灣總督府及統治當局的強力抗爭。

圖 4-7 為臺共謝雪紅之大肚社會關係網絡，謝雪紅及臺灣共產黨應是臺灣農民組合質變的關鍵人物，網絡清楚顯示謝雪紅在大肚有趙港及黃溪、黃對兄妹兩條連結，大肚的「大甲農民組合」是當時中部地區最有組織的農民運動團體，自然成為她爭取的對象，她除了跟趙港、簡吉等檯面上的農組領袖接觸外，她這時也因臺中住家鄰居婦女黃對的關係，經常到黃對於大肚下寮尾仔庄的娘家玩，與黃對兄長黃溪及家人建立親近關係，更進而深入到下簝仔尾庄農村家庭及婦女群體中；這段因緣更促成謝雪紅在 1947 年二二八事件時，1947 年 03 月 16 日謝雪紅、楊克煌等於二七部隊於埔里烏牛欄解散後，被政府緊急追緝時，3 月 17～20 日之間，半夜到大肚，要黃溪掩護她，黃溪義氣的由三月到五月前後約兩個月，藏她在甘蔗園內農舍，直到 5 月 19 日，海軍上尉蔡懋堂到大肚找謝雪紅，當晚坐火車到高雄，轉乘坐海軍軍艦離開臺灣到廈門，這段特殊隱晦的歷史，在當年是滔天大罪，現在則成一則軼聞。〔註 35〕

## 五、大甲農民組合領導人的家庭背景與抉擇

據本研究調查及訪問耆老所得，當時農民組合的領導人都出身於地主富裕家庭或自耕農，甚至本身曾自日治政府獲得公有土地放領，分析其家庭及事件後安排如下：

（一）趙港（1902.3.12～1935.3.3〔農曆〕），〔註 36〕臺中州大肚庄莿仔內人（今臺中市大肚區大東里），1909 年 4 月 1 日入學大肚公學校。畢業後，繼續就讀兩年大肚公學校實業科，於 1917 年 3 月 31 日畢業。〔註 37〕後於信用組合會社任職，並於 1923 年 5 月臺中中學會創校時，〔註 38〕經學科試驗

---

〔註 35〕綜合耆老黃榮慶（當事人黃溪之孫）訪談口述及張克輝著《啊！謝雪紅》，頁 203～216。

〔註 36〕根據趙家天水堂神主牌及〈大肚公學校學籍簿〉（臺中：臺中市大肚國民小學 藏）記載。

〔註 37〕〈大肚公學校學籍簿 大正 6 年畢業生〉。

〔註 38〕〈私立臺中中學會設立認可ノ件〉（1922 年 1 月 1 日），《臺灣總督府公文類 纂》，典藏號：00003417004；〈私立臺中中學會設立認可〉（1922 年 11 月 8 日），《臺灣總督府公文類纂》，典藏號：0071022796a010。臺中中學會為 1922 年

入學就讀三年級。

1926 年 6 月 6 日大甲農民組合成立，擔任委員長，1926 年 6 月 20 日臺灣農民組合成立，擔任大甲支部長，與簡吉等奔走全臺推動農民組合運動，甚至代表臺灣農民組合，與簡吉於 1927 年赴東京向日本中央政府陳情，也因此趙港人生起了很大轉折。短暫木炭商生意〔註39〕，兩年（1926）後放棄，決心完全投入農民運動，趙港父親趙長壽是聚落內地主，1915 年時也是庄廟鎮元宮登記管理者；於 1927 年 5 月，當時趙港已全副心力於農民組合運動，應已不從事農業或其他生計，但家中經濟還是允許他同意出資兩千元（當時可買 6 分水田），讓三弟趙從錫到中國讀書。

（二）蔡瑞旺／蔡愛子夫婦，蔡瑞旺生於明治 30 年（1897）5 月，明治 38（1905）年入學大肚公學校，明治 45（1912）年畢業，大正 4（1915）年 7 月畢業於臺灣總督府工業講習所鍛工分科，〔註40〕汴仔頭庄「勝記商號」創始人蔡燦雲庶長子，蔡愛子為其日籍妻子，大甲農民組合成立時，兩人都是領導人，蔡愛子還曾在婦女部發會式及婦女節演講「無產婦人的使命」及兩夫婦後續也多次公開演講。〔註41〕

蔡勝記在汴仔頭經營船運，在 1894 年霧峰林家下厝林朝棟因跟德商公泰洋行樟腦價格談不攏而解約，轉與蔡燦雲、曾君定組「福裕源號」合作，林家將溢額樟腦交「福裕源號」配運香港銷售，獲利甚豐，逐漸奠定事業基礎。一年後乙未之役，日軍武力接收臺灣，林朝棟家族奉命回到大陸，派劉以專到汴仔頭結算「福裕源號」業務，林家退股，結算後剩蔡燦雲一人經營，改名為「勝記佬館」，繼續經營樟腦外銷，而此時樟腦價格節節上漲，蔡家經營樟腦生意，短短五年內就賺了四十萬圓，為大肚首富，1899 年日人收回樟腦專賣，1898 年起委任蔡燦雲為梧棲港辦務署街庄長、臺中廳茄投區街庄長

10 月 1 日由總督府認可創立之私立中學，招收公學校畢業生，修業三年，依〈私立臺中中學會設立願書〉，1923 年度預定招收第一學年生 5 名、第二學年生 4 名、第三學年生 2 名，入學學生可以其學歷經學科測驗直接進入第二學年或第三學年就讀，該校借用臺中女子公學校（今臺中市立居仁國民中學校址）教室，於夜間上課。

〔註39〕 趙港住家臨大肚山，當時大肚山以相思樹燒炭，是重要的木炭生產地，可能因地利而暫營木炭買賣。

〔註40〕〈卒業證書授予〉，《臺灣總督府報》，1915 年 7 月 24 日，大正第 803 號。

〔註41〕〈農民組合大甲支部大會 舉行婦女部發會式〉，《臺灣民報》，1928 年 3 月 11 日，第 199 號。

等職，至 1905 年逝世止，1912 至 1919 年又委任其弟蔡翰雲為茄投區區長與龍井庄庄長，〔註42〕明治三十八（1905）年蔡翰雲及蔡燦雲之子蔡春海，總督府授予紳章。〔註43〕

（三）陳啟明，於大甲農民組合成立會致開會詞，父親為清代武秀才陳秀三，也是地主及大肚圳圳主，日治後被臺中廳長指定為公共埤圳大肚圳管理者。

（四）趙欽福（1881.5.1～1961.12.9〔農曆〕），〔註44〕臺中州大肚庄下藔仔尾人（今臺中市大肚區礦溪里）。於大甲農民組合成立會被推舉為會計，並於臺灣農民組合成立時，被推舉為財務部、教育部委員。在農民組合成立初期，非常積極參與活動。與趙港兩人是同為趙姓太祖派「從」字輩堂兄弟，〔註45〕並且是農組醞釀及成立初期最好搭檔，到處奔走，趙欽福還曾代表農組，向林獻堂請求援助，林獻堂當天日記「簡吉紹介陳德興、趙欽福來，謂農組經濟困難，請余援助。雖主義不同，而其熱心亦可佳，則與三十金。」〔註46〕但農組中期以後趙欽福就淡出，尤其共產黨介入之後的活動，就不見其積極參與；父親趙正及長兄趙守良曾任保正，〔註47〕在戶籍種別紀錄為「一」，代表為地方領導人，趙欽福明治 38（1905）年參加臺中農會農事講習所第三回講習生，修業證書授予式，當時參加者只 24 人，新渡戶稻造博士到場發表訓示文，可見層級很高，他也在受訓完，隨即於明治 39（1906）年 5 月向總督府申請四甲八分多官有林野貸渡，〔註48〕並於 1921 年 10 月完成開墾並買得 5、052 甲官有林野。〔註49〕

（五）陳啟通，為農組成立時之核心領導人之一，1926 年 6 月 6 日在大

〔註42〕 參考蔡翰雲孫蔡承諭提供蔡家譜系及歷史。

〔註43〕〈臺灣紳章附與方申具〉，《臺灣總督府公文類纂》，國史館臺灣文獻館，典藏號：00001189，頁 325～328。

〔註44〕 根據其子趙明星家中神主牌記載。

〔註45〕 趙世琛，〈大肚趙氏族譜〉（未出版，1986），頁 77、90。

〔註46〕 林獻堂，《灌園先生日記》，1929 年 9 月 20 日。

〔註47〕 筆者不詳，《南部臺灣紳士錄》（臺南：臺南新報社，1907 年 2 月），頁 428。網路：日治時期圖書影像系統，https://hyerm.ntl.edu.tw:3218/cgi-bin/gs32/gsweb.cgi/ccd=prWFkT/search?q=ati=%22%E5%8D%97%E9%83%A8%E8%87%BA%E7%81%A3%E7%B4%B3%E5%A3%AB%E9%8C%84%22.&searchmode=basic，2021 年 7 月 26 日上網查詢。

〔註48〕〈趙欽福年期貸下地ノ件〉，《臺灣總督府公文類纂》，國史館臺灣文獻館，典藏號：00001216020。

〔註49〕〈官有原野豫約賣拂處分報告（趙欽福）〉，《臺灣總督府公文類纂》，國史館臺灣文獻館，典藏號：000-06991。

肚庄大肚媽祖宮(永和宮)舉行大甲郡大肚庄農民組合成立大會時,被推舉負責庶務,並於臺灣農民組合成立時,被推舉為教育部委員、爭議部委員。但發生被地主雇人施暴事件,讓家人顧慮其人身安全,據其獨子陳文苑表示,家中長輩顧慮他繼續參加農組,危及安全,所以安排他到臺中學習,以脫離農民組合活動。

> 〈地主搆暴打人喊救〉──大肚庄山仔頂有水田數十甲,是和美庄嘉黎阮家的公業,自大正十五年起與大肚庄農民簽約贌耕三年,至本年才過一年還有兩年期限,……阮某將該水田每甲加租十數石,轉贌漁會社員曾某,但因期限未滿,農民不服起佃,……地主與曾某想以武力解決,……地主與曾某和拳術師就動手打了當時在田裡巡視的大肚農民組合委員陳啟通,經臺中森部醫院診治治療一周間修養五日間的重傷,……又更可怪的是王田派出所的巡察某,當地主要打人的時候,多數農民去請他來仲裁,他偏說沒有功夫而不去調停,至陳氏被毆到派出所去見他時,還說沒有受傷不要緊,像這樣不公平無責任的警吏,怎得維持治安呢?〔註50〕

由以上《臺灣民報》報導,可以看出當時地主已開始使用暴力對付農組幹部,而維持地方治安的警察也偏袒地主,甚至可能視農組幹部為麻煩製造者,所以陳啟通家人安排他到臺中參加政府所辦的講習會學習,以脫離農組,據昭和4(1929)年6月19日《臺中州報》報導,他參加臺中州立農事試驗場主辦三個月期之深耕技術講習,於昭和4(1929)年1月8日授予修得證書,〔註51〕又在昭和4(1929)年8月5～29日又參加臺中州主辦第五回產業組合講習會,授予修了證書,〔註52〕又因他從小修習漢文,受訓結束後,在法院找到通譯職務,也就離開農民組合的活動。

(六)趙金本,1902年3月出生,臺灣農民組合教育部部長(常任),趙金本是日治大肚庄第一任庄長趙璧三子,也是趙順芳之孫,根據曾淑卿碩論〈清代大肚趙家的發展〉,第五章第二節所列,趙順芳與趙奇勳、趙奇種三父子,於大肚庄共擁有21甲以上土地。〔註53〕若再加上於大肚庄外之田產,如

---

〔註50〕 〈地主搆暴 打人喊救〉,《臺灣民報》,1926年12月19日第136號。
〔註51〕 〈深耕技術修得證書授與〉,《臺中州報》,1929年6月19日第371號。
〔註52〕 〈產業組和講習會修了〉,《臺中州報》,1929年9月4日第399號。
〔註53〕 曾淑卿,〈清代大肚趙家的發展〉(臺中:東海大學歷史學研究所碩論,2004年6月)。

趙順芳於光緒 11（1886）年與李禎祥、養性齊、林九等向貓霧捒社所買禁嶺，〔註54〕趙璧於海埔仔庄有 2 甲 8 分田地，以及趙璧於日治時自己及與黃茂盛共同於大正 5（1916）年 3 月 31 日向總督府申請核准的大肚庄 39 甲開墾成功賣渡許可，〔註55〕同時根據 1901 年埤圳調查，〔註56〕趙璧是王田圳圳主；1912 年大肚圳組合組織及規約認可，〔註57〕趙璧是大肚圳圳主；家族又經營稻米出口商號「錦源棧」，所以趙璧毫無疑問是大地主及資本家，趙金本應也繼承很多土地，但他參與農民組合時間不長。

（七）趙耀東：礦溪書院創辦人趙順芳之次子趙奇種之子，趙奇種為趙家經營之企業「錦源棧」經營者之一，趙耀東也是富家子弟，參與農民組合時間也不長，只出現在大甲農民組合成立會會員名單。

（八）謝神財：1905 年 11 月出生，汢仔頭庄人，1921 年 4 月大肚公學校畢業，後留學日本，參加東京臺灣青年會，1927 年 5 月 15 日，布施辰治在東京神田青年會館演講〈無產階級與殖民地〉後，謝神財也上臺演講，〔註58〕口才甚好，回臺灣後，1927 年 9 月間臺灣農民組合各級幹部改組，謝神財當選中央常務委員兼爭議部部長，常駐臺中州；〔註59〕經常擔任農組的演講會「辯士」，應是大甲農民組合中的知識菁英，於 1928 年中，與趙港等理念不合而退出農組，〔註60〕北上臺北烏來發展，在烏來甚為活耀，曾當選烏來鄉民代表會第 3、4、5、7 屆主席，〔註61〕筆者於 1990 年間，因機緣而認識其服務於烏來自來水廠的長子謝東修，聽他提及謝神財北上後，以其所學工程背景及日語能力深得日人信賴，承包電廠工程，並建立深廣人脈，大肚親友都知道他在烏來當番王。

〔註54〕 劉澤民，《大肚社古文書》，頁 300。

〔註55〕 〈黃茂盛外一豫約開墾地成功賣渡願ノ件許可〉，《臺灣總督府公文類纂》，國史館臺灣文獻館，典藏號：000-06366010。

〔註56〕 〈臺中県報告（1899/10/12）；埤圳ニ關スル取調方各県知事ヘ督促ノ件（1899/11/11）〉，《臺灣總督府公文類纂》，國史館臺灣文獻館，卷典藏號：00000598001，頁 99。

〔註57〕 〈大肚圳組合組織及規約認可〉，《臺灣總督府公文類纂》，國史館臺灣文獻館，卷典藏號：00002087018，頁 191。

〔註58〕 〈臺鮮問題大演講會 熱血青年 意氣沖天〉，《臺灣民報》，1927 年 5 月 21 日，第 158 號。

〔註59〕 陳延輝，《簡吉年表》（臺北：財團法人大眾教育基金會，2018 年 12 月），頁 152。

〔註60〕 〈臺中農民 組合內訌〉，《臺灣日日新報》，1928 年 7 月 16 日，第 10142 號。

〔註61〕 許家華，劉芝芳，《烏來鄉志》（臺北：烏來鄉公所，2010 年 9 月），頁 2、146、147。

（九）趙陳美（1876.09.20～1944.4.22〔農曆〕），下蓁仔尾庄趙木之妻，趙欽福之二嫂，也是筆者曾祖母，為大甲農民組合婦女部領袖之一。

其他名單中趙獅、趙榮章等都是筆者近鄰長輩，也都頗有田產，以筆者所能查的資料的農民組合發起參與者資產狀況推論，其他發起參與者應也都是地主或自耕農。

初期大甲農民組合主要領導者及參加者都是富戶、地主、自耕農等，這些人可能為自身權益，或一時基於義憤，出面為庄民爭取權益，或人情所託而參加，也因此整個運動的妥協性強，當「大甲農民組合」參與組成「臺灣農民組合」，對日治政府展開全面抗爭，繼而逐漸與社會主義者及共產左翼聯合，運動本質逐漸脫離土地，也與初衷漸行漸遠；在日治政府嚴厲高壓及家人勸阻下，大肚農組領導成員就慢慢退出，而運動也逐漸由農民運動轉向政治運動及思想鬥爭，後來只有趙港繼續一往直前，甚至加入共產黨，〔註62〕其他成員則慢慢淡出，繼而組織解散。

## 第三節　日治政府對農民的反制

大肚庄農民所發起組織大甲農民組合，及隨後配合鳳山、曾文等各處的農民組合，由簡吉、趙港等所組織的全島性臺灣農民組合，加上與日本內地「日本勞動農民黨」與「全國水平社」等團體的互為呼應，及布施辰治、麻生太郎等日本律師跨海支持，都給臺灣殖民統治當局很大壓力，殖民政府逐步藉由執法、施壓、勸誘以分化農民。

### 一、學生罷課由親政府米商協調落幕

昭和2（1927）年1、2月間，大肚庄農民所發起的公職保正、甲長、壯丁團等集體辭退，與兩百四、五十名公學校學生十多天的罷課，〔註63〕跨過了政府紅線，也激起了日治政府的反制，對於家長禁止學生到校上課的罷課事件，後來與政府關係良好，大肚地方出身的臺中米商吳泗滄出面解決，〔註64〕

---

〔註62〕〈臺灣共產黨檢舉　總檢舉百八名　起訴四十九名〉，《臺灣日日新報漢文版》，1927年7月26日，第11963號。經查起訴名單，只有趙港為大肚人，其餘大甲農民組合領導人無任何一人在內。

〔註63〕〈大肚庄民　聯盟辭退〉，《臺灣日日新報》，1927年2月6日，第9616號。

〔註64〕根據《大肚公學校學籍簿》，吳泗滄，明治41（1908）年大肚公學校六年制第六屆畢業，父吳永吉業商，住大肚庄，其弟吳場為大肚第一位醫學博士。

他拜訪公學校校長,「偶談及生徒停學之事。十餘日尚未登校。吳氏謂當盡微力勸誘上課。乃辭別往農民組合,對幹部敘述得失,遂得覺醒。徒誤子弟學課無益。二十九日經仍常通學。」〔註65〕在吳泗滄協調下,家長軟化,同意學生回校,這件罷課就此落幕。

## 二、親政府保正誣告 趙港被捕

日治政府開始發動親政府的地方保正等,反對農民組合,地方農民組合爭議部長趙港於 1927 年 5 月 26 日在臺中橋仔頭室外演講,當場就有保正余各木出面表達反對意見,且又說「經數日。即有匿名書送到余處,云若不理解。保正不肯辭職。則有生命之危。」〔註66〕余保正接此脅迫書。果懼而欲辭保正。該書因探聞乃趙港及該組合大屯支部陳法所為。結果陳法被郡警察傳喚詰問後,解送地方法院;趙港則於 6 月 26 日下午,要到臺南曾文郡演講時於車站下車時,為刑事捕獲;這時政府開始了反制、栽贓、逮捕等措施,開始壓制農民組合。

## 三、政府利用種種手段彈壓並分化農民組合

1927 年 5 月 26 日臺灣民報以「當局壓迫農民組合」為題報導,說明對農民組合運動,當局用種種無理的彈壓手段,農民組合各支部及本部都被家宅搜查,而搜索人員又不肯依法提出搜索令狀,又指控農組違反出版法及新聞指令,顯然這時政府已從思想問題注意農組言論了。〔註67〕

臺灣總督府恩威並濟。一方面在 1927 年中,即以官警及司法威逼緣故農民解決官有地拂下退官問題,〔註68〕再於各郡設「業佃協調會」協調解決業佃糾紛,以取代並排除農組抗爭正當性。〔註69〕另一方面對大甲農民組合施加更

〔註65〕 〈停學解決〉,《臺灣日日新報》,1927 年 2 月 6 日,第 9616 號(夕刊)。
〔註66〕 〈農民組爭議部長 趙港被逮〉,《臺灣日日新報》,1927 年 6 月 29 日,第 9759 號。
〔註67〕 〈當局壓迫農民組合〉,《臺灣民報》,1927 年 6 月 19 日,第 162 號。
〔註68〕 「臺灣的官有地、大部分是臺灣人的緣故地。有的是在林野調查當時、不懂的向調查員計較、被編入做國庫地的。有的是被洪水流失、經荒地免租的手續、然後被編入國庫地的。對於這很有緣故的官有地、向來緣故者都是看做和自己的所有一樣、所以用心勞力去開墾。」上文清楚說明緣故地、緣故的官有地、緣故者等當時慣用名詞之意涵。
〔註69〕 〈小作爭議 政策奏效 業佃會益增〉,《臺灣日日新報》,1929 年 7 月 24 日,第 8 版。

大壓力，尤其對蔡瑞旺等地主仕紳領導農民組合更是不諒解。同時農組組合員對幹部費用支出認為不當，而且支持度降低。這時趙港已離開大肚，專心做全臺農民運動的領導工作。〔註70〕他這時關注的是形而上的社會主義與共產主義意識形態的追求與實踐，而大肚在地農民所關心的是形而下的現實生活條件改善。彼此關注的問題已大大不同。而蔡瑞旺是富商蔡勝記經營者，當時資產甚豐並經營糖廍業務。陳啟明的父親是武秀才陳秀三，也曾是日治臺中廳承認之大肚圳主及官派埤圳管理人，〔註71〕可說是掌握基層農民命脈。失去蔡瑞旺、陳啟明的支持，趙港也很難再動員大肚農民。

## 四、因外力及其他團體介入而產生質變

但是群眾運動的火一經燃起，往往領導者會無法掌握其方向，尤其當有外來者介入，加上與其他團體成立聯合組織之後，往往不由自主地偏離其組織的原意，大肚庄農民面對政府無理剝奪其世代耕種賴以為生的農地而求助無門時，大肚庄農民領導者趙港為尋求奧援，特別南下鳳山，尋求領導鳳山農民組合，對抗新興製糖有經驗的簡吉給予奧援。

1927年2月17日到20日，臺灣農民組合中央委員長簡吉偕大甲郡大肚庄出身的農民運動活躍人物大甲支部長趙港二人，代表農民組合向日本中央政府訴願，當時「二林事件」的訴訟尚未落幕時，簡吉及趙港二人，先赴大阪參加日本農民組合第六次總會，之後於2月25日抵達東京，經由臺灣文化協會以及其他旅日臺灣人的協調安排，簡吉有機緣認識「日本勞動農民黨」與「全國水平社」的重要幹部，〔註72〕水平社律師布施辰治與說得一口流利日語的簡吉交談之後，頗有與殖民地被剝削農民對日治政府官僚同仇敵愾的情緒，於是答應要抽出時間到臺灣替二林蔗農事件被判刑的臺灣人上訴辯護，他從門司港坐船於1927年3月20日早上七點抵達基隆，隨即展開他有名的全臺演講、辯護之旅，布施於3月22日到大肚永和宮演講，並與地方農民合影，此珍貴

〔註70〕謝雪紅口述、楊克煌筆錄，《我的半生記》，頁288。

〔註71〕〈臺中廳公共埤圳大肚圳規約中變更認可報告〉（1906年6月1日），《臺灣總督府公文類纂》，典藏號：00004899004。

〔註72〕日本「水平社」從1922年3月創立，第二次世界大戰以前之日本部落解放運動團體，不斷譴責種族歧視，主張人類無差別，專門替弱勢族群（特別是部落族）打抱不平。https://ja.wikipedia.org/wiki/%E5%85%A8%E5%9B%BD%E6%B0%B4%E5%B9%B3%E7%A4%BE 2021年3月18日查閱。

照片中有數位為筆者童年見過並熟悉的長輩身影。〔註73〕

圖4-8　1927年3月22日布施辰治與大肚農民合影

資料來源：《簡吉與臺灣農民運動 漫漫牛車路》（高雄：高雄市政府文化局），頁49。

　　當時世界潮流的無政府主義、社會主義及共產主義思想，又那是大肚庄的純樸農民所能理解？尤其1917年俄國十月革命建立了人類歷史上第一個共產主義無產階級政權，共產主義儼然成為救世主義，也成為受殖民壓迫地區年輕人神往的救世妙方，臺灣農民組合，乃至臺灣文化協會的年輕幹部，慢慢受其影響，也不足為奇。

　　昭和2（1927）年5月27日臺灣農民組合本部發出「對民報記事的聲明書」反駁《臺灣民報》在127號評論記事「勞働農民黨主張臺灣要民族運動」之報導，主張臺灣農民組合跟日本勞働農民黨都是主張無產階級鬥爭，最後還提出口號「萬國的無產者啊！緊團結起來！和它們宣戰吧！未來是我們的了！」〔註74〕很明顯的，因為跟日本水平社、勞働農民黨等團體的交流，並獲

〔註73〕蔡石山，《滄桑十年——簡吉與臺灣農民運動1924～1934》，頁121～124。
〔註74〕簡明仁先生提供日本法政大學保存1927年農民組合文書手抄稿。

得律師布施辰治、古屋貞雄等人協助，在交流及不斷的演講會中，也受了他們思想影響，這時的臺灣農民組合已轉向具很強批判性的無產階級主張。

緊接著 1928 年 5 月 14 日謝雪紅由日本警方押解由上海經日本回臺，6月 2 日由日警方釋放，回到臺中二姊家，並在臺中活動，1928 年 6 月下旬，這時臺灣共產黨人謝雪紅從趙港及黃溪的妹妹黃對兩個管道進入大肚建立關係。

1928 年 7 月 3 日再次召開有關各個工會、臺灣民眾黨、臺灣農民組合、臺灣文化協會的代表參加的會議，簡吉在會上發言，強調建立統一戰線的必要性，〔註75〕他這時已接受謝雪紅的共產主義主張了。

## 五、農民組合之分裂與退潮

就在這個時期，共產主義者致力於實施使臺灣農民組合激進化的政策，臺灣農民組合也因而分為兩派：其一為「幹部派」，其中有簡吉、趙港、顏石吉、陳德興和其他積極分子，他們與共產黨接近；其二為「左翼社會民主主義者」，以楊貴（逵）為首，1928 年 7 月，楊貴被臺灣農民組合中央委員會開除；〔註76〕而同時大肚的大甲農民組合也發生路線之爭，根據《漢文臺灣日日新報》報導「臺灣農民組合。曩在臺中開全島大會之後。中央及常任委員幹部間。漸生齟齬。迫最近旗幟益鮮明。竟分為兩派。簡吉、趙港等為一派。謝神財、謝進來、葉氏桃等為一派。……曩開中央委員會。席上嘗互相攻訐。對謝進來、葉氏陶等剝奪其中央委員。謝等一派愈不平。」〔註77〕這則報導提到兩位大肚人「趙港」及「謝神財」，趙港屬於與共產黨較接近的「幹部派」，而謝神財屬於「左翼社會民主主義者」所謂山川派，而這個時候大甲農民組合原來成員都已淡出活動，只有趙港繼續一往直前，趙欽福、蔡瑞旺、陳啟明還擔任臺灣農民組合本部或大甲支部幹部，但也慢慢淡出，海歸派謝神財也很快與幹部派衝突而退出，畢竟大肚農民關心的是腳下土地能否繼續耕種，主義與全球的思想浪潮，與農民距離太遠了。

〔註75〕郭杰、白安娜，《臺灣共產主義運動與共產國際（1924～1932）研究‧檔案》，頁 76。

〔註76〕郭杰、白安娜，《臺灣共產主義運動與共產國際（1924～1932）研究‧檔案》，頁 77。

〔註77〕〈臺中農民組合內訌〉，《漢文臺灣日日新報》，1928 年 7 月 16 日，第 1142 號（夕刊）。

　　趙港在 1928 年 8 或 12 月，加入共產黨〔註 78〕，（趙港於 1928 年 8 月～1929 年 7 月因中壢事件入獄），臺灣農民組合運動，從此不由自己的捲入了當時國際左派潮流，尤其臺灣農民組合在 1928 年 12 月第二次全島大會後，更為左傾，因此引起行政當局的注目，據《警察沿革誌》記錄，由於臺灣農民組合內已被臺共勢力滲透，組合一切活動處在其策動下，於是臺灣的日治行政當局便與司法當局協議，經研討之結果，認為不能再任其毒害農村思想，就決定於 1929 年 2 月 12 日拂曉斷然實行全面大搜查，遍及臺北、新竹、臺中、臺南、高雄各州，所有各地農民組合本部、支部辦事處、關係團體及幹部住宅等 3 百餘處全部皆經搜查，沒收證據達 3 千餘件，逮捕者達 59 人，史稱「二一二事件」。〔註 79〕

　　農民組合重要幹部，譚廷芳、簡吉、張行、楊春松、江賜金、陳德興、陳海、蘇清江、侯朝宗（劉啟光）黃信國、顏石吉、林新木、陳崑崙等 13 人，以違反出版規則第 17 條之罪名移付偵查。

　　除林新木一人免訴外，其餘 12 人經提起公訴。8 月 20 日宣判結果，簡吉處刑 4 個月，其餘被告均處刑 1 個月。黃信國表示悔悟，改判緩刑 2 年，其後檢察官不服上訴，2 審判決結果，簡吉改判徒刑 1 年，其他蘇清江等 9 人改判徒刑 10 個月，侯朝宗、陳崑崙、顏石吉、陳德興、譚廷芳等 5 人緩刑 5 年，史稱「212」事件，此時臺共頭目謝雪紅也被捕；這場逮捕對臺灣農民組合的活動產生了破壞性的作用，逮捕之後農民的抗議活動和與土地問題相關的衝突明顯減少了，加上統治當局的恐嚇與分化，農民對農民組合的支持也降低了熱情，此時，大甲農民組合成員，除了趙港之外，已不見積極參加農組活動。

## 六、大甲農民組合之解散

　　大肚庄最活躍的農民運動領袖趙港於 1931 年 3 月 24 日再度被捕，1934 年殖民當局在臺北對臺灣共產主義者和追隨共產黨的左翼積極分子進行了審判，並對 49 人中的 45 人宣告判決，謝雪紅 13 年，趙港 12 年，簡吉 10 年監禁。〔註 80〕

〔註 78〕 郭杰、白安娜，《臺灣共產主義運動與共產國際（1924～1932）研究·檔案》，頁 99。

〔註 79〕 陳延輝，《簡吉年表》，頁 203。

〔註 80〕 〈地方法院對臺灣共黨 被告四十五名判決〉，《臺灣日日新報》，1934 年 7 月 1 日，第 12300 號。

1935 年 4 月 5 日趙港因病釋放出獄，一個月後病逝。〔註81〕

大肚農民與日治政府抗爭，他們關心的是保有耕作的農田，求家人安全、溫飽，至於共產主義、無產主義這種思想論爭，並不是鄉下純樸農民真正關心的議題，所以趙港病逝後，1935 年 9 月 4 日，在日本憲警監視之下，臺灣農民組合大甲支部組合員 130 多人，於大肚庄大肚媽祖廟（永和宮）前宣布解散。〔註82〕

自此因「官有地拂下政策」所引起的大肚農民抗爭運動暫告一段落，大肚又恢復為寧靜的農村，大肚農民組合的成員又回歸純樸的農民生活，往後的幾十年至今，大肚農民組合已如雲淡風輕般消散，本地幾乎沒有人談起，這段歷史也為大肚人遺忘，還像從未在這片土地發生過一般。〔註83〕

但是大肚農民組合雖解散了，但趙港鼓勵三弟趙從錫，趙清雲鼓勵姪子趙清雲，兩位大肚青年於 1927 年農組運動高峰時離開大肚，經廣州到上海求學，後來因緣際會，第三國際遠東總代表早稻田經濟學教授野阪參三推薦他們，於 1929 年到莫斯科東方大學深造，1932 年中畢業回到上海，1935 年兩人由中國共產黨安排，在福建安溪紅軍打游擊，開啟他們奇幻人生的另一章。〔註84〕

## 第四節　大甲農民組合事件對大肚的後續影響

過去研究發現，地方菁英經常藉由與政府合作，而由政府庇護給予政治參與及經濟利權，甚至在政權轉換時，在第一時間就尋求與新統治者合作，在這過程中，傳統儒家讀書人與商人性格會有不同，其態度與最終命運也往往不同，不合作的地方菁英將被政府壓制，而失去發言權或經濟利權。

大甲農民組合雖然在 1935 年 9 月 4 日，在日警監視下正式解散，但日治政府從此長期對大肚採取排擠防範措施，也對大肚產生一些負面後續影響。

---

〔註81〕趙令平轉述趙清雲回憶：趙港有肺病，在獄中，日本人在肺病藥中加了軟腳藥，所以出獄後很快就死亡。

〔註82〕陳炎輝，《簡吉年表》（臺北：財團法人大眾教育基金會，2018 年 12 月），頁 319。

〔註83〕筆者本人小時候，因三曾叔祖趙欽福為大甲農民組合財務部長、曾祖母趙陳美為大甲農民組合婦女部主任，從家人口中隱晦約略聽到片段故事及趙清雲到俄羅斯之事，個人跟當年大甲農民組合庶務主任陳啟通獨子是同學兼摯友，跟陳啟通密切接觸約 20 年，見面時他除了對晚筆殷殷叮嚀「作人最第一，身體要健康」之外，從未聽他談到政治或當年隻字片語。

〔註84〕有關趙從錫、趙清雲部分口訪及史料收集整理中，筆者將另撰專文介紹。

## 一、統治者扼殺反抗者出任公職弱化其政經影響力

　　1926 年 6 月 26 日，以趙姓族人為主幹的大肚庄農民組成大甲農民組合，與日治政府展開長期抗爭，後更串連組成全島性農民組合，日治政府除了直接恐嚇與分化，讓大肚農民對農民組合的支持降低了熱情，也因此而對大肚趙姓族人防範及排斥，對於官派地方公共事務領導人，長期有意的將大肚庄最大姓氏的趙姓人士排除在外，農民組合運動發生後的 1930 年前後，是明顯的分水嶺，由以下這些人事任命，即可看出端倪。

　　表 4-1 為筆者整理之日治及民國初期大肚歷年公職人員一覽表，資料取自臺灣總督府公文類纂相關地方人士表揚、《臺中州報》人事敘任案，《臺灣總督府職員錄》、《臺灣日日新報》大肚人事相關報導以及《大肚鄉地方自治發展史》。〔註85〕

　　說明：

　　（一）根據大正九（1920）年律令第六號，街、庄長任期訂為四年，街、庄協議會員任期訂為二年。〔註86〕

　　（二）官有地拂下問題出現後，大正十四（1925）年 5 月任命日人西井貞逸取代本地人為大肚庄助役，已加強對大肚之管理。

　　（三）1908 年 12 月，趙璧辭庄長職，黃茂盛被任命接任庄長，〔註87〕他連任到 1922 年死亡才由次子黃朝應繼任為庄長，此後到 1927、1929、1938、1939，根據《臺灣總督府職員錄》，〔註88〕大肚庄長都是黃朝應，到 1942 年起由日籍人士久保基樹為大肚庄長，戰後黃朝應又擔任第一任官派鄉長。

　　（四）由表列，昭和 5（1930）年開始，在所任命的大肚庄十一名街庄協議會員中，完全排除趙姓人士參與，至昭和 13（1938）年所任命的大肚庄協議會員中，不但有兩位日籍內地人，也完全排除趙姓人士參與，而同時期公布的龍井庄十一名街庄協議會員，都是地方人士，顯然因農民組合運動，統治者對大肚庄另眼看待。

〔註85〕 大肚鄉公所，《臺中縣大肚鄉地方自治發展史》（臺中：大肚鄉公所，2010 年 12 月），頁 11～12。
〔註86〕 徐國章編譯，《日治時期律令輯覽・中冊・1896～1915》，頁 656、659。
〔註87〕 〈大肚區庄長ヲ命ス〉，《臺中廳報》，明治 41 年 12 月 25 日，第 698 號。
〔註88〕 中研院臺灣史研究所《臺灣總督府職員錄》網站，1896～1944 年。
　　　　 https://who.ith.sinica.edu.tw/

　　（五）至昭和 15（1940）年所任命的大肚庄六名街庄協議會員中，有一位日籍內地人，但也有趙姓人士「趙順」入選，這時日治政府已壓制所有反抗運動，並進入「國民精神總動員」的戰時體制，應是為了配合政府有效動員社會資源支援前線，所作的任命，而且在戰時的街庄協議員，除了配合政府政策，應該沒有甚麼發揮空間，但還是對大肚有所防備而有日籍內地人於庄協議員名單中，同屆龍井庄七名街庄協議會員，也都是地方人士。〔註89〕

表 4-1　日治及戰後初期大肚歷年公職人員一覽表

| 年　月 | 大肚庄長 | 其他職員 |
|---|---|---|
| 1896.12 | 趙璧任大肚下堡大總理 | |
| 1898.3 | 趙璧大肚辦務署參事，後改梧棲港辦務署參事。 | 街庄長：陳秀三第十區、蔡燦雲十二區；趙德隆十三區 |
| 1900 | | 塗葛崛區長陳秀三、汴仔頭區長蔡燦雲、大肚區長趙德隆、茄投區長陳拔元 |
| 1901～1908 | 庄長趙璧，壯丁團長黃茂盛 | 委員：趙從明、陳長流、陳俊英、曾紅牛、楊文裕、林德謹、林螺。委員補助：趙從周、趙維英、陳讚 |
| 1908～1922 | 黃茂盛 | 牟田互、林開藏、陳瑞南、黃朝深、陳啟明、趙維孝、陳丙、陳保全、曾紅牛 |
| 1922 | 黃茂盛卒次子黃朝應繼任 | 牟田互、林開藏、陳瑞南、蔡春海、陳進富、趙朝發、趙維孝、陳保全、曾紅牛 |
| 1924 | 黃朝應 | 林開藏、陳瑞南、陳汝文、陳石頭、張上苑、趙耀東、林世賓、曾克明 |
| 1926 | 黃朝應 | 內田恭助、陳瑞南、陳進富、楊文裕、趙耀東、林世賓、曾克明、陳石頭 |
| 1928 | 黃朝應 | 內田恭助、陳瑞南、陳進富、楊文裕、陳茂松、張上苑、曾克明、林世賓、陳石頭、何煥榮、蔡春海 |
| 1930 | 黃朝應 | 內田恭助、陳瑞南、陳進富、楊文裕、陳茂松、張上苑、林世賓、陳石頭、何煥榮、蔡春海、陳頭 |
| 1932 | 黃朝應 | 內田恭助、本告喜三、陳瑞南、陳進富、楊文裕、陳茂松、張上苑、曾克明、林世賓、陳石頭、蔡清和 |

〔註89〕〈庄下街庄協議會員當選名單〉，《臺中州報》，昭和 14 年 12 月 1 日，第 2094 號。

| 1934 | 黃朝應 | 內田恭助、本告喜三、陳瑞南、陳進富、楊文裕、陳茂松、張上苑、曾克明、蔡清和、陳石頭、彭海羽 |
|---|---|---|
| 1936 | 黃朝應 | 內田恭助、本告喜三、陳進富、陳茂松、張上苑 |
| 1938 | 黃朝應 | 池田中雄、內田恭助、吉川壽八、謝連、陳茂松、張上苑 |
| 1940 | 黃朝應（廣田朝映） | 久保田次市郎、陳瑞南、林胡、陳焙柳、趙順、蔡瑞彬 |
| 1942 | 久保基樹 | （1943、1944 兩度延任） |
| 1946.11 | 黃朝應（官派） | 黃旗艦代表主席 |
| 1948.11 | 何文謙（官派） | 陳瑞南代表主席 |
| 1950～1959 | 何文謙（民選連任三屆） | 三屆代表主席：趙金本、王登山、陳振成 |

　　自發生大甲農民組合事件後，日本統治者挑選地方領導人時，不但對大肚趙姓人士處處防範，讓趙姓人士在大肚的發展受到限制，同時下蓁仔尾趙璧家族、汌仔頭蔡燦雲家族，因政府政策變化，家族經營者未能掌握時勢變化，也無法繼續從政府取得特殊利權，在當時相對封閉，資源靠國家由上而下分配的社會資源競逐中，若要致富只能靠政府，淪為政府所排斥防範的對象，家道也快速衰頹。

## 二、日本政府報復大肚農民——霞堤留餘患

　　烏溪（大肚溪）堤防建於 1931～39 年間，建堤防本來是為了防洪水淹沒、沖毀田園，但日治政府建堤防只防大肚溪因洪水改道沖毀田園，卻不防洪水淹沒田園，損壞作物。

　　大肚溪礦溪段（下蓁尾仔庄內）堤防設計很特別，有「外堤」跟「內堤」，內、外堤防間有很大一段交錯而不連續的開口，颱風時大肚溪水一上漲，溪水就由這段開口倒灌，這片良田就淹水。

　　早年每到夏天，一期稻作成收時，辛勞的農民就間作「寄稻子縫」，種香瓜或西瓜，暑假期間瓜田一片欣欣向榮，但因夏天颱風一來大肚溪水上漲就淹水，大概種五年瓜，總有兩年會碰到水災，瓜果泡水腐爛，僅部分收成或全部泡湯，但認命的農民，嘴裏唸「歹田望後冬」，災後還是辛勤復耕，這幾乎成了這片田地農民的宿命，當時福興宮神明也經常遭水淹而須暫時「疏開」。

　　為什麼堤防不直接連起來保護農田？要設計留一段缺口讓這大片田地淹水？如顧雅文、廖泫銘於〈水利署典藏日治時期圖資之評介與運用〉一文，提及日治 (1901) 時，土木課技師高橋辰次郎的河川整治現場勘查意見，高橋對治水的態度是保守的，並不將築堤當作上策，他認為：

> 平地流入川者可築長堤，至洪水到時遏抑泛濫，固屬當然之策，然此上還有上策，即一任水流自然之勢，不築堤防，任其泛濫，預先設定應泛濫區域，設置即使泛濫也不會受損的堤，以農作物來說，避免如稻米般遇水而馬上腐壞的植物，而種植可以長在水中的耐水植物等。又平地河川即使築堤，不能築一面平等之堤，而要築幾列斜切而不連續的堤防。這種堤防在洪水之際沒有破壞之患，其切口處雖有水浸入，但決不會有太嚴重的浸水，斜切而不連續的堤防亦即「霞堤」。〔註90〕

　　因這一堤防設計，下蓁尾仔庄農民賴以為生的五等則良田，成為洪水蓄洪區，而當地樸實農民卻一直不知霞堤的特性，在這片高橋技師認為種植作物時應注意：「以農作物來說，避免如稻米般遇水而馬上腐壞的植物，而種植可以長在水中的耐水植物等。」卻一直也沒有主管機關輔導、告知農民這片淹水區中種植作物應如何避免損失，農民不但每年兩季在這片土地種植水稻，在夏季颱風季，更種植脆弱泡水易腐的香瓜、西瓜、蔬菜等作物，幾乎每年夏季，農民就繃緊神經注意颱風警報，擔心豪雨來襲，夏季蔬果作物也幾乎每五年，就有兩年因災損全無收成，農民災後還是認命的復耕，頂多一句「咱作農就是看天吃飯」。

　　還好這二十年來雖霞堤依舊，但因上游水庫積沙水流的「餓水效應」，下游臺中電廠、臺中港的漂砂疏濬，因而河床下切而暢通無礙，這片農地已十多年不淹水了，但只要霞堤開口還在，淹水的隱憂就還在，尤其是氣候極端化，豪大雨量年年創高，最怕的是滿潮時遇颱風暴雨，那災害威脅還在，期待政府能有徹底解決方案並即改善。

---

〔註90〕顧雅文、廖泫銘，〈水利署典藏日治時期圖資之評介與運用〉，《第二屆輿圖學國際學術研討會》，中央研究院臺灣史研究所、國立故宮博物院、國立清華大學歷史所主辦，(2012 年 11 月)，頁 1～20。

圖 4-9　烏溪治水計畫圖

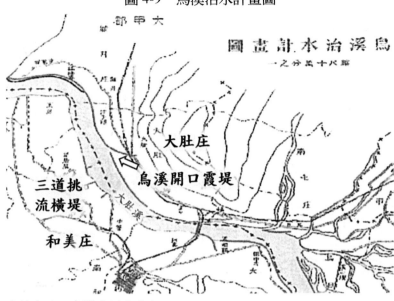

資料來源：臺灣水圳文化網。

圖 4-10　大肚堤防霞堤開口

資料來源：筆者 2020 年 4 月拍攝。

說明：根據 1930 年五萬分之一烏溪治水計畫圖，烏溪堤防興建後，溪
　　　州段田地區分為免「浸水地」（綠色區）及「免缺潰地」（兩紅色
　　　堤防線間，淡褐色區），後來施工時（現況），內堤縮短只到褐色
　　　區，目前溪州段田都屬免缺潰地，也就是堤防只保護田地不會
　　　再流失，但會浸水。http://webgis.sinica.edu.tw/map_irrigation/
　　　Canal_M13.html。

## 三、政商環境丕變及天災

　　日本領臺後，希望建立臺日緊密關係，經濟上在投資、金融、海運、關稅政策方面採取措施，使臺灣融入日本貿易體系，將臺灣經濟殖民地化，臺灣成為日本大資本家結合日治政府進行掠奪的沃土，大肚商業地位一步一步被削弱。

　　當時大肚有兩個最重要的產業，一是農業生產及錦源棧趙家為首的糖與稻米出口，二是蔡勝記蔡家經營的樟腦提煉與出口，這些產業都依賴汴仔頭河港與塗葛堀河口港，清代樟腦由外商經廈門、香港出口，米、糖出口與進口日用品等則與廈門、漳州郊商互通有無；但日治後，於 1896 年以律令第十一號，「第一條 對於為進行外國貿易而出入通商港口之支那型船舶，適用稅關法及稅關規則。」〔註91〕一夜之間，兩岸通商變國際貿易須徵關稅，而日臺貿易變本國商業交易免稅，基本翻轉了貿易軸向，趙家的米糧出口生意，貿易對手由互相熟悉、語言相通的廈門、泉州商人，漸漸須轉向日本內地，再加殖民政府有意偏袒日本資本家，臺灣商人自然處於競爭弱勢相對不利。

　　除了關稅以外，輸出港口也是很大問題，1896 年 3 月 1 日，頒布臺灣總督府稅關官制，全臺設置開淡水、基隆、安平、打狗，臺南五處海關，根據總督府稅關官制，在稅關所管轄區域內必要地方，得設置稅關出張所及稅關監視署，以利管理、徵稅、查禁、與防止走私、偷渡等事宜，據此於 1896 年以府令 25 號 設稅關梧棲出張所等八個出張所，但進出口貨物須至淡水驗關，造成商號船舶不便，因此於 1896 年 12 月 9 日由張錦上及大肚上、中、下堡總理商號，具名經臺中縣知事，向總督府民政局長提出稟申，請求在塗葛窟設稅關出張所，方便進出口貨物的就地驗關繳稅，而政府也順應民意方便與清國貿易，而於 1897 年頒布律令第一號，設立八個「特別輸出入港」，而梧棲港是其中之一，並於 1897 年 2 月 9 日淡水稅關梧棲出張所開始稅務辦理，自此雖組織常有更換，稅關出張所後改稱稅關支署，但運作一直維持，但因政府政策由清國向日本傾斜，及鐵路與基隆高雄現代化港口興建，經由塗葛堀及梧棲港出口之稻米數額逐年減少，據蔡昇璋研究，1897 年特別輸出入港指定後，舊港、後龍、梧棲，鹿港四口，合計米出口約占全臺總額的 81%，其中又以梧棲、鹿港為輸出之大宗，約佔該年度四口的 97%。〔註92〕但是好景不常，根據明治45

〔註91〕徐國章編譯，《日治時期律令輯覽・上冊・1896～1915》，頁 29。
〔註92〕蔡昇璋，〈日治臺灣特別輸出入港之研究〉（中壢：國立中央大學歷史學研究所碩論，2008 年 7 月），頁 204、206。

年 1 月《臺灣總督府報》，明治 44（1911）年全年度向內地移出米檢查成績，
中部四港塗葛堀 12,018 石、梧棲 7,057 石、鹿港 12,018 石，大安 3,506 石，共
34,026 石，中部地區出口米 329,287 石，大部分經由葫蘆墩、臺中、烏日、彰
化、員林等鐵路沿線車站出口；全臺共出口米 1,068,829 石，中部四港只佔當
年全臺 3.18%，〔註 93〕已萎縮到無足輕重了，但接著又碰到致命天災。

　　1912 年 6 月 16 日開始，臺灣中部連續數日豪雨成災，大肚溪因洪水沖刷
改道，塗葛堀港數村嚴重受損，港口設施遭受嚴重破壞，〔註 94〕這是對大肚經
濟最致命的打擊之一，接著 1913 年 4 月 26 日塗葛堀米穀檢查所改屬沙轆米
穀檢查所，〔註 95〕稅關塗葛堀支署因大肚溪崩壞危險，於次（1913）年 6 月 22
日避難遷至梧棲派出所，6 日 23 日正式易地辦公，〔註 96〕等於宣告稅關塗葛
堀支署不復存在。〔註 97〕1913 年 8 月 6 日正式宣布稅關塗葛堀支署改梧棲支
署，到了 1932 年 12 月 10 日更廢止梧棲「特別開港場」，稅關梧棲支署也裁
撤，只設梧棲稅關監視署作為揖私等功能，〔註 98〕錦源棧趙家後繼者，無法
在新的經營環境找到立足點，就從此沒落了。

　　汴仔頭蔡勝記家族，創業時事業經營不甚順利，規模也不大，僅資產數千
元，但蔡燦雲非常有眼光與經營魄力，1894 年霧峰林朝棟將林家與德國公泰
行合約外樟腦，與蔡燦雲、曾君定合組「福源栳館」配銷香港，開始獲利，後
1895 年林朝棟內渡，將生意結算後，由蔡家獨自經營，日領初期，蔡家迅速
與日方建立良好關係，當時香港腦價倍漲，蔡家不但獨享樟腦貿易利得，也為
日軍採買軍需，由 1895 年至 1899 年間，蔡家事業因樟腦獲暴利達 40 萬元，
成為大肚首富。〔註 99〕

〔註 93〕〈內地移出米檢查成績〉，《總督府報》，明治第 3427 號，1912 年 1 月 26 日。

〔註 94〕〈各地降雨被害〉，《臺灣日日新報》，1912 年 6 月 17～22 日，第 4328～4332
　　　　號。

〔註 95〕〈梧棲米穀檢查所塗葛堀出張所裁撤〉，《總督府報》，大正第 204 號，1913 年
　　　　4 月 26 日。

〔註 96〕〈稅關塗葛堀支署因災損遷梧棲派出所〉，《總督府報》，大正第 279 號，1913
　　　　年 7 月 29 日。

〔註 97〕〈稅關塗葛堀支署改梧棲支署〉，《總督府報》，大正第 285 號，1913 年 8 月 6
　　　　日，府令 78 號。

〔註 98〕〈稅關梧棲支署裁撤〉，《總督府報》，昭和第 1688 號，1932 年 12 月 10 日，
　　　　府令 65、66 號。

〔註 99〕蔡明正，〈鹿港綠香居主人自述〉，《臺灣風物》，第 16 卷第 4 期，1966 年 8
　　　　月，頁 83～102。蔡明正（字清筠）於蔡家事業輝煌時期（1894 甲午～1902

　　但蔡家也很快面臨經營困境，則除了關稅及港口運輸之外，最直接的是，1899 年總督府以律令十五號，〔註100〕將樟腦製造定為特許業，律令十六號，〔註101〕將樟腦及樟腦油由政府收買專賣，一舉將蔡家商機與利益完全斬斷，蔡家經營頓失依恃，當時臺灣日日新報即以〈腦商結局　腦務歸官〉「故仲買搬出之家，一起廢業，如臺中蔡燦雲，現寓香江，苗栗黃南球現居廈島，均以樟腦收盤，核結賑目，意欲別謀生計。」〔註102〕此報導描述經營者蔡燦雲當時困境，可知在政治環境改變下，商人的無奈與窮途。

　　而大肚在失去了河、海運出口運輸的地區轉運樞紐地位，也頓時失去三級產業的貿易服務，二級產業的傳統種蔗及糖廍，又因政府政策偏向新式糖廠，於明治 38（1905）年 6 月以府令第 38 號，公告「製糖廠取締規則」，對製糖甘蔗實施強制性「原料採取區域制度」，蔗農所種甘蔗只能交給指定糖廠，重量由糖廠自行過磅，價格由糖廠決定，造成「第一憨種甘蔗給會社磅」剝削農民體制，而種稻又因殖民政府高田賦、高水租、不合理肥料換股比例，加上稻米價格由日營大商社決定，並以日本本土稻米產銷狀況，決定臺米輸出價格及數量，這些剝削窮農政策，也造成大肚地方長期陷於蕭條貧困。

　　綜合以上說明，參考涂照彥《日本帝國主義下的臺灣》之研究及數據，對 1931 年度，臺北、新竹、臺中、臺南、高雄等臺灣西部五州，農家經濟情況做了統計分析，就稻作農家農業經營費（頁 233 第 99 表）稻作農家農業總收入（頁 237 第 102 表）稻作農家之各項負擔（頁 242 第 107 表）稻作農家農業外之收入（頁 243 第 108 表）稻作農家之家計費（頁 245 第 110 表）稻作農家之綜合收支（頁 244 第 109 表）等詳細分析，〔註103〕依據以上資料整合其結果如下：

表4-2　1931 年臺灣西部五州稻作農家之綜合收支

| 項次 | 區　別 | 自耕農 | 自佃農 | 佃農 | 備　註 |
|---|---|---|---|---|---|
| 1a | 耕作收入 | 1521 | 1446 | 1130 | 含米、蔗、其他 |

　　壬寅），曾任蔡家賬櫃（財務會計）八年，了解蔡家經營歷程，本文也是目前所見對汴仔頭蔡家最詳實第一手記錄。
〔註100〕徐國章編譯，《日治時期律令輯覽・上冊・1896～1915》，頁 145。
〔註101〕徐國章編譯，《日治時期律令輯覽・上冊・1896～1915》，頁 148。
〔註102〕〈腦商結局　腦務歸官〉，《臺灣日日新報》，1900 年 1 月 1 日，第 501 號。
〔註103〕涂照彥，《日本帝國主義下的臺灣》，頁 233～246。

| 1b | 養畜收入 | 167 | 159 | 221 | 養豬、家禽等 |
|---|---|---|---|---|---|
| 1c | 其他收入 | 134 | 66 | 97 | 農產加工、打工 |
| 1 | 稻作農家農業總收入 | 1822 | 1670 | 1448 | 以上合計 |
| 2 | 稻作農家農業外收入 | 564 | 221 | 185 | 財產收入、勞務、兼差、贈與等 |
| 3 | 稻作農家收入合計 | 2386 | 1891 | 1633 | |
| 4 | 稻作農家農業經營費 | -1083.58 | -1003.03 | -1072 | |
| 5 | 稻作農家各項負擔 | -166.51 | -78.3 | -16.83 | 稅賦、農會費、水租 |
| 6 | 稻作農家之家計費 | -955 | -664 | -534 | 家用、飲食、服裝、喜慶 |
| 7 | 農業家用外支出及負擔 | -164 | -35 | -22 | |
| 8 | 4～7 稻作農家負擔合計 | 2369.09 | 1780.33 | 1644.83 | |
| 9 | 稻作農家之淨收入 | 16.89 | 110.7 | 11.83 | |

說明：上表稻作農家綜合收支分析，基於以下兩點：

1. 表中所列收支數字是經營規模三甲以上的上階層農家，而這一階層的農家經濟居然還處於逆差赤字（佃農）或勉強維持（自耕農）狀態的收支情況說明，一般農家的經濟狀態勢必更為艱辛。

2. 此表的調查時間為 1931 年，恰好是世界經濟大恐慌時期，農業陷入恐慌的谷底時期，也是農家經濟狀態最險惡時期，故無法代表整個殖民地時期的正常農家經濟狀態。〔註104〕

　　以上分析可以看出日本殖民統治者的政策性格，日本的統治者一面支持日本資本家透過米糧收購貿易，及糖廠原料採收區域制度及廠方規定甘蔗收購價格，甘蔗不得運往其他區域，使蔗農被束縛成為糖業資本家的附屬（第一憨、種甘蔗給會社磅），以價格控制剝削臺灣農民，一方面通過本地地主對佃農收取高額佃耕費，一方面又通過地主制度、水租制度（對灌溉用水高額水租的控制），昂貴肥料費用等，迫使農民承受超額負擔，進行無情的掠奪。因此，不論自耕農、自耕兼佃農甚至佃農，農業淨所得都無法維持最低生活費（家計費），種稻農家為了彌補農業所得的大幅赤字，不得不謀求農業以外的收人，自耕農大多依賴利用財產所得的收入，自耕兼佃農以及佃農則大部分依靠勞動所得收入，或兼做副業、畜養豬、雞等，可謂均貧，農不聊生，到了日本軍閥侵華並發起大東亞戰爭後，實行嚴格的戰時動員及糧食配給政策，大肚生計更是雪上加霜。

〔註104〕涂照彥，《日本帝國主義下的臺灣》，頁 244。

　　據一輩子住下蔡仔尾出生於 1928 年，現年 94 歲，還耳聰目明的耆老陳萬福先生口述回憶戰時生活「戰爭時，沒東西吃，都撿豬母奶、黑龜仔菜、昭和草等野菜吃，也找空地種番薯葉，吃得很差，都是寒性食物，有時吃到嘴吐白波。

　　以前戰爭時沒米，我爸爸到南部買地瓜簽乾，我們家吃地瓜簽為主，上面全是蟲，也都一起吃下去。

　　現在身體很好，很多香客都看不出我 94 歲，目前沒病痛，血壓心跳都正常（出示他的健康記錄，沒三高）。」唉！天公疼苦命人。

# 小　結

　　清代末期，下蔡仔尾庄因緣際會，由稻作農村，因河港交通、貿易轉運之地利及國際市場對臺灣中部樟腦的需求，短暫快速的發展出一、二、三級產業，經濟的繁榮，累積的財富，也促使地方的文教轉型；地方重視文教，培養了年輕有知識有見解的子弟，但政治上卻面臨政權轉移，由具現代國家管理理念的日本殖民者，取代原先清代的傳統守舊政權，這批年輕受了較高教育的子弟，不但有了維護權益，據理依法與當權著力爭的能力與勇氣，又有宗族內聚的親情人際動員支持，號稱「辯士」，四處演講宣揚反抗統治者之言論；但螳臂竟敢當車，空手農民，終究不敵日、臺有別的殖民政府威權壓制，也造成衝撞統治者之族群，無法均霑統治者分配的利益，而發展短期受制，只能期待下一回合的遊戲規則變更，但歷史的鐵律，就是陰晴圓缺有其輪迴，殖民者終究被遣返，被拂下土地終歸「緣故者」所有，農民的生活條件，面對的又是另一場試煉。

# 結　論

　　以古為鏡，可以知興替。[註1] 這句話不只適用於國家、民族、家族，對於個人乃至一個村莊，同樣適用，可以由大觀小從國家看個人、家庭，也可以由小觀大，從一個村莊可以看整個臺灣社會。

　　經過本研究對下蔦尾仔庄歷史的查訪、觀察、考證，並與其他研究文獻、資料作相互比對，發現一個小小的村莊，在它的歷史進程的每一階段，因先民為了應對自然與人文外在環境的變化，居然發生了這麼多精彩的轉折故事，這個村莊由闢草萊而先民落地生根之後，曾經繁榮、富庶，但也曾因部分領袖及庄民，在面對統者及外在大環境變化時，對於統治者行為及法令的改變，未能深刻體察其外顯及本質的變化，還是以舊慣應對，因而錯失了一場危機中的大機會，以致陷入發展長期受限而衰敗，當然大肚也有眼光獨到快速掌握際遇的秀異之士，在這時局變化之時，乘勢而起成就個人及家族的長期繁榮。

　　首先清領時期，先民因閩南家鄉山多田少、食指浩繁，加上時局動亂、天災、兵亂、疫病，為了尋找生機，而離鄉背井渡海來臺，渡海之前懷著「開拓新領域精神」，抱著有去無回，不成功便成仁的「冒險犯難精神」，因此落腳他鄉之後，再困難也咬牙奮鬥，面對自然風水災害、疫病，原住民及異姓、他族群體挑戰時，聚族互助解決，人力不能解決時，就求神告天，祈求神蹟，憑著這一股「堅苦卓絕的毅力」，慢慢在異域建立家園，因安居樂業而將異鄉當新原鄉，這段時期，原鄉的閩、粵乃至異鄉的臺灣，都在清朝統治之下，語言、法令、風俗習慣基本上與原鄉相同，就是臺灣平埔原住民族也受清朝律令約束

───────────────

〔註1〕《舊唐書》〈卷七十一‧列傳第二十一‧魏徵〉。

統治，先民只要努力，完糧納稅再應付一些胥吏需索，加上面對新環境的調整適應就可建立家園。

其次，在十九世紀中葉以後，大肚迎來了大機會，中國及國際市場對米、糖、樟腦的需求，及近鄰鹿港的及梧棲港的淤積，中部進出口貿易移至大肚溪口的塗葛堀港，大肚溪航運促成了汴子頭港的繁榮與商機；由塗葛堀經下蓁仔尾至大肚街直上井仔頭，及由茄投經山仔腳「飯店仔」〔註2〕上井仔頭的牛車路，成為大肚山臺地、臺中盆地及豐原東勢近山一帶所生產的米、糖、樟腦出口運輸幹線；除了「一級產業」的農產之外，「二級產業」的腦栳提煉，糖廍製糖，也帶動了加工作坊的產業投資獲利機會，因扼港口交通居物產進出口的地利之便，更讓大肚直接進入國際貿易互通有無的「三級產業」，賺取國際貿易服務財；一、二、三級產業同時發展，時間雖不長，這是清末大肚的輝煌時期，也因而下蓁尾仔庄創建了「磺溪書院」帶動地方文教發展，留下對這一段繁榮歷史的見證。

到了1895清朝割臺之後，脫亞入歐新崛起的日本帝國，給臺灣帶來了一個與清代完全不同的「現代化法治國家」治理概念，雖初期有「舊慣溫存」過渡妥協措施，但隨著埤圳調查、土地調查、戶口調查、舊慣調查、林野調查等漸次完成之後，總督府隨即頒布各項律令，以法治理殖民地臺灣，大肚人在日人領臺之初，地方領袖對新統治者，基本上是抱著接受並配合的態度，也馬上融入新統治體系擔任街庄長、保正等職，讓地方未陷入政權交接的混亂與傷害。

但是大肚經濟及社會卻在政府法治管理及展開基礎建設時，發生了很大的變化，首先大肚首富蔡勝記家族，在1895～1899年，因林朝棟1895年內渡，放棄樟腦業務，讓由蔡家獨資經營，樟腦又是製造無煙火藥及電影用賽璐珞膠片的主要原料而有爆發性需求，而價格暴漲，蔡家因此生意而暴發，但隨即日治政府在1899年將樟腦收歸政府專賣，蔡家獲利機會頓失，兄弟則前後被委以榮譽性的街庄長一職，但對家業並無幫助；而趙璧的家族錦源棧糧食出口業務，也因經營後繼無人，且臺米由清領時期銷閩南、浙東，日治後政府政策性米、糖輸日，並扶植日資大企業經營，因而失去競爭能力；且跟著1908年山線縱貫鐵路完工通車，1912年塗葛堀港水災受損，1922年海線鐵路完工，

―――――――――――――――

〔註2〕山仔腳庄地名，昔日挑夫負販或牛車早晨自塗葛堀港出發，中午休息吃午飯地方。

臺灣交通動線由河口港、河運的東西向竹筏、帆船運輸，改為縱貫南北鐵路接基隆、高雄海港接遠洋汽船運輸，貿易對手也由中國閩、粵、浙東、上海改為日本，這「運輸軸線的改變，讓大肚由中心變邊陲」；下蓁尾仔庄也失去了昔日的繁華與機會，整個村莊又回復成一個僻靜農村。

1931～39 年間興建的大肚溪堤防，則在下蓁尾子庄留下霞堤滯洪缺口，自大甲農民組合事件發生後，日本統治者也對大肚趙姓人士及參加農組家族防範及壓制，大肚又因交通軸線的翻轉，地利、人和盡失，失去發展二、三級產業的條件，農業又面臨日人剝削式的高地稅、高水租、高稻穀換肥料比例，農民入不敷出生活困苦，加上戰時動員體制的蹂躪，甚至戰後政府也實施以農業支持工業的低糧價政策，下蓁尾子庄就此成為一個衰微的農村。

但是，戰後政治環境改變及教育的普及，工商業的發展，也提供了打破社會階層的機會，戰後日治政府防範、限制去除後，磺溪子弟在各地方、各領域，不因姓氏、族群，都有了更平等的發展機會，血液中植入先民長期累積的「開拓新領域的精神」、「冒險犯難的精神」、「堅苦卓絕的毅力」、「解決困難的智慧」、「適應環境變局的彈性」等特質，成了新世代庄民邁向成功的最寶貴的資產，這當中，產生一個很特別的現象，地方子弟雖在外各地遍地開花，各有成就，但人才卻單向向外流失，家鄉的發展，相較於鄰近區域也明顯停滯了。

未來地方發展要重視的一個課題就是人才的「地力保存」，須從基層教育加強鄉土特色教育，培養在地青年了解這片土地的歷史，重視鄉土社區裡的人才培養、保留、並給予在地發展的機會，這是本研究所期待的保存地方歷史，成為居民共同記憶，讓居民因瞭解地方歷史，而更熱愛這片土地，促成人才留鄉、回鄉，深耕這一片土地。

本研究也回應許雪姬自述其研究《龍井林家的歷史》的考量因素之三，「目前國內農村大半成立社區，但有關社區過去的歷史卻乏人問津。因此既不知社區的起源與演變，也無法了解『今日諸種情況曾經多少時間，並如何累積演化而成。』如果我們要瞭解今天臺灣農村所表現之鄉民性格與生活型態，不追溯以前歷史的演變情形是不可能的。」〔註3〕

期待這有血、有淚、有溫度的小小的村莊史的「參與觀察」研究，不但可為本地人留下歷史的記憶，並有機會將先民積累的生活文化資產，作為規劃未來繁榮社會的優勢資源，也可做為其他類似條件村莊作為發展的借鏡。

---

〔註 3〕許雪姬，《龍井林家的歷史》，頁3。

# 徵引書目

## 一、專書

1. 大肚鄉公所，《臺中縣大肚鄉地方自治發展史》（臺中：大肚鄉公所，2010年12月）。

2. 大肚鄉公所，《流光尋幽 磺溪書院文化觀光導覽手冊》（臺中：大肚鄉公所，2010年12月）。

3. 古谷義德，《少年北白川宮能久親王》（東京神田：大同館書店，1933年），日本国立国会図書館電子藏書。

4. 伊能嘉矩原著、國史館臺灣文獻館編譯，《臺灣文化志·中卷》（新北市：大家出版，2017年12月初版）。

5. 李宗信，《瑠公大圳》（臺北：玉山社，2015年1月初版二刷）。

6. 李亦園，《人類學與現代社會》（臺北：水牛圖書出版，2010年1月）。

7. 何傳坤、劉克竑，2006《臺中縣營埔遺址發掘報告》（臺中：國立自然科學博物館，2006年11月）。

8. 林美容，《祭祀圈與地方社會》（臺北：博揚文化，2008年10月初版一刷）。

9. 林美容，《鄉土史與村莊史——人類學者看地方》（臺北：臺原出版社，2000年9月）。

10. 洪敏麟主編，《臺灣舊地名之沿革·第二冊》（臺中：臺灣省文獻委員會，1984年6月）。

11. 洪敏麟主編，1993《大肚鄉誌》（臺中：大肚鄉誌編輯委員會，1993年12月）。

12. 柯志明，《番頭家 清代臺灣族群政治與熟番地權》（臺北：中央研究院社會學研究所，2001 年 3 月）。

13. 柯志明，《米糖相剋》（臺北：群學出版，2015 年 10 月 2 版 3 印）。

14. 涂照彥，《日本帝國主義下的臺灣》（臺北：人間，2017 年 8 月再版一刷）。

15. 施添福，《清代臺灣的地域社會·竹塹地區的歷史地理研究》（新竹：新竹縣文化局，2013 年 5 月二刷）。

16. 徐國章編譯，《日治時期律令輯覽·上、中、下冊》（南投：國史館臺灣文獻館，2020 年 9 月初版一刷）。

17. 許家華，劉芝芳，《烏來鄉志》（臺北：烏來鄉公所，2010 年 9 月修訂第一版）

18. 許世楷，2005《日本統治下的臺灣》（臺北：玉山社，2017 年 8 月再版一刷）。

19. 許美瑞、阮昌銳，《家庭人類學》（新北市：國立空中大學，2020 年 8 月初版 9 刷）。

20. 陳其南，1995《家族與社會》（臺北：聯經出版，1991 年 7 月第 2 次印行）。

21. 陳紹馨，1997《臺灣的人口變遷與社會變遷》（臺北：聯經出版，2004 年 12 月）。

22. 陳延輝，《簡吉年表》（臺北：財團法人大眾教育基金會，2018 年 12 月）。

23. 郭廷以，《臺灣史事概說》（臺北：正中書局，2014 年 10 月）。

24. 許雪姬，《龍井林家的歷史》（臺北：中研院近代史研究所，2015 年 8 月）。

25. 張光直，《臺灣省濁水溪與大肚溪流域考古調查報告》（臺北：中研院歷史語言研究所，1977 年 5 月）。

26. 張素玢，《歷史視野中的地方發展與變遷：濁水溪畔的二水、北斗、二林》（臺北：學生書局，2004 年 3 月出版）。

27. 謝雪紅口述，楊克煌筆錄，《我的半生記》（新北市：楊翠華，2004 年 4 月再版）。

28. 張克輝，《啊！謝雪紅》（臺北市：愛鄉出版，2007 年 2 月出版）。

29. 筆者：郭杰、白安娜，譯者：李隨安、陳進盛，《臺灣共產主義運動與共產國際（1924～1932）研究·檔案》（臺北：中研院臺史所，2016 年 12 月初版 2 刷）。

30. 筆者：LukeEricLassiter 譯者：郭禎麟、吳意林、黃宛瑜等七人，《歡迎光臨人類學 Invitation to Anthropology》（新北市：勤學出版，2014 年 9 月一版 4 印）。

31. 陸懋德，《史學方法大綱》（南京：獨立出版社，1947 年 8 月再版）。

32. 黃秀政，《臺中海線開發史及附冊》（臺中：臺中縣文化局，2001 年 12 月）。

33. 漳浦縣委員會文史委員會編，《漳浦文史資料》，第八輯（2002 年）。

34. 漳浦縣地方志編纂委員會編，《漳浦寺廟志》（北京：中國文史出版社，2015 年 6 月 1 版 1 刷）。

35. 趙文林、謝淑君，《中國人口史》，（北京：人民出版社，1988 年 6 月）。

36. 費孝通，《江村經濟》（廈門：鷺江出版社，2018 年 8 月 1 版 1 刷）。

37. 費孝通，《鄉土中國 生育制度 鄉土重建》（北京：長江文藝出版社，2019 年 10 月 1 版 1 刷）。

38. 蔡石山，《滄桑十年——簡吉與臺灣農民運動 1924～1934》（臺北：遠流出版社，2012 年 6 月初版一刷）。

39. 劉益昌，《典藏臺灣史 史前人群與文化》（臺北：玉山社，2019 年 4 月初版一刷）。

40. 戴炎輝，《清代臺灣的鄉治》（臺北：聯經出版，2012 年 7 月出版 6 刷）。

41. 簡吉，《簡吉獄中日記》（臺北：中研院臺史所，2005 年 2 月）。

42. 鷹取田一郎，《臺灣列紳傳》（臺北：臺灣總督府，1916 年）。

## 二、論文

### （一）文集論文

1. 顧雅文、廖泫銘，〈水利署典藏日治時期圖資之評介與運用〉，《第二屆輿圖學國際學術研討會論文集》。中央研究院臺灣史研究所、國立故宮博物院、國立清華大學歷史所主辦，2012 年。

2. 陳秋坤，〈十九世紀初期土著地權外流問題：以岸裡社的土地經營為例〉，張炎憲、李筱峰、戴寶村編《臺灣史論文精選・上》（臺北：玉山社，2010 年 11 月，初版時刷），頁 221～261。

3. 趙文君，〈追尋清代大肚趙家——渡臺墾殖之發展軌跡〉《追尋大肚溪》（臺中：社團法人臺中市鄉土文化學會編，2016 年 1 月出版），頁 88～96。

4. 蔡清筠，〈鹿港綠香居主人自述〉《臺灣風物》，第 16 卷第 4 期，1966 年 8 月，頁 83～102。

5. 羅爾綱，〈太平天國革命前的人口壓迫問題〉，包尊彭、李定一、吳相湘編纂，《中國近代史論叢——第二輯第二冊》（臺北：正中書局），1977 年。

6. 林美容，〈由祭祀圈到信仰圈—臺灣民間社會的地域構成與發展〉，《第三屆中國海洋發展史研討會論文集》，中央研究院三民主義研究所，1988 年，頁 95～125。

7. 李宗信、趙文華，〈臺灣烏溪下游水利社會的形成與發展——以知高圳為主的討論〉，Paper presented at 2019 International Conference on East Asian Commons, Jeju National University, Jeju, Korea, Dec、6-7，2019 年。

8. 趙文華，〈一九六〇年代後大肚溪下游農村的生活轉變——以下蔡仔尾庄為例〉，「臺灣農村社會文化調查研討會」，中央研究院臺灣史研究所、國立彰化師範大學歷史研究所，2020 年 7 月。

## （二）期刊論文

1. 吉岡彥四郎，〈王田圳增產計劃概要と工事の大要〉《臺灣の水利》，第 11 卷第 4 號，1941 年 8 月，頁 45～53。

2. 中村志孝著、許賢瑤譯，〈荷據統治下位於臺灣中西部 Quataong 村落〉《臺灣風物》，第 43 卷第 4 期，1993 年 12 月，頁 206～238。

3. 李力庸，〈日本帝國殖民地的戰時糧食統制體制：臺灣與朝鮮的比較研究（1937～1945）〉，《臺灣史研究》，第十六卷第二期，（臺北：中央研究院臺灣史研究所，2009 年 6 月），頁 63～104。

4. 施振民，〈祭祀圈與社會組織：彰化平原聚落發展模式的探討〉，中研院民族所集刊第 36 期，1973 年。

5. 溫振華，〈清代臺灣中部的開發與社會變遷〉，《臺灣師大歷史學報》，11 期，1983 年 6 月，頁 43～95。

6. 楊護源，〈清代大甲溪南地區的聚落拓殖〉，《興大歷史學報》，第十七期，2006 年。頁 457～508。

7. Michael E. Mann, Raymond S. Bradley, Malcolm K. Hughes: " Northern Hemisphere Temperatures During the Past Millennium' Inferences, Uncertainties, and Limitation", Geophysical Research Letters, Vol. 26, No.6, Pages 759～762, March15, 1999.

## （三）學位論文

1. 王政綱，〈傳統書院建築藝術之研究——以臺中市磺溪書院為例〉大葉大學設計與藝術學院碩論，2012 年 6 月。

2. 王異爭，〈戰後大肚鄉的社會變遷與發展 1945～2005〉臺中教育大學社會科學教育系碩論，2007 年 6 月。

3. 王志良，〈福建清代疫情資料分析及研究〉福建中醫學院碩論，2009 年。

4. 林劍秋，〈臺灣地方神廟管理與社會功能之探討——以臺南縣為例〉中華大學碩論，2004 年。

5. 溫振華，〈清代臺北盆地經濟社會的演變〉臺灣師範大學歷史研究所碩論，1978 年 6 月。

6. 曾淑卿，〈清代大肚趙家的發展〉東海大學歷史學研究所碩論，2004 年 6 月。

7. 趙文君，〈磺溪書院之研究〉大葉大學設計與藝術學院碩論，2011 年 6 月。

8. 趙永富，〈大肚地方性的構成——文化歷史地理的詮釋〉臺灣師大地理學研究所碩論，1997 年 6 月。

9. 蔡昇璋，〈日治臺灣特別輸出入港之研究〉國立中央大學歷史學研究所碩論，2008 年 7 月。

## 三、史料、地方志

1. 〔明〕陳第《東番記》，1603 年。

2. 〔清〕郁永河，《裨海紀遊卷中》，1697 年，中國哲學書電子化計劃網站。

3. 〔清〕劉良璧，《重修福建臺灣府志》，1740 年，中國哲學書電子化計劃網站。

4. 〔清〕余文儀，《續修臺灣府志》，1774 年，中國哲學書電子化計劃網站。

5. 〔清〕周璽，《彰化縣志》，1834 年，中國哲學書電子化計劃網站。

6. 〔清〕陳汝咸主修，施錫衛續修，《漳浦縣志校註本》，漳州：漳浦縣地方志編纂委員會整理，（2011 年）。

7. 〔清〕林豪著・顧敏要校釋，《東瀛紀事校注》（臺北：臺灣書房，2011 年10 月）。

8. 〔清〕吳德功，《吳德功先生全集》（南投：臺灣省文獻委員會編印，1992 年 5 月）。

9. 泉州趙宋南外宗正司研究會編，《南外天源趙氏族譜》（1994 年 12 月第一版）。

10. 陳達生，《穎川初光堂陳氏族譜》（臺中：未出版，1977 年）。

11. 趙日成，《大肚永和宮沿革》（臺中：未出版，1970 年）。

12. 趙日成，《大肚保安宮——趙日成先生記事抄本》（臺中：未出版，1978 年）。

13. 趙世琛，《大肚趙氏族譜》（臺中：未出版，1986 年）。

14. 劉澤民，《大肚社古文書》（臺中：臺灣省文獻會，2000 年 12 月初版）。

15. 臺中廳公共埤圳聯合會，《臺中廳水利梗概》（臺中：臺中廳公共埤圳聯合會，1918 年）。

16. 臺灣總督府內務局，《史蹟調查——北白川宮能久親王御遺跡》（臺北：臺灣總督府內務局，1935 年）。

17. 臺中市政府文化局，《臺中州大甲郡寺廟臺帳》（臺中：臺中學資料庫，1930 年）。

## 四、報紙及網際網路資源

1. 國史館臺灣文獻館臺建置，《臺灣總督府檔案資料庫》，
https://onlinearchives.th.gov.tw/index.php?act=Archive

2. 國立臺灣圖書館，臺灣政經資料庫《臺中州報》、《臺中廳報》、《臺灣總督府府報》，臺灣政經資料庫（ntl.edu.tw）。

3. 國立臺灣圖書館，《日治時期期刊影像系統》，http://stfj.ntl.edu.tw/cgi-bin/gs32/gsweb.cgi/login?o=dwebmge

4. 國立公共資訊圖書館，《臺灣日日新報》，
http://ddnews.nlpi.edu.tw.eproxy.nlpi.edu.tw:2048/cgi-bin2/Libo.cgi?

5. 中國哲學化電子書計畫，《清會典臺灣事例》，
https://ctext.org/wiki.pl?if=gb&res=744396

6. 中研院臺灣史研究所《臺灣總督府職員錄》網站，1896～1944 年，
https://who.ith.sinica.edu.tw/

7. 劉維瑛，黃隆正，六然居資料室，《現存臺灣民報復刻》（臺南：國立臺灣歷史博物館，2018 年 11 月）。

8. 維基百科，
https://zh.wikipedia.org/wiki/%E7%BB%B4%E5%9F%BA%E7%99%BE%E7%A7%91

## 五、耆老訪談

1. 礦溪里里長趙武雄。
2. 礦溪里社區發展協會主委趙俊隆。
3. 福興宮前主委王金地、廟祝陳萬福。
4. 耆老賴水景、劉火炎、趙建德、黃榮慶。
5. 趙令平——趙清雲長子。
6. 趙秋芬——趙港侄孫女

# 附錄一　福興宮同治五年新建捐題樑籤

同治五年葭月穀旦新建福興宮捐題樑籤
（1866 年農曆 11 月吉日）

| 錦源號捐 銀弍元 | 錦茂號捐 銀乙元 | 金發號捐 銀乙元 | 泰安號捐 銀乙元 | 蘇有官捐 銀乙元 | 趙紅楓捐 銀乙元 | 鄭藕官捐 銀乙元 | 鄭交官捐 銀乙元 | 趙圈官捐 銀乙元 |
|---|---|---|---|---|---|---|---|---|
| 趙盛官捐 銀乙元 | 賴現官捐 銀乙元 | 趙滿生捐 銀乙元 | 趙有財捐 銀乙元 | 趙旺官捐 銀乙元 | 趙監官捐 銀乙元 | 蔡○頭捐 銀乙元 | 趙瑞來捐 銀乙元 | 陳○安捐 銀乙元 |
|  | 趙○○捐 銀五角 | 趙○○捐 銀五角 | 趙○官捐 銀五角 | 趙烏官捐 銀五角 | 義春號捐 銀五角 | 安仁堂捐 銀五角 | 趙保官捐 銀五角 | 蔡守官捐 銀五角 |
|  | 蔡○官捐 銀五角 | 陳身官捐 銀五角 | 陳換官捐 銀五角 | 趙藤官捐 銀五角 | 趙達官捐 銀五角 | 趙海邊捐 銀五角 | 趙春風捐 銀五角 | 趙敬維捐 銀五角 |
| 趙玉治捐 銀五角 | 趙傳官捐 銀五角 | 郭送官捐 銀五角 | 黃員官捐 銀五角 | 王葉官捐 銀五角 | 陳水官捐 銀五角 | 黃○張捐 銀五角 | 趙閏官捐 銀五角 | 陳金蕊捐 銀五角 |
| 趙家官捐 銀三角 | 蔡潭官捐 銀三角 | 賴高山捐 銀三角 | 謝調官捐 銀三角 | 陳竹籃捐 銀三角 | 錦榮號捐 銀三角 | 趙媽壽捐 銀三角 | 趙送官捐 銀三角 | 賴金傳捐 銀三角 |

| | 銀三角 林員官捐 | 銀三角 趙○○捐 | 銀三角 ○○○捐 | 銀三角 ○○○捐 | 銀三角 陳欽官捐 | 銀三角 趙為官捐 | 銀三角 何火官捐 | 銀三角 張何政捐 |
|---|---|---|---|---|---|---|---|---|
| 銀三角 陳興官捐 | 銀三角 趙○娘捐 | 銀三角 趙○官捐 | 銀二角 趙○官捐 | 銀二角 林江水捐 | 銀二角 趙秋香捐 | 銀二角 ○蔭官捐 | 銀二角 趙知○捐 | 銀二角 趙紅官捐 | 銀二角 洪水○捐 |
| | 銀二角 趙日官捐 | 銀二角 蔡烏官捐 | 銀二角 蔡知官捐 | 銀二角 蔡察官捐 | 銀二角 趙知官捐 | 銀二角 趙漢官捐 | 銀二角 王位官捐 | 銀乙角 陳大樹捐 |

趙：34 陳：9 蔡：7 賴：3 王：2 鄭：2 蘇：1 何：1 林：1 洪：1 郭：1 黃：2 張：1 謝：1 商號：7

不明：3 共 76

資料來源：筆者 2020 年 4 月照相逐字辨識製表。

# 附錄二　1949 年重修福興宮捐題樑籤

民國 38（1949）年重修福興宮捐題樑籤

| | | | | | | | | | | |
|---|---|---|---|---|---|---|---|---|---|---|
| 玉龍機器廠一百二十八万元 | 趙淇秀一百二十万元 | 趙維孝一百万元 | 陳耀庭七十万元 | 趙撥六十万元 | 趙朝專六十万元 | 趙金本六十万元 | 姚謨五十弍万元 | 趙武五十万元 | 趙秋五十万元 | |
| 陳塗水五十万元 | 趙明富五十万元 | 趙連池五十万元 | 趙火淵五十万元 | 黃溪五十万元 | 趙火辦五十万元 | 趙炎四十万元 | 陳王四十万元 | 黃萬四十万元 | 趙和四十万元 | 趙才四十万元 |
| 溫義成四十万元 | 陳春銀四十万元 | 鄭三平四十万元 | 張上苑四十万元 | 趙媽枝四十万元 | 趙習傳四十万元 | 趙樹生四十万元 | 趙連科四十万元 | 趙耀東四十万元 | 鄭榮四十万元 | 趙茂四十万元 |
| 趙池四十万元 | 趙得四十万元 | 葉木火四十万元 | 趙榮章三十二万元 | 龍井村陳象三十万 | 陳春金三十万元 | 趙令庚三十万元 | 賴均三十万元 | 趙川三十万元 | 陳連福三十万元 | 趙天送三十万元 |

| | | | | | | | | | | | | |
|---|---|---|---|---|---|---|---|---|---|---|---|---|
| 趙秋培 三十万元 | 陳長旺 三十万元 | 陳清文 三十万元 | 賴春安 三十万元 | 黃瓶 三十万元 | 蔡杉 三十万元 | 趙懷儀 三十万元 | 趙懷仁 三十万元 | 商茂泉 三十万元 | 趙天惠 三十万元 | 趙天福 三十万元 | | |
| 趙丑 三十万元 | 趙溪 三十万元 | 趙萬寬 三十万元 | 趙木村 三十万元 | 溫生傳 三十万元 | 趙令鑰 三十万元 | 趙春記 三十万元 | 陳春成 三十万元 | 陳春發 三十万元 | 趙春枝 三十万元 | 趙世澄 三十万元 | | |
| 趙炳南 三十万元 | 趙令為 三十万元 | 陳繼宗 三十万元 | 趙六一 三十万元 | 陳世隆 三十万元 | 趙其昌 三十万元 | 趙金宗 三十万元 | 趙樹 三十万元 | 趙天旺 三十万元 | 趙清江 三十万元 | 趙清海 三十万元 | | |
| 盧維 式拾万元 | 趙地 式拾万元 | 賴其福 式拾五万元 | 陳石 式拾五万元 | 趙執 式拾五万元 | 賴竹成 式拾五万元 | 余万來 式拾五万元 | 趙老秋 式拾五万元 | 趙姚慶 式拾五万元 | 賴朝昆 式拾五万元 | 趙安財 式拾五万元 | | |
| 黃春成 式拾万元 | 趙世洋 式拾万元 | 林水枝 式拾万元 | 陳水來 式拾万元 | 盧帆 式拾万元 | 陳夏居 式拾万元 | 鄭牛 式拾万元 | 趙金榜 式拾万元 | 黃武東 式拾万元 | 鄭金火 式拾万元 | 趙明超 式拾万元 | 趙學 式拾五万元 | |
| 陳連生 拾五万元 | 趙長成 拾五万元 | 劉益 拾五万元 | 趙波 拾五万元 | 王溪 拾五万元 | 林潭 拾五万元 | 王火明 拾六万元 | 張珍山 拾六万元 | 趙漢津 式拾万元 | 趙獅 式拾万元 | 趙安貴 式拾万元 | 菜園劉爐 式拾万元 | 林得 式拾万元 |

| 趙世永式拾万元 | 趙錫祺式拾万元 | 趙子田拾式万元 | 趙天和拾万元 | 趙曾阿西拾万元 | 王 山拾万元 | 洪番薯拾万元 | 何春榮拾万元 | 何大發拾万元 | 趙朝清拾万元 | 楊添梧拾万元 | 陳秋波拾万元 | 蘇樹枝拾万元 |
|---|---|---|---|---|---|---|---|---|---|---|---|---|
| 趙仔意拾五万元 | 陳木得拾式万元 | 社宅楊鄉鐵拾万元 | 鄭棋艦拾万元 | 菜園趙無毛拾万元 | 趙万堂拾万元 | 張緒統拾万元 | 陳万成拾万元 | 陳万來拾万元 | 陳 友拾万元 | 黃海賊拾万元 | 趙 朝八万元 | 張生文八万元 |
| 張生全拾万元 | 陳水柳五万元 | 施景利四万元 |  | 趙 合四万元 | 趙○○ 元 | 余慶東 元 | 鄭棧六万元 |  |  |  |  |  |

共：145 捐款者，趙 74、陳 23、鄭 6、黃 6、賴 5、張 5、林 3、王 3、溫 2、盧 2、余 2、何 2、楊 2、劉 2、葉 1、商 1、蘇 1、姚 1、施 1、洪 1、蔡 1、商號 1